REIHE: POLITIK–ÖKONOMIE

BAND 2: HANS-MARTIN SCHÖNHERR-MANN: PROTEST, SOLIDARITÄT UND UTOPIE

edition fatal

Für Irmi

Hans-Martin Schönherr-Mann

Protest, Solidarität und Utopie

Perspektiven partizipatorischer Demokratie

edition fatal

»edition fatal« Verlagsgesellschaft bR, München
Gesellschafter: Mario R. M. Beilhack, Anil K. Jain
www.edition-fatal.de, kontakt@edition-fatal.de

Reihe: Politik–Ökonomie, Band 2
Herausgeber: Anil K. Jain

Hans-Martin Schönherr-Mann: Protest, Solidarität und Utopie – Perspektiven partizipatorischer Demokratie

Originalausgabe, München 2013

Titelbild:
David Shankbone: Friday, Day 14 of w:Occupy Wall Street (photos from the camp in Zuccotti Park and the march against police brutality, walking to One Police Plaza, headquarters of the NYPD), bearbeiteter Ausschnitt, Creative Commons-Lizenz, Attribution 3.0 Unported

Bibliografische Information der Deutschen Nationalbibliothek:

Die Deutsche Nationalbibliothek verzeichnet diese Publikation in der Deutschen Nationalbibliografie. Detaillierte bibliografische Daten sind im Internet über die Seite http://dnb.d-nb.de abrufbar.

ISBN 978-3-935147-26-2

Herstellung: Books on Demand GmbH

INHALTSVERZEICHNIS

Inhaltsverzeichnis

VORWORT: VON DER WIDERSTANDSKRAFT ZUR SOLIDARITÄT

VORWORT: VON DER WIDERSTANDSKRAFT ZUR SOLIDARITÄT

Veränderte *Occupy* die Welt? Das sieht zunächst nicht so aus. Man könnte meinen, hier trifft das Sprichwort zu: ›Der Hund bellt und die Karawane zieht weiter‹. Doch gerade wenn man die Welt verändern will, dann muss man zuvor das Denken der Bürger ändern. Sicher bestimmt das Sein das Bewusstsein. Das kann man im Alltag überall erleben. Aber jede Weltveränderung setzt voraus, dass man die Welt so versteht, dass sie sich auch verändern lässt. Just Marx führt das vor. Zunächst also muss man das Weltverständnis der Zeitgenossen oder wenigstens das eigene ändern.

Wenn man den Kapitalismus im Sinn des Neoliberalismus als wirkmächtigste Form der Ökonomie begreift, an der man nichts ändern kann, dann braucht man sich natürlich auch keine Gedanken über deren Veränderung zu machen. Dann bleibt eigentlich nur, Betriebswirtschaft zu studieren und Manager zu werden. Sollte man jedoch den Kapitalismus überwinden wollen, dann bleibt unter der Voraussetzung einer Übermacht des Kapitalismus nichts anderes, als zur Gewalt zu greifen, die in Form der Revolution als die einzige Alternative zum übermächtigen Status quo erscheint. Doch dann muss man sich auf einen womöglich jahrzehntelangen Bürgerkrieg wie in Peru oder in Kolumbien einlassen. Alternativ in einer friedlichen Perspektive scheint indes nur zu bleiben, sich an den Kapitalismus anzupassen und höchstens für höhere Löhne und bessere Arbeitsbedingungen zu kämpfen: also entweder die Welt revolutionär oder ökonomisch verändern!

Seit Marx verbindet man die politische Revolution mit der sozialen Frage. Doch daran – das bemerkte bereits Hannah Arendt (1963: 142) – scheitern zumeist beide. So haben die Revolutionen wie in Tunesien, Ägypten und Libyen zwar diverse Erfolge. Aber deswegen ändern sich noch lange nicht die Lebensbedingungen der Menschen. Eine kleine Verbesserung des Lebensstandards muss die Bevölkerung der Revolutionsregierung danach in mühsamer und langjähriger Kleinarbeit abtrotzen, wenn es überhaupt gelingt.

Angesichts solcher fragwürdigen Perspektiven – also neoliberal, revolutionär oder gewerkschaftlich – haben sich viele Menschen in den letzten Jahrzehnten aufgemacht, die Welt eher im Kleinen und vor allem selber zu ändern. Sie träumen von keiner Weltrevolution mehr, sondern bemühen sich häufig darum, die eigenen Lebensbedingungen oder die der anderen zuhause oder in fernen Ländern zu verbessern, wobei es nicht allein um höhere Löhne gehen kann.

Oder sie legen wie *Occupy* eine Weile den Finger in die von Kapitalismus und Finanzkapital gerissenen sozialen Wunden und hoffen darauf, dass sich schon allein durch die damit erzielte Aufmerksamkeit zumindest irgendwann das Bewusstsein der Menschen ändert. So protestieren Menschen überall in der Welt gegen ihre politischen, sozialen und wirtschaftlichen Bedingungen und versuchen dabei auch häufig etwas Strukturelles daran zu ändern, das über eine bloß ökonomische Verbesserung hinausgeht, das aber nicht gleich die ganze Welt umgestalten soll.

Hier hat ein Wandel der Protestkultur seit den neuzehnhundertsechziger Jahren stattgefunden, so dass sich die heutigen Gruppen, Bewegungen und Formen von jenen der Achtundsechziger oder gar noch früheren deutlich abheben. Sie sind pragmatischer geworden, was aber nicht bedeutet, dass sie weniger utopisch denken. Sie sind verantwortlicher geworden, lassen sich nicht mehr nur von ihren Gesinnungen leiten. Kreativität und Sensibilität spielen eine wichtige Rolle, die schon die Achtundsechziger Studenten entdeckten, die aber die Arbeitereinheitsfront der zwanziger Jahre noch nicht beseelten, wie die Linksterroristen der siebziger Jahre davon schon wieder nichts mehr wissen wollten. *Rote Armee Fraktion* und *Rote Brigaden* wollten wie richtige Armeen schießen, nicht dichten, gelten Sensibilität und Kreativität gemeinhin nicht als militärische Tugenden.

Dabei verdanken sich sowohl die früheren als auch die heutigen Formen und Perspektiven des Bürgerprotests primär der Widerständigkeit der Menschen, die in den letzten Jahrhunderten lernten, dass sie sich nicht bevormunden lassen müssen, dass sie keinen Religionen oder Ideologien folgen müssen, dass sie erstens selber darüber urteilen können und dass sie daher zweitens frei bzw. verantwortlich für ihr eigenes Handeln werden. Insofern wurden Agnostizismus, Existentialismus und Postmodernismus zu Symbolen für ein eigenständiges Denken, das keine Autoritäten anerkennt, sich nichts vorbeten lässt und sich keiner Gemeinschaft einfügt.

Bereits im 17. Jahrhundert empfiehlt Thomas Hobbes vor dem Hintergrund der Religionskriege, die Bürger im stillen Kämmerlein religiös glauben zu lassen, was sie wollen, kann man das letztlich ja doch nicht kontrollieren (1984: 276). Sie werden auch faktisch selber darüber entscheiden, ob sie sich vom Staat ausreichend gesichert sehen. Wenn sie sich unsicher fühlen, kann sie kaum jemand daran hindern, dass sie für ihre Sicherheit selber sorgen. Auf diese Eigenständigkeit gründet sich die Widerständigkeit der Menschen, die sie befähigt und motiviert, sich ein Recht zum Widerstand gegebenenfalls selber zu nehmen. Dadurch bildete sich eine außerinstitutionelle Öffentlichkeit und Opposition. Die Bezeichnung Außerparlamentarische Opposition (APO) bringt das in den späten sechziger Jahren zum ersten Mal auf den Begriff. Ein relevantes staatlich sanktioniertes Widerstandsrecht kann es dabei schwerlich geben. Dann wären jene Oppositionellen sogar parlamentarisch und rechtlich abgesichert gewesen, was ihnen selber damals schwerlich gefallen hätte.

Die Bürger müssen sich daher schon gar nicht mehr bestimmten ideologischen oder religiösen Vorstellungen von Solidarität unterordnen. Solidarität erscheint ihnen weder von Gott noch von der Natur gegeben, sondern eher eine praktische Notwendigkeit, wenn man protestiert und Widerstand leistet. Solidarität benötigt man zunächst untereinander und darüber hinaus, wenn man sich für andere Menschen einsetzen will. So entsteht eine konkrete Solidarität, wie sie beispielsweise Oskar Schindler unter dramatischen Umständen verwirklichte, aber auch Initiativen für eine gerechtere Wirtschaftsordnung, oder einfache Proteste gegen Studienbedingungen an Universitäten. Derart verdankt sich die Solidarität dem Gefühl und der Einsicht in ihre Verantwortlichkeit: Die Menschen sehen sich selbst verantwortlich und spüren diese Verantwortung gegenüber ihren Mitmenschen. Ein solches Gefühl ist nicht angeboren, sondern das muss man langsam entwickeln, natürlich im Umgang mit anderen Menschen und durch Einsicht, dass man Spielräume des Denkens wie des Handelns besitzt. So freut es mich, wenn ich Anderen helfen kann. Aber ich begreife auch, dass ich darüber selber befinde. Ich muss nicht helfen. Ich bin also verantwortlich für das, was ich tue, vor mir selbst wie gegenüber anderen Menschen. Wenn ich verantwortlich bin, dann bin ich auch frei.

Nur dann verhalte ich mich solidarisch, wenn ich selber etwas hier und jetzt für sinnvoll erachte, nicht immer und gegenüber allen und schon gar nicht, weil mir andere das vorschreiben wollen. Dann verdankt sich diese Solidarität nämlich im weiteren Sinn auch der Widerständigkeit, die ja eng mit der Freiheit zusammenhängt. Beide ermöglichen, zwischen verschiedenen Handlungen zu wählen, nicht nur gehorchen zu müssen, sondern selber zu entscheiden, auch nicht nur ethische Normen zu befolgen, sondern verantwortlich mit Rücksicht auf die Folgen zu handeln, um somit auch zu einer konkreten Solidarität fähig zu werden, nicht bloß einer, die man demonstrativ bekundet, die aber wirkungslos verpufft.

Natürlich stellt sich aus der Widerständigkeit und der Solidarität heraus auch die Frage, wohin die Reise denn eigentlich gehen sollte. Der mittelalterliche Pilger wusste das noch. Der moderne Mensch ist indes nicht mehr derselbe wie der antike oder mittelalterliche Mensch. Der moderne Bürger versteht sich als Produkt der Evolution und sieht sich daher mit einem ständigen Prozess des Wandels konfrontiert, ohne dass er sich noch über sein Wesen gewiss sein könnte. Im 17. und 18. Jahrhundert, im Zeitalter der Aufklärung dachte man noch, man müsse nur die Natur genau erfassen, also auch die Natur des Menschen, um daraus dann abzuleiten, welcher Staat für ihn der beste sei. Doch zwischenzeitlich weiß man, dass solche komplexen Gegenstände wie das Wesen des Menschen sich einer genauen Bestimmung entziehen, so dass man heute einsehen muss, dass sich die Natur des Menschen jedenfalls nicht so bestimmen lässt, dass man daraus politische Schlussfolgerungen ziehen könnte. Wenn beispielsweise John Rawls in *A Theory of Justice* dem Menschen die Fähigkeiten zum vernünftigen deskriptiven wie normativem Urteil zuschreibt, hofft er implizit, dass so sei.

Die Utopien der frühen Neuzeit konnten dagegen noch mit einem einzigen monokausalen Grundprinzip aufwarten, das an Stelle der Religionen die großen Probleme der Gesellschaft lösen soll. Daraus entwickelten sie eine Orientierung, nach der sich Staat und Gesellschaft zu richten haben, um eine Einheit herzustellen, die offenbar nicht vorhanden war. Doch auf ein einheitliches Prinzip ist heute kein Verlass mehr, sind die letzten Bemühungen große Visionen zu verwirklichen nur grandios gescheitert. Die Gesellschaften differenzieren sich vielmehr immer stärker aus, werden immer pluralistischer, so dass die Einheit kein hohes Ziel mehr sein kann. Daher stellt sich die Frage, wie Menschen mit unterschiedlichen religiösen, ethnischen, sozialen, kulturellen Hintergründen lernen, miteinander zu leben. Konkrete Solidarität verlangt daher eine komplexe Antwort auf die verschiedenen Herausforderungen einer pluralistischen Welt. Die Utopie einer bestimmten Ordnung kann darauf jedenfalls keine befriedigenden Antworten geben. Mit einem zentralen Prinzip lassen sich die Probleme moderner Gesellschaften nicht lösen, aber früherer auch nie. Nur dass manchen Menschen nicht mehr als ein einziges Prinzip einfällt, mit dem sie dann auf die Welt losgehen.

Wenn man unter pluralistischen Bedingungen die Lebensumstände verändern will, dann braucht man andere Perspektiven, andere Utopien, die sich an der Unordnung und nicht an der Ordnung orientieren. Man braucht eine Utopie, die entweder Utopie bleiben wird, oder die als Utopie verblasst. Letzteres könnte bedeuten, dass sich einiges Utopisches realisiert. Nur vergisst man dann recht schnell, wie sehr man sich zuvor danach sehnte. Damit muss man leben, wenn man etwas verändern will.

Ältere wie neuere Formen des Protests verkörpern zumeist bestimmte Emanzipationsbestrebungen, zuletzt besonders Menschen, die sich nicht mehr vom Finanzkapital oder ihren Regierungen bevormunden lassen wollten, und zwar nicht nur im alten Europa, sondern vor allem in Arabien, in Osteuropa, aber auch in China. In den Jahrzehnten zuvor engagierten sich viele gegen Atomenergie und gegen Umweltzerstörung. Häufig fangen sie aber einfach selber an, ihre unmittelbare Umgebung zu verändern. Konkret emanzipatorisch bemühen sich heute Homosexuelle und Zugereiste um öffentliche Anerkennung ihrer Lebensformen. Meine gedanklichen Bemühungen sehe ich als Teil dieser Entwicklung emanzipatorischer Prozesse. In den Jahren nach 1968 stand ich dem Marxismus-Leninismus nahe, dann der undogmatischen Linken, um mich seit Beginn der achtziger Jahre mit der ökologischen Krise zu befassen. Daraus entstanden zahlreiche Publikationen unter anderem für die damalige Wochenzeitung *Die Grünen*, vor allem aber in der Edition Passagen 1989 das Buch *Die Technik und die Schwäche – Ökologie nach Nietzsche, Heidegger und dem ›schwachen Denken‹*, außerdem ein unveröffentlichtes Manuskript über ›Negative Ökologie – Politische Philosophie der Natur‹ (1991).

Seit dem Ende des 20. Jahrhundert setze ich mich intensiv mit einer partizipatorischen Demokratie auseinander, und zwar im Anschluss an die Emanzipationsbestrebungen seit 1968, sowie philosophisch unter Bezugnahme auf Hannah Arendt, Michel Foucault, Jean-Paul Sartre, Simone de Beauvoir, Friedrich Nietzsche und Hans Küng, sowie im weiteren auf John Stuart Mill, John Rawls, Michael Walzer. Dabei stehen seit langen Jahren die Themen Verantwortung, Solidarität und Utopie im Fokus meines Interesses. Hinzugekommen ist unter dem Druck der Ereignisse das Widerstandsrecht, zumindest die Widerstandsfähigkeit, die gerade in Arabien erstaunliche wie auch tragische Erfolge feiert. In Syrien sind es wohl eher letztere, in Ägypten erscheinen sie eher ironisch: Die ägyptischen Demokraten demonstrierten im Sommer 2013 gegen einen demokratisch gewählten Präsidenten, der sogar 51% der Stimmen bei der Direktwahl bekam. Einen so großen Anteil bekommen US-amerikanische Präsidenten eher selten. Aber wenn die islamische Republik droht, dann arrangieren sich auch Demokraten lieber mit dem Militär – ähnlich wie in Algerien seit den 90er Jahren. In der Türkei wehren sich 2013 die Demokraten gegen einen autoritären Führungsstil und erzielten zumindest kleinere lokale Erfolge.

Danken darf ich der *Alternativen Liste* an der *Hochschule für Politik* in München, die mich im Herbst 2011 zu einem Vortrag über das Widerstandsrecht einlud, an den sich eine sehr anregende Debatte gerade auch über die neueren Protestbewegungen anschloss, was mich überhaupt motivierte das hier vorliegende erste Kapitel zu schreiben. Im weiteren möchte ich Barbara Schäfer danken, die mir im Nachtstudio des *Bayerischen Rundfunks* zunächst die Möglichkeit zu einem Essay über das utopische Denken bot und dann einen weiteren anregte über den Zusammenhang von Verantwortung, Pragmatismus und Solidarität, die beide das vorliegende Manuskript wesentlich inspirierten. Bereichert haben es insbesondere Linda Sauer mit ihrem Dissertationsvorhaben über Perspektiven der Urteilskraft im Anschluss an Hannah Arendt und Constanze Drewlo mit ihrer herausragenden Diplomarbeit an der *Hochschule für Politik* über *Politische Partizipation in der politischen Theorie von Hannah Arendt am Beispiel der aktuellen Protestbewegungen – das Modell Occupy*. Besonderer Dank gebührt Patrizia Zewe, in deren Galerie in der Münchner Schellingstraße ich das Manuskript 2012 an sechs Abenden einem interessierten Publikum vortragen konnte, und meinen beiden Verlegern Anil Jain und Mario Beilhack mit ihrer *edition fatal*, die die Veröffentlichung überhaupt ermöglichten. Danken möchte ich zudem meiner Freundin Irmgard Wennrich, Ulrike Popp, Tamara Ralis, Renate Börger, Hans-Georg Pfarrer, Bernhard Lienemann, Bernd Mayerhofer, Michael Löhr, Michael Ruoff sowie allen Saloniens des *philosophischen Rau(s)chsalons*.

Einleitung: Protestbewegungen der letzten Jahrzehnte

EINLEITUNG: PROTESTBEWEGUNGEN DER LETZTEN JAHRZEHNTE

Noch heute glauben radikale Marxisten, dass sich der Kapitalismus nicht reformieren lässt, sondern höchstens abschaffen. Sie stützen sich dabei auf Marx' ökonomische Theorien, nach denen der Kapitalismus an seinen Widersprüchen von selbst zugrunde gehen soll. Seit den diversen Finanz- und Währungskrisen des letzten Jahrzehnts schöpfen sie wieder neue Hoffnung und werden dabei auch von einem Heer von Apokalyptikern bestärkt, die mit ihren Warnungen höchst unterschiedliche, zumeist gar nicht marxistische, sondern konservative, beispielsweise nationalstaatliche Interessen verfolgen. Würde der Kapitalismus zusammenbrechen, führte das jedenfalls in viele Bürgerkriege und in langanhaltendes soziales Elend. Bis sich dann die Welt lebenswerter gestalten lässt, wird es sehr lange dauern. Alles andere aber, so behaupten radikale Marxisten, ließe alles beim alten, könne nichts nachhaltig verändern.

VOM PASSIVEN BÜRGER ZUR BÜRGERINITIATIVBEWEGUNG: 1968, KERNKRAFT, FRIEDEN

Aber spätestens seit den neuzehnhundertsiebziger Jahren wollen sich viele mit dieser Alternative nicht mehr zufrieden geben. Denn lebt man nicht allemal besser von Krise zu Krise taumelnd und am eigenen Leben wie an der einen oder anderen sozialen Institution bastelnd, als in und nach der revolutionären Katastrophe? Die damalige Alternativszene begann langsam Kleinbetriebe von der Druckerei bis zur Kneipe zu eröffnen, um bereits so zu arbeiten und zu leben, wie sich das rot, grün und alternativ Orientierte jenseits des Kapitalismus wünschten. Die Öko-Bank wurde gegründet und selbst normale Geschäftsbanken entdeckten das *Ethical Investment*, das bis heute sicherlich nicht nur grün alternativ eingestellte Kunden bevorzugen.

Parallel dazu entstand in jenen siebziger Jahren auch die Bürgerinitiativbewegung. Zuvor strebte die Studentenbewegung der Achtundsechziger Zeit eine sozialistische Gesellschaft an – gleichgültig ob mit harter oder mit der sanften Gewalt des besseren Arguments. Sie beschäftigte sich denn auch primär mit außenpolitischen oder internationalen Fragen und protestierte gegen den Vietnam-Krieg, das Apartheit-Regime in Südafrika, die Diktatur des Schah von Persien, die von der westlichen Welt gestützt wurden. Weil man eine Revolution in den Zentren des Kapitalismus für unwahrscheinlich hielt, hoffte man, dass an dessen Peripherie das eine oder andere Land leichter sozialistisch werden könnte. Dazu – also letztlich zur Weltrevolution – wollte man beitragen: man lese nur die Reden Sartres aus jenen Tagen um den Pariser Mai 1968.

Das große innenpolitische Thema in der damaligen Bundesrepublik war in jenem Jahr die Verabschiedung der Notstandsgesetze, gegen die man gleichfalls protestierte, also eine Angelegenheit, die das Land insgesamt betraf und die in der Tat unangenehme Erinnerungen an die Notverordnungspolitik Hindenburgs in der Endphase der Weimarer Republik weckte. Vielen Deutschen war zudem noch in den sechziger Jahren die Demokratie nicht geheuer, wünschten sie sich durchaus eine autoritäre Regierung, die Gewerkschaften und Individualismus bekämpfen sollte. Die Furcht, dass mit den Notstandsgesetzen ein Weg in diese Richtung eröffnet wurde, war also nicht unbegründet. In Griechenland hatte sich ein Jahr zuvor erst eine Militärjunta an die Macht geputscht und führte ein Terrorregime.

Die Bürgerinitiativebewegung der siebziger Jahre nahm zwar diverse Impulse von der APO auf, hatte diese vor allem das Interesse vieler Bürger an der Politik geweckt. Noch bis in die zweite Hälfte der sechziger Jahre bekundete eine Mehrheit der Westdeutschen Desinteresse an der Politik: 1962 waren es laut einer Repräsentativumfrage des Emnid-Instituts 60 Prozent, nachdem das Institut in Allensbach 10 Jahre vorher festgestellt hatte, dass 67 Prozent der Westdeutschen davon ausgingen, dass man gegen unerfreuliche politische Verhältnisse nichts unternehmen könne (vgl. Mayer-Tasch 1985: 10). Eine große Mehrheit der Deutschen dachte also wenig demokratisch, schon gar nicht partizipatorisch und blieb bereit, auch diktatorische Verhältnisse zu ertragen, anstatt gegen eine Politik, Institutionen oder auch Wirtschaftsunternehmen zu protestieren, die man für falsch oder gar gefährlich hielt. Sicher nicht zuletzt unter dem Eindruck der rebellierenden Studenten verbreitete sich unter den Bundesbürgern im Laufe der sechziger Jahre doch ein erheblich demokratischeres Selbstbewusstsein. 1971 ergab eine Infas-Umfrage, dass 55 Prozent der Interviewten politische Einflussnahme für möglich und notwendig hielten. 78 Prozent waren nicht grundsätzlich abgeneigt, sich auch an politischen Protesten zu beteiligen (ebd.). Anders als die APO zuvor und linke wie linksradikale Gruppierungen parallel konzentrierte sich die Bürgerinitiativebewegung thematisch auf kommunale oder regionale Themen. Man protestierte gegen konkrete Projekte wie den Bau von Autobahnen, die Ansiedlung von Fabriken, den Abriss von Altbauten oder demonstrierte für den Bau von Umgehungsstraßen, Schulen und Kindergärten,

den Erhalt von Waldgebieten – Aktivitäten, die bis heute anhalten und die unmittelbar in die ökologische und später in die spätere Friedensbewegung eingehen. Die Schätzungen, wie viele Bürgerinitiativbewegungen es um 1980 herum gab, variieren zwischen 15.000 und 50.000 (ebd.). Heute spricht man von keiner Bewegung mehr, gehören Bürgerinitiativen zum demokratischen Alltag auf allen politischen Ebenen, wird hier der lange Marsch in eine partizipatorische Demokratie durchgeführt, ohne dass es noch besonders auffällt.
In den siebziger Jahren mischten sich unter diese Bürger auch Aktivisten aus der APO oder Vertreter linksradikaler Gruppierungen, die eigentlich größere Ziele ansteuerten, aber durch die Teilnahme an derart beschränkten und überschaubaren Zielvorgaben natürlich Werbung für ihre weitergehenden Ziele machen wollten. Doch der überwiegende Teil dieser aktiven Bürger war nicht radikal eingestellt und gab sich mit der Verbesserung bestimmter Lebensumstände durchaus zufrieden. Entweder geht man davon aus, dass sich das große Ganze doch nicht so leicht verändern lässt, oder aber man ist auch gar nicht der Auffassung, dass dieses große Ganze, national oder gar global, unbedingt verändert werden sollte, weil es so schlecht denn auch nicht eingerichtet ist. Dann ist es durchaus sinnvoll, sich für konkrete Angelegenheiten zu engagieren, gleichgültig ob man diese als Gemeinwohl stilisiert oder ob man bestimmte eigene Interessen vertritt. An die Weltrevolution haben diese Leute sowieso nicht gedacht.
Wesentliche Impulse erhielt die Bürgerinitiativbewegung durch die Anti-Atomkraft-Bewegung, die ursprünglich aus Bürgerinitiativen bestand, die sich zunächst gegen den Bau von einzelnen Kernkraftwerken in ihrer Nachbarschaft wehrten. Was in den sechziger Jahren isoliert blieb, schwoll seit Anfang der siebziger Jahre zu einer starken Bewegung an, die sich primär mit Demonstrationen und organisierten gerichtlichen Einsprüchen gegen die Kernenergie wehrte. Einen ersten Höhepunkt erlebte die Bewegung 1975, als knapp 30.000 Demonstranten auf das Baugelände in Wyhl gelangten und es mehrere Monate besetzt blieb. Das hatte Signalwirkung. Viele schlossen sich dem *Bundesverband Bürgerinitiativen Umweltschutz* an. Es kam auch schon zu grenzüberschreitenden Kooperationen, da französische Kernkraftgegner seit Anfang der siebziger Jahre gegen den Bau des Werkes Fessenheim protestierten.
Gerade der frühe Widerstand gegen die Kernenergie wurde von einer konservativen lokalen Bevölkerung getragen, die sich vor konkreten Schäden fürchtete – z.B. vor einer Beeinträchtigung des Weinbaus in der Nachbarschaft

von Wyhl oder vor einem schlechten Ruf für die eigene Milchproduktion in der Umgebung des geplanten Atommüll-Endlagers Gorleben. Zunehmend gesellten sich aus den Städten radikale Linke dazu, die stärker die allgemeinen Risiken der Kernkraft betonten. Dadurch transformierte sich ein zunächst lokales in ein nationales und sogar internationales Thema, das spätestens seit der Atomkatastrophe von Tschernobyl 1986 eine globale Dimension erhalten hat, längst nicht erst seit jener von Fukushima.

Derart gewinnen individuelle Interessen zunehmend an Gemeinwohlorientierung, so dass auch die ersten konservativen Bürgerinitiativen argumentativ gestärkt wurden und nicht mehr als Egoisten abgetan werden konnten, die nicht im Dienst der Allgemeinheit das Kernkraftwerk in ihrer Nähe akzeptierten, muss es nach der politischen und ökonomischen Logik nun mal irgendwohin gebaut werden, wenn es angeblich notwendig ist. So avancierte die Anti-Atomkraft-Bewegung zu einer breiten Kraft, die sich aus allen politischen Lagern speiste und bei ihren Protesten beispielsweise gegen das AKW Brokdorf und die geplante Wiederaufbereitungsanlage in Wackersdorf großen Massendemonstrationen veranstaltete, bei denen sie gewissermaßen ihren Höhepunkt erlebte.

Trotzdem geriet die Anti-AKW-Bewegung in den frühen achtziger Jahren etwas aus dem Blickfeld nicht nur der Öffentlichkeit, sondern auch der sich gegen die institutionalisierte Politik wehrenden Bürger. Der sogenannte NATO-Nachrüstungsbeschluss, nach dem in Europa und besonders in Deutschland neue US-Mittelstrecken-Raketen und Marschflugkörper als Antwort auf neue, Europa bedrohende sowjetische Mittelstreckenraketen stationiert wurden, provozierte in Europa, besonders in Deutschland eine große Friedensbewegung in der ersten Hälfte der achtziger Jahre. Den Krefelder-Appell gegen diese Aufrüstung mit Atomwaffen, die unmittelbar Moskau erreichten und den USA die Möglichkeit eröffneten, einen Atomkrieg auf Europa zu beschränken, unterzeichneten bis 1983 über vier Millionen Menschen. Mit Sitzblockaden versuchte man an vielen Orten, die Stationierung von Raketen zu verhindern. Besondere Berühmtheit erlangte der kleine schwäbische Ort Mutlangen, in dem einmal über 600 Senioren mehrere Tage die Zufahrt zur Basis der US-Army blockierten. Ein anderes Mal spielte dort ein Symphonieorchester. Mit der sogenannten ›Richterblockade demonstrierten ca. 20 Richter, dass sie in diesem Fall das Widerstandsrecht, das der Artikel 20 des Grundgesetzes formuliert, über den Nötigungsparagraphen des Strafgesetzbuches stellen. In Reckershausen, einem anderen Standort, wurden bis 1993 Frauenwiderstandscamps gegen Militarismus und Sexismus organisiert.

Vor allem aber fanden gewaltige Massendemonstrationen mit Hunderttausenden von Menschen statt. Im Juni 1982 demonstrierten 500.000 Menschen in Bonn gegen den Staatsbesuch von US-Präsident Ronald Reagan, im Oktober 1983 550.000 in Den Haag und 400.000 in Brüssel gegen den NATO-Beschluss, im Oktober 1986 200.000 im Hünsrück vor einer US-Basis. Etwa genauso viele Demonstranten bildeten im Oktober 1983 eine Menschenkette von Stuttgart nach Neu-Ulm. Auf den Ostermärschen versammelten sich ebenfalls Hunderttausende. Eine besondere Rolle spielten dabei auch die Kirchen. Die erste große Demonstration fand 1981 während des evangelischen Kirchentages in Hamburg statt. Hunderttausende versammelten sich 1983 zum ähnlichen Anlass in Hannover.

KIRCHEN, BÜRGERRECHTS- UND UMWELTBEWEGUNG IN DER DDR UND DER BRD

Nicht nur dass gerade von den Kirchen aus der Funke der Friedensbewegung auch auf die DDR übersprang, die zunächst versuchte mit staatlich gelenkten Initiativen die Proteste in ihrem Sinn zu kanalisieren. Bürgerrechtler und Kirchenangehörige engagierten sich für den Frieden schon seit den späten sechziger Jahren in der Bewegung »Schwerter zu Pflugscharen«. Diese lose organisierten Gruppen wendeten sich seit den siebziger Jahren dann stärker konkret gegen die sowjetische Aufrüstung. Dabei stießen sie auf einen äußerst repressiven Staat. Doch die Kirchen boten Versammlungs-, Diskussions- und Schutzräume, die von den staatlichen Institutionen nicht ausgeschaltet werden konnten. Höhepunkt der Friedensaktivitäten in der DDR war 1987 der Olof-Palme-Friedensmarsch, bei dem die Opposition von den DDR-Behörden geduldet demonstrieren durfte.
Als Michail Gorbatschows Politik von Glasnost und Perestroika ihren Widerhall in der DDR unter Dissidentengruppen fand, verstärkten sich die menschen- und bürgerrechtlichen Aktivitäten, trat unter der Annäherung der Supermächte die Friedensproblematik in den Hintergrund, weil die Kriegsgefahr nachließ. Was mit den Friedensgebeten in Leipzig in der Nikolai-Kirche Mitte der achtziger Jahre begann, führte in eine friedliche Bürgerbewegung, die für die Demokratisierung der DDR eintrat. Die Kommunalwahl im Mai 1989 nutzte die Bürgerrechtsbewegung, der DDR zahlreiche Wahlfälschungen nachzuweisen, was insgesamt zu einer massiven Mobilisierung oppositioneller Kräfte führte. Am 4. September 1989 fand in Leipzig nach einem Friedensgebet die erste Montagsdemonstration statt, die auf viele andere Städte der DDR

übergriff und zu einer großen Volksbewegung anschwoll, die letztlich die Öffnung der Grenze am 9. November erzwang.

Die aktive Rolle der Kirchen sowohl in der DDR bei der Friedens- und der Bürgerrechtsbewegung als auch in der BRD nicht allein in der Friedens-, sondern auch in der Umweltbewegung belegt einen nachhaltigen Wandel in der Protestkultur seit den sechziger Jahren. Die Achtundsechziger Bewegung erzeugte nicht bloß bei den politisch radikal Eingestellten, sondern auch bei jenen, die eher an Musik, Literatur und einer anderen Sexualmoral interessiert waren, eine radikale Ablehnung der Gesellschaft, die im Wort von der ›großen Weigerung‹ Herbert Marcuses gipfelt (1969: 9). Entweder man wollte die Gesellschaft radikal umgestalten, mit oder ohne Gewalt, oder man wollte aus der Gesellschaft aussteigen. In den USA gründeten die Hippies Landkommunen und protestierten gegen den Vietnamkrieg mit der Parole ›Love and Peace‹. Überall in der westlichen Welt zogen junge Leute durch die Welt auf der Suche nach einer nicht-bürgerlichen Lebensweise, ohne bürgerlichen Beruf und ohne bürgerliche Familie. Sie verzichteten auch auf soziale Anerkennung, bzw. verachteten ihrerseits soziale Institutionen und das sogenannte Establishment. Wer sich trotzdem noch politisch engagieren wollte, schloss sich den sogenannten Autonomen an, die staatliche Strukturen ablehnen und zu spontanen Aktionen neigen. Manche der politisch Radikalen gingen in den Untergrund zu Terrororganisationen wie der deutschen *RAF* oder den italienischen Roten Brigaden oder wie Carlos gleich zur *Volksfront für die Befreiung Palästinas* des Georges Habasch. Oder sie verstreuten sich während der siebziger Jahre in den diversen kommunistisch maoistischen Sekten, die unter dem Namen K-Gruppen in die Geschichte eingingen. In diesen Kreisen wurde die bürgerliche Gesellschaft und die westliche Welt insgesamt radikal abgelehnt, die man nicht für reformierbar hielt und wie man überhaupt nicht leben wollte.

Dagegen engagierten sich in der Anti-AKW- wie in der Umweltbewegung viele etablierte und eher konservativ eingestellte Bürger. In der Friedens- und Bürgerrechtsbewegung im Osten wie im Westen spielten nicht nur die kirchlichen Institutionen, sondern gläubige Menschen eine wichtige Rolle, die vor allem von moralischen Intentionen beseelt waren und die selbst die DDR nicht einfach als Staatsfeinde abtun konnte. Im Westen waren sie im Gegensatz zu den radikalen Achtundsechzigern durch ihre religiöse Motivation und ihre kirchliche Einbindung nicht nur gegenüber jedem Verdacht der politischen Radikalität enthoben. Sie stehen der Gesellschaft wie der Schöpfung insgesamt grundsätzlich positiv gegenüber, die sie aber bewahren und sichern möchten. Derart können sie kirchlich und religiös rückgekoppelt, also gesellschaftlich eingebunden und um gegenseitige Anerkennung bemüht, durchaus eine harte Kritik an den sozialen oder politischen Verhältnissen formulieren, die man von Seiten der institutionellen Politik ernst nehmen muss, die man nicht als radikale Verblendung einfach abtun kann. Zudem bestehen zwischen kirchlichen und politischen Institutionen gemeinhin Drähte, die man nutzen kann, um Einfluss auszuüben, zumindest um überhaupt gehört zu werden. So zeigt gerade die Friedensbewegung von den Kirchen über jene Musiker, die Richter bis zu den Rentnern, dass sie in viele soziale Kreise hineinreichte. Umgekehrt erleben aber auch diejenigen, die fundamentalistische bzw. radikale Positionen vertreten, dass sie ihrerseits nicht mehr auf fundamentale Ablehnung der gemäßigten sozialen Kreise stoßen, was sich dadurch noch verstärken lässt, wenn radikale Positionen moderater formuliert werden. Hier findet ein gegenseitiger Lernprozess statt, der bis heute anhält und der dazu führt, dass radikale, fundamentale oder auch bloß rigide Positionen nicht nur weniger werden, sondern sich insgesamt kooperativer verhalten. Wenn man sich gegenseitig anerkennt, führt das zu gegenseitiger Achtung und zu einer stärkeren Kooperationsbereitschaft.

So ergibt das Zusammenspiel von politisch Radikalen oder auch Fundamentalisten mit Konservativen und religiös Engagierten in der Umwelt-, der Friedens- und der Bürgerrechtsbewegung im Osten wie im Westen einerseits eine moderatere Grundsatzkritik, produziert aber andererseits durchaus harte Auseinandersetzungen um konkrete Angelegenheiten, sei es die Stationierung von Mittelstreckenraketen, der Bau von AKWs oder der Kampf um Bürgerrechte in der DDR. Als *die Grünen* 1980 gegründet werden, beherbergen sie genau diese verschiedenen Lager: radikale Linke aus den K-Gruppen, fundamentalistische Ökologen, die sehr konservativ eingestellt sein können, kirchliche Kreise, die eine moralische Kulturkritik formulieren, aus der man sowohl eine harte also auch eine pragmatische Opposition ableiten kann. Der bis heute weit verbreitete Pragmatismus verdankt sich wahrscheinlich weniger Politikern wie Helmut Schmidt oder Tony Blair, sondern einer pragmatischen Wende in den Protestbewegungen der letzten Jahrzehnte, in denen die Bürger selber aktiv wurden und sich politisch beteiligen, und zwar auf sehr pragmatische Weise.

Parallel zur Anti-AKW-Bewegung entsteht seit den frühen siebziger Jahren die Umweltbewegung. Beide bestärken sich natürlich gegenseitig und gehören auch zusammen. Natürlich muss man die Umweltbewegung auch zu den großen Protestbewegungen des 20. und noch des 21. Jahrhunderts zählen, auch wenn sie anfänglich eher einen romantisch, jugendbewegten sowie konservativen Hintergrund besitzt, der sich durchaus auch aus manchen Esoteriken speist. Die ersten Gründungen von Umweltschutzinitiativen erfolgen 1971 in Karlsruhe und in Tübingen. Badisch elsässische Bürgerinitiativen werden den Kern des später gegründeten *Bundesverbandes Bürgerinitiativen Umweltschutz* (BBU) bilden. Insofern umfasst die Bürgerinitiativebewegung alle diese verschiedenen Perspektiven des Protests gegen destruktive Tendenzen der modernen Gesellschaften.

Die Umweltbewegung jener Jahrzehnte kritisierte eine verfehlte industrielle Entwicklung, die nicht nur Menschen entfremdet, gefährdet und unwürdig arbeiten ließ, sondern vor allem auch die Natur zerstörte. Das Thema *Waldsterben* musste dabei sogar die konservative Presse aufgreifen. Die Sorge um den deutschen Wald verband über politische Lager hinweg und lieferte der Umweltbewegung ein magisches Thema. Ähnlich bewegte das Thema Ozonloch die Gemüter, als man entdeckte, dass FCKW die Erdatmosphäre gefährdet. Chemieunfälle von Seveso, Basel und Bhopal führten die mangelnde industrielle Sicherheit vor. Die Zerstörung der Umwelt zeigte sich besonders in vergifteten Flüssen, in durch Düngemittel hoch belasteten Seen, in der Luftverschmutzung, in sauren Böden durch Verkehr und Industrie. In den Fokus der Kritik geriet auch die Landwirtschaft ob des Einsatzes von Pestiziden, Kunstdünger und der Massentierhaltung mit der gängigen Praxis, Antibiotika ins Futter zu mischen, was bis heute zu einer massiven Resistenz gegen viele Antibiotika beim Menschen führt. Dabei geriet natürlich auch die Medizin in den Fokus ökologischer Kritik.

In der DDR werden die Klagen von Bürgern über Waldsterben und Luftverschmutzung lange unterdrückt. Trotzdem bilden sich auch hier erste Initiativen, die in den achtziger Jahren zahlreicher werden. Allerdings bleiben sie gegenüber der Friedens- und der Bürgerrechtsbewegung kleiner. Trotzdem entstehen hier auch wichtige Einrichtungen primär natürlich im kirchlichen Rahmen unter anderem in Dresden, Wittenberg und die *Umwelt-Bibliothek* im Rahmen der Berliner Zionskirche. 1988 wurde das grün-ökologische Netzwerk *Arche* gegründet. 1989 konstituierte sich die *Grüne Partei in der DDR*, die sich 1990 der westdeutschen Partei *Die Grünen* anschloss. Außerdem entstand die *grüne Liga*. Die neuen Parteien im letzten Jahr der DDR waren alle sehr ökologische ausgerichtet. 1993 fusionierte das aus verschiedenen Organisationen bestehende *Bündnis 90* mit den *Grünen*. So zeigt sich historisch rückblickend, dass die Entwicklungen der Protestbewegungen in der DDR und in der BRD gar nicht so weit auseinander liegen, sondern sich hier eine

Gemeinsamkeit herstellte, die eine der Voraussetzungen dafür liefert, dass Willy Brandts Wort, dass zusammenwächst, was zusammengehört, sich langfristig sich bestätigen könnte.

Die Anti-Atomkraftbewegung ging jahrzehntelang durch Höhen und Tiefen. Sie wollte nicht primär den Kapitalismus abschaffen, sondern versuchte ihn zu nötigen, auf diese Energieform zu verzichten. Wie erfolgreich man das auch einschätzen mag, beförderte diese Kritik die Entwicklung alternativer Energien. Seit den neunzehnhundertsiebziger Jahren bemühen sich überhaupt immer mehr aktive Bürger nicht bloß um politischen Einfluss, besonders auf der lokalen Ebene, um bestimmte Projekte entweder zu verhindern oder durchzusetzen. Bürgerprotest und außerinstitutionelle Partizipation von immer mehr Menschen an der Politik haben bis heute massiv zugenommen.

Gleichzeitig wurden und werden diese Bürger auch selber tätig, ob passiv oder aktiv um zumindest Teile ihrer Lebenswelt so zu gestalten, wie sie es für richtig halten, ohne auf die Politik zu warten. Seit jenen Jahren entstand beispielsweise der Markt für Bio-Produkte. Die Zeitgenossen verlangten nach ökologischen Lebensmitteln, weil ihnen die damals beherrschende Landwirtschaft derartige Ansprüche nicht hinreichend befriedigte. Das ökologisch orientierte Publikum wollte nicht auf den Sozialismus warten und dadurch veränderte sich bis heute die Landwirtschaft weltweit durchaus nachhaltig. Wichtiger als soziale Gerechtigkeit, die im Kapitalismus gemeinhin zu stiefmütterlich behandelt wird, ist jenen Zeitgenossen die Gesundheit und der Geschmack der Lebensmittel.

Man könnte hier schon vorahnen, dass diese Leute etwas für sich und natürlich ihre Kinder tun wollten, sicherlich auch etwas für die Allgemeinheit, wenn ökologische Produkte die Umwelt weniger schädigen. Aber sie opferten sich nicht, nicht ihre Gesundheit, verzichteten nicht auf gutes Leben, um sich dem Kampf für den Kommunismus oder gegen das gesellschaftlich bedingte Leiden unterzuordnen oder sich gar dem Vaterland zur Verfügung zu stellen. Das entspricht in etwa dem Hedonismus-Vorwurf. Entscheidender aber ist, dass sie sich von der kommunistischen Alles-oder-Nichts-Strategie abwandten und anfingen, innerhalb des Kapitalismus die Lebensbedingungen zu verbessern.

Daraus ist letztlich auch eine ethische Haltung geworden. Wer sich heute umweltbewusst verhält, gilt als moralisch und hält sich gemeinhin auch selber dafür. Dadurch dass man sich ökologischer Technologien bedient, begeht man ethische Handlungen, wenn man beispielsweise Sonnenkollektoren auf das Dach des Eigenheims setzt. Es geht also auch nicht mehr nur um

Verzicht oder Askese, obwohl diese natürlich eine wichtige ökologische Rolle spielt, wenn man mit seiner Umwelt schonend umgeht, ökologische Waschmittel verwendet, ökologisch gefertigte Kleidung anzieht oder mit dem Fahrrad Energie spart. Eine Protestbewegung für eine natürliche Umwelt und gegen eine industrielle Umgestaltung der Natur transformierte sich derart in eine Lebensform.

Dabei entstanden auch verschiedene Umweltschutzorganisationen wie *Greenpeace*, BUND oder WWF. Die Anfänge von *Greenpeace* reichen in das Jahr 1971 zurück, konzentrierte man sich in den ersten Jahren vornehmlich auf den Protest gegen Atomwaffenversuche der USA und Frankreichs. Trauriger Höhepunkt war 1985 das Bombenattentat des französischen Geheimdienstes, durch das das *Greenpeace*-Schiff *Rainbow Warrior* im Hafen von Auckland versenkt wurde und ein *Greenpeace*-Aktivist ums Leben kam. *Greenpeace International* wurde 1979 aus verschiedenen Greenpeace-Gruppen gegründet. Heute beschäftigt *Greenpeace* ca. 1200 Mitarbeiter und unterhält ca. 40 Büros in aller Welt. Ca. 3 Millionen Fördermitglieder ermöglichen das durch ihre Spenden – auch eine neue Form des Protests. Natürlich kann man darüber streiten, ob das noch eine Bewegung ist. Aber als Organisation zählt *Greenpeace* zur Umweltbewegung allemal und trägt selber zu deren Globalisierung bei.

Vor allem verfolgt *Greenpeace* medienwirksam eine Strategie von Kampagnen, die jegliche Klassenkampf-Mentalität ablegt. Wichtig sind spektakuläre Aktionen, die mediale Aufmerksamkeit auf sich ziehen. Zudem muss die Kampagne Menschen in aller Welt berühren, um sie entsprechend aufzuregen und somit zu beeinflussen. Eine Kampagne für die Wale beispielsweise rührt das Herz der Tierliebhaber. Nach David McTaggart, einem der Vordenker und Aktivisten der ersten Stunde, muss bei jeder Aktion eine Aussicht auf Erfolg bestehen und darum muss auch konsequent gekämpft werden, also pragmatisch und verantwortungsethisch. Es geht nicht mehr um den bloßen Protest, sondern darum durch Protest gezielten Einfluss auszuüben. Auf diese Weise zwingt man Länder, aber vor allem auch Konzerne durch Kampagnen, ihre Politik bzw. ihre Wirtschaftsweise gemeinhin umweltfreundlicher zu gestalten.

Und ähnlich wie die ökologische Landwirtschaft funktioniert das innerhalb des Kapitalismus. Nicht nur dass es daher gegen Adornos Verdikt ein richtiges Leben im falschen gibt. Warum auch nicht? Zumindest darf man annehmen, dass es auch in einem notorisch falschen Leben richtigeres und weniger richtiges Leben gibt. Wenn es unvermeidlich falsch ist, dann sind das die schlichten Ausgangsbedingungen, mit denen man leben muss. Dann hat man immer noch die Wahl, sich dem falschen Leben einfach anzupassen oder dieses falsche im eigenen Sinn zu modulieren.

Protestformen hängen also nicht unbedingt von einer großen Masse Menschen ab, um Aufmerksamkeit zu erregen. Das können auch kleine Gruppen geschickt organisieren. So gelang es *Greenpeace* in den neunziger Jahren, als angesichts der politischen Wende in Osteuropa die Themen Ökologie und Naturzerstörung genauso in den Hintergrund traten wie das Thema Krieg nach dem Ende der atomaren Ost-West-Konfrontation, trotzdem durch spektakuläre Aktionen nicht bloß Aufmerksamkeit, sondern auch Erfolge gerade beim Schutz der Meere zu erzielen – einem der wichtigsten Felder, in denen die Organisation aktiv ist.

VON DER FRAUEN- ZUR SCHWULEN- UND LESBENBEWEGUNG: DER WANDEL DER PROTESTKULTUR

Eine gewisse Ermüdungserscheinung zeigte in den neunziger Jahren auch die neuere oder zweite Frauenbewegung, die zweifellos zu den Protestbewegungen der letzten Jahrzehnte zu zählen ist. Sie nahm parallel zur Achtundsechziger Bewegung und im Anschluss an die Bürgerrechtsbewegung der Farbigen in den USA seit den frühen sechziger Jahren Fahrt auf. So gab es schon in der ersten Frauenbewegung Mitte des 19. Jahrhunderts Bezüge zwischen den Emanzipationsbestrebungen der Frauen und der schwarzen Sklaven in den Südstaaten in den USA. Bürgerrechts- und Frauenbewegungen haben dabei gemeinsam die Welt in den letzten Jahrzehnten wohl nachhaltig verändert. Während Frauen dieselben politischen Rechte wie Männer in der westlichen Welt etwa bis Mitte des 20. Jahrhunderts erhielten, ging es der zweiten Frauenbewegung vornehmlich um soziale Rechte, ähnlich wie der Bürgerrechtsbewegung der Schwarzen.

Durch die Achtundsechziger Bewegung wurde die Frauenbewegung zwar sozialistisch inspiriert, sie wandte sich aber relativ schnell von sozialistischen Hoffnungen ab. Simone de Beauvoir liefert mit ihrem Buch *Das andere Geschlecht* 1949 der zweiten Welle der Frauenbewegung eine Inspiration, die sich im Grunde durchgesetzt hat, fordert sie in diesem Buch, dass Frauen genauso wie Männer ihr eigenes Leben gestalten sollen. In den sechziger Jahren betrachtet sie indes die Lösung der Frauenfrage als nachrangig, die sich von selber erledigen wird, wenn eine sozialistische Gesellschaft entsteht.

Doch ab den siebziger Jahren erklären Frauengruppen ihre Autonomie gegenüber der von Männern beherrschten Achtundsechziger Bewegung. Frauen machen sich auf ihren eigenen Weg und warten nicht mehr auf den Sozialismus. So entstehen die autonome Frauenbewegung und ein eigenes feministisches Denken, das diverse Perspektiven einer weiblich geprägten Gesellschaft reflektiert.

Dabei neigten die Protagonistinnen der zweiten Frauenbewegung von Anfang an zur spektakulären Aktion, die sie in gewisser Hinsicht Greenpeace vormachten. So unterschrieb Simone de Beauvoir 1971 in Frankreich zusammen mit vielen anderen Frauen die öffentliche Erklärung: »Ich habe abgetrieben.« Eine Aktion, die Alice Schwarzer noch im selben Jahr in einem *Stern*-Titel in Deutschland wiederholte (s. Schönherr-Mann 2007: 36). 1974 wird hier denn auch die Abtreibung unter einer sozialen Indikation erlaubt. In anderen selbst katholischen Ländern wie Italien und Frankreich werden in den siebziger Jahren erheblich liberalere Abtreibungsrechte eingeführt. Natürlich ging es der zweiten Generation nicht allein um eine andere Sexualmoral, sondern um Anerkennung in einer immer noch männlich dominierten Welt, die durch vielfältige Proteste gegen diverse sexistische Diskriminierungen langsam durchgesetzt wurde. Das Grundgesetz erklärte zwar 1949 die Gleichberechtigung von Mann und Frau. Doch erst 1959 wird jener Teil des Eherechts für verfassungswidrig erklärt, der von der Frau Gehorsam in der Ehe verlangte. Und erst 1996 wird die Vergewaltigung in der Ehe strafbar.

Die Koedukation wird zwar langsam seit den fünfziger Jahren in Westdeutschland eingeführt. Aber immer noch existieren reine Jungenschulen. Zwar reformiert man in den siebziger Jahren das eheliche Namensrecht, aber erst 1996 stellt man die volle Gleichberechtigung beim Namensrecht her. Allemal zeigen die Proteste Wirkung. Auch die soziale Gleichberechtigung setzt sich langsam durch, indem sie von der etablierten Politik aufgegriffen und umgesetzt wird. Vor allem aber stritt die Frauenbewegung der siebziger und achtziger Jahre um gleiche Bildung, gleiche Berufschancen, gleiche Entlohnung, die bis heute zu wünschen übrig lassen, aber ebenfalls längst auf der Ebene der etablierten Politik wie der Ökonomie angekommen ist. Unternehmen müssen heute darauf reagieren und können dergleichen Proteste und Initiativen nicht mehr ignorieren, wenn sie nicht Angst um ihren Ruf haben wollen. So ist es zwischenzeitlich schlicht normal, dass Frauen arbeiten und ihr eigenes Leben führen. Man erinnere sich allerdings daran, dass erst 1976 in der Ehe die Gleichberechtigung in finanziellen Angelegenheiten eingeführt wurde.

Die dabei gewählten Protestformen führten das eine wie das andere Mal durchaus zu einem Konflikt der Geschlechter. Doch gerade das Geschlechterverhältnis will die Frauenbewegung verändern. Dabei hat sich in der Tat die Welt gewandelt, was sich bis heute vor allem an der sinkenden Geburtenrate in westlichen Staaten anzeigt – 2013 hat bezeichnender Weise das katholische Polen in der EU die niedrigste Geburtenrate von ca. 1,3 Kindern pro Frau, was um ein weiteres Mal demonstriert, dass die vatikanische Sexualmoral gescheitert ist.

Ähnlich wie die Umwelt-Bewegung erlahmt die Frauenbewegung in den neunziger Jahren. Eine neue Generation von Frauen sieht sich nicht mehr in dem Maße diskriminiert und beendet die konfrontative Stellung gegenüber dem anderen Geschlecht. Das macht sich nicht nur in den Protestformen bemerkbar, sondern vor allem in der Mode: Frauenbewegte der zweiten Generation kleideten sich ähnlich alternativ unmodisch wie Umweltbewegte im Anschluss an die Hippie-Bewegung. Die dritte Generation hat die Mode längst wieder entdeckt und emanzipiert sich modisch gestylt. Andererseits sieht sich die dritte Generation weiterhin mit unbewältigten Diskriminierungen konfrontiert und schließt derart an die Politik der zweiten an. Doch es geht dabei heute auch eher um konkrete Projekte, bei denen sich die jungen Vertreter primär, wie die meisten anderen zeitgenössischen Protestbewegungen, des Internet bedienen.

Dabei werden heute sogar die gängigen Geschlechtsidentitäten in Frage gestellt. Vor allem die US-amerikanische postmoderne Feministin Judith Butler stellt bereits in den neunziger Jahren die Naturgegebenheit des Geschlechts und damit der Geschlechtsrolle in Frage, was nicht nur erlaubt, mit Geschlechtsrollen zu spielen. In der *Transgender*-Bewegung kann man auf eine Geschlechtsrolle verzichten. Man darf aber vor allem die eigene Geschlechtsrolle ironisieren, um damit gegen diskriminierende Konventionen zu protestieren und aktiv dagegen vorzugehen (Butler 1991: 49): Warum soll man denn unbedingt Mann *oder* Frau spielen? Warum überhaupt? Oder warum nicht gleichzeitig beides? Hier entstehen natürlich enge Verbindungen zur Schwulen- und Lesben-Bewegung, die gerade in den letzten beiden Jahrzehnten weltweit öffentlicher und intensiver als früher gegen die Diskriminierung von Homosexuellen protestiert. Während sie an manchen Orten der westlichen Welt große Fortschritte erzielt hat und Homosexuelle heute durchaus öffentlich auftreten können – man denke an San Francisco, New York, München und Berlin –, so werden sie aber in vielen Ländern dieser Erde noch massiv verfolgt und sogar mit dem Tod bedroht.

Dabei haben Schwulen- und Lesben-Bewegung ihre Anfänge auch im Ausklang der Achtundsechziger Bewegung. In den siebziger Jahren entstanden denn auch vielfältige Initiativen und Aktivitäten, die gegen die Diskriminierung von Homosexuellen kämpften. Dabei schlossen Teile der Lesben-Bewegung wiederum an bestimmte Strömungen des Feminismus der Frauenbewegung an. In den achtziger Jahren griffen diverse politische und soziale Institutionen und Verbände die Thematik auf und richteten entsprechende Referate ein. 1979 wurde der Christopher-Street-Day propagiert, der an einen Homosexuellen-Aufstand 1969 in New York erinnern soll und der zwischenzeitlich zu einem großen Event in vielen Städten geworden ist, der allerdings nicht überall am selben Tag gefeiert wird. Die Protestkultur verbindet sich seit ihren Anfängen immer schon mit der Event-Kultur – man denke an das legendäre Konzert von Woodstock. Konzerte mit Protestveranstaltungen zu verbinden ist seither ein gängiges Mittel von Protestbewegungen.

Dabei hat die Ausbreitung von Aids in den achtziger Jahren gerade unter Schwulen zwar wiederum manche erneute Diskriminierung eingebracht. Doch alles in allem hat die Aids-Problematik, von der in besonderem Maße homosexuelle Männer betroffen waren, doch mehr Verständnis für die Problematik der Homosexualität erzeugt. Daraus folgten diverse Formen der Solidarisierung. Ist nun angesichts der neueren Heilerfolge Aids in der westlichen Welt zumindest unter einer gewissen Kontrolle, hat die Krankheit ihre größten Schrecken etwas verloren, so erfahren Lesben und Schwule im letzten Jahrzehnt sicherlich mehr Anerkennung als zuvor, während sie umgekehrt offener für ihre Sache eintreten und nicht zuletzt auch demonstrieren dürfen. So konnten sich führende deutsche Politiker aus allen Parteien outen: Guido Westerwelle, Ole von Beust oder Klaus Wowereit.

Insgesamt kann man hier zwar eine gewisse rot grüne Orientierung bemerken. Aber die Ziele der Schwulen- und Lesben-Bewegung sind allemal reformistisch und konkret, zielen nicht auf eine umfassende, gar revolutionäre Gesellschaftsveränderung ab. Solche Vorstellungen finden sich am ehesten noch unter radikalen Feministinnen, die auf die Emanzipation der Frauen seit den siebziger Jahren aber wenig Einfluss hatten. Protest und Emanzipation erweisen sich primär als pragmatisch und konkret, nicht so sehr revolutionär und idealistisch.

DIE WIEDERKEHR DER SOZIALEN GERECHTIGKEIT: ATTAC, OCCUPY UND DAS INTERNET

Seit Anfang des Jahrtausends bemüht sich *Attac* als globalisierungskritischer Zusammenschluss vieler verschiedener kapitalismus- und gesellschaftskritischer Gruppen (in Deutschland ca. 200) und einzelner Personen (in Deutschland ca. 25.000) darum, auf Konzerne, Staaten und internationale Organisationen Druck auszuüben, die Prozesse der Globalisierung nicht bloß neoliberal zum größten Nutzen einzelner reicher Staaten, Konzerne oder Personen ablaufen zu lassen, sondern sozial, human und ökologisch steuernd in diese Entwicklungen einzugreifen. Damit kehrt das Thema soziale Gerechtigkeit auf die Agenda der Protestbewegungen nach knapp einem halben Jahrhundert zurück. Ähnlich wie Greenpeace betreibt *Attac* immer wieder bestimmt Kampagnen, 2012 gegen den *Europäischen Fiskalpakt*, 2011 zur Fukushima-Katastrophe oder Proteste gegen den G8-Gipfel 2007 in Deutschland. Mit den *Blockupy*-Protesten im Oktober 2011 trug *Attac* zur Entstehung der *Occupy*-Bewegung in Deutschland bei.

Gegründet wurde *Attac* 1998 in Frankreich zunächst um eine Transaktionssteuer auf spekulative internationale Devisengeschäfte einzurichten. Als Mitgliederorganisation besitzt sie eine repräsentative Struktur zumindest bei Haushaltsfragen. Zwischenzeitlich hat sich das Tätigkeitsfeld massiv erweitert. Primär beschäftigt sich *Attac* mit Bildungs- und Informationstätigkeiten, um in der Öffentlichkeit ein Bewusstsein für die Probleme der Globalisierung und der sozialen Gerechtigkeit zu intensivieren und um dabei neoliberalen Dogmen entgegenzutreten. Die Organisation ist primär kapitalismuskritisch und entwicklungspolitisch orientiert. Sie tritt für die Regulierung der Finanzmärkte und eine demokratische Kontrolle ein, kann also als basisdemokratisch bzw. partizipatorisch bezeichnet werden. Sie ermöglicht damit auch Menschen sich zu engagieren und außerinstitutionell politischen Einfluss auszuüben.

In der Tradition der diversen Vorläufer-Bewegungen bedient sich *Attac* seit einigen Jahren dabei auch des beinahe schon klassischen Mittels großer Demonstrationen, die gelegentlich durchaus in gewalttätige Auseinandersetzungen abgleiten. Doch die Perspektive zielt nicht auf die revolutionäre Veränderung, die in den Terrorismus münden könnte, sondern auf konkrete ökonomische Kritik und Vorschläge für Alternativen, eben der Finanztransaktionssteuer, die längst die Politik weltweit aufgegriffen hat oder lokale Währungen, die den Großwährungen wie Euro und Dollar entgegentreten sollen, unter anderem um den regionalen Handel zu beflügeln.

Insofern hat sich mit *Attac* eine weltweite kapitalismuskritische Protestbewegung etabliert, die anders als ihre Vorläufer aus der Achtundsechziger Zeit auch bereits großes Ansehen unter etablierten Politikern genießt: Heiner Geißler ist genauso Mitglied wie Oskar Lafontaine. Mit *Attac* ist das Thema soziale Gerechtigkeit nicht bloß auf die Agenda der Globalisierung gelangt, sondern auch in nationalen Politiken wiedergekehrt, wo es eine Weile vergessen schien, allemal kaum mehr eine Rolle spielte, wenn sozialstaatliche Organisationen beispielsweise in vielen Ländern der westlichen Welt seit den neunziger Jahren fleißig privatisiert wurden.
Zuletzt entstand *Occupy* vor dem Hintergrund der globalen Finanz- und Wirtschaftskrisen seit 2008 und der Staatsschuldenkrisen, die daran anschlossen. *Occupy* wurde im Juni 2011 in den USA nach dem Vorbild der Platzbesetzung des Kairoer Tahrir-Platzes gegründet, indem im Zuccotti-Park in New York City eine erste Zeltstadt errichtet wurde. Danach führte man viele ähnliche Aktionen durch. Ab Oktober 2011 entwickelten sich *Occupy*-Initiativen auch in vielen deutschen Städten und zwar unter Berufung besonders auf spanische Gruppen, war in Spanien der Protest gegen die Sparpolitik der Regierung angesichts der Staatsschuldenkrise besonders schnell und intensiv entflammt. So entstand neben *Occupy-Frankfurt* auch *Occupy-Germany*.
Die *Occupy*-Gruppen versuchen feste, gar hierarchische Strukturen zu vermeiden. Sie kommunizieren untereinander primär über das Internet. Zugleich hat die *Occupy*-Bewegung neue Formen des Protests entwickelt, wie eben das wochen- gar monatelange Campieren auf öffentlichen Plätzen. Aber schon die chinesischen Studenten auf dem *Platz des himmlischen Friedens* 1989 harrten dort tagelang aus. In den USA kam es bei zahlreichen Besetzungen zu schweren Zusammenstößen mit der Polizei. Die Demonstranten wurden dabei in New York besonders von der Hacker-Gruppe *Anonymous* gegen die Polizei unterstützt.
Während man in Arabien und in Osteuropa vornehmlich gegen Regierungen protestiert und man weniger gegen den Kapitalismus demonstriert, geht es in den kapitalistischen Hochburgen darum, den Kapitalismus zu verändern, ihn zu bändigen, ihn gerechter zu gestalten, öffnet sich schließlich weltweit die Schere zwischen Arm und Reich immer weiter. Obwohl sich *Occupy* mit der konkreten Formulierung bestimmter Ziele, Programme und Absichten zurückhält, zielt die Bewegung auf derartige Veränderungen im Kapitalismus, womit im Anschluss an *Attac* die Wiederkehr der sozialen Frage im öffentlichen Bewusstsein, vor allem aber in der Protestkultur verlängert wird. Interessanter-

weise tritt seit den frühen siebziger Jahren die soziale Frage bzw. das Thema soziale Gerechtigkeit zunehmend in den diversen Protestbewegungen in den Hintergrund – ihre Stelle übernehmen Umwelt, Atomkraft, Frieden, Bürgerrechte, Frauenemanzipation.

Dagegen greifen diese neueren Protestbewegungen wie *Attac* und *Occupy* das Thema soziale Gerechtigkeit wieder auf und schließen im Grunde an die Neigungen zum Sozialismus der Achtundsechziger Rebellion an, allerdings nicht mit der revolutionären Schärfe jener Zeit, sondern eher mit Pragmatismus und vielleicht der Wiederkehr eines gewissen ethischen Idealismus, den man allerdings auch der Umwelt- und Friedensbewegung attestieren kann: *Occupy* will sich den Anspruch auf soziale Gerechtigkeit nicht von angeblichen Sachzwängen ausreden lassen. Insofern wundert es nicht, dass sowohl in den USA als auch in Deutschland führende Politiker der liberalen, linken und grünen Parteien, nicht zuletzt auch Gewerkschaften ihre Sympathie mit *Occupy* bekundeten, eine Sympathie, die sogar beim Bundesfinanzminister und von der Kanzlerin wiederholt wurde. Man darf vermuten, dass der Idealismus eine ähnliche Rolle wie die Religion spielt: Beide binden ihre Vertreter in einen gemeinsamen Wertekanon ein.

Trotzdem wird auch durchaus der Kapitalismus in Frage gestellt. Aber das ist spätestens seit der Bankenkrise 2008 gesellschaftsfähig. So sieht denn David Graeber, der Vordenker von *Occupy*, im Gespräch mit der *Süddeutschen Zeitung* nicht nur die Alternative zwischen der Reform des Systems von innen heraus und einer Revolution, sondern insistiert darauf, dass innerhalb von *Occupy* viele erwarten, dass das System schlicht zusammenbricht (2012a, 12). Derart würde ein neues System notwendig werden – eine Vorstellung, die sich von derjenigen von Marx gar nicht so sehr unterscheidet, der auch einen Zusammenbruch des Kapitalismus erwartete, der ebenfalls schon mal nicht stattfand. Doch wenn man anders als die Kommunisten die Absicht preisgibt, einen solchen Zusammenbruch aktiv zu beschleunigen zu wollen, darf angesichts des apokalyptischen und verschwörungstheoretisch aufgeladenen Zeitgeistes darüber öffentlich durchaus sinniert werden. Untergänge – ob der eigenen oder der feindlichen Welt – malen viele aus allen politischen Lagern begeistert an die Wand – wahrscheinlich eine christlich apokalyptische Angewohnheit.

Andererseits demonstrieren jene, die heute für soziale Gerechtigkeit eintreten, auch häufig schlicht nur für bessere Studienbedingungen und größere Berufschancen oder in Athen, Madrid und Rom gegen Sozialabbau im Zuge der Euro-Sparmaßnahmen. So handelt es sich bei den jüngeren Protesten in der westlichen Welt alles in allem um Bemühungen, der Dominanz der kapitalistischen Ökonomie im eigenen Interesse wie im Interesse anderer zu widerstreiten, und zwar nicht mit Gewalt, sondern primär mit ethischen Appellen, mit der Kraft des Wortes, mit dem individuellen Engagement und mit manchen neuen innovativen Protestformen, die durch das INTERNET manchen Impuls erhalten haben.

Für orthodoxe Kapitalismus-Kritiker sind das trotzdem alles unsinnige Unterfangen, weil sie an der kapitalistischen Grundstruktur nichts ändern: Man kann doch dem Kapitalismus nicht mit der Moral oder mit bloßen Resolutionen begegnen! Genauso wenig glaubten Antikommunisten im kalten Krieg, dass man dem Kommunismus mit Appellen begegnen könnte und forderten die Kürzung des privaten Konsums zugunsten der Aufrüstung, wären noch in den fünfziger manche deutschen Weltkriegssoldaten am liebsten zusammen mit den ›Amis‹ wieder nach Moskau marschiert.

Insofern unterscheiden sich diese neueren Bürger-Bewegungen – von der Bürgerinitiativbewegung über die Ökologie bis hin zu *Attac* und *Occupy* – von den Achtundsechziger Studenten denn doch wiederum, die zwar auch die eine oder andere Reform forderten, aber letztlich ohne eine tiefgreifende Gesellschaftsveränderung ihre eigenen Proteste selbst weitgehend für wirkungslos erachteten. Rudi Dutschkes berühmter Spruch vom notwendigen langen Marsch durch die Institutionen war unter seinen Anhängern oder Mitstreitern schnell vergessen, wandten sich viele stattdessen den radikalen Kommunisten zu oder gingen gleich in den terroristischen Untergrund. In der Tat war der radikal politische Flügel der Achtundsechziger Bewegung revolutionär und gewaltbereit, hoffte man darauf, dass, wenn die Revolution in den Hochburgen des Kapitalismus verstellt ist, sie doch über den Umweg der Länder der dritten Welt kommen würde. Vietnam befand sich gerade auf dem besten Wege, diese Entwicklung zu beschleunigen. Das war indes eine der größten Illusionen der Achtundsechziger.

Dutschke hatte dagegen richtig erkannt, dass der revolutionäre Weg unbegehbar war und dass eine Änderung des Bewusstseins der Menschen nötig wird – man denke an die autoritäre Gesellschaft der fünfziger Jahre, deren Leitbild (auch für die Kommunisten) noch immer der Krieger war. Dutschke drehte damit die 11. Feuerbachthese von Marx um: Die Menschen müssen die Welt erst entsprechend verstehen, wenn sie irgendetwas ändern wollen. Man muss die Welt also erst interpretieren. Auf den langen Marsch begaben sich dann die Gemäßigten, die kirchlich Rückgekoppelten und die Pragmatiker der Gesellschaftsveränderung.

Seit der Bürgerinitiativbewegung, vor allem aber bei *Occupy* beherzigt man offenbar diese Einsicht. Man unterstellt, dass der Bürger an der Welt drehen kann, dass der einzelne sie zu gestalten vermag, auch wenn das sehr schwierig erscheint. So ist denn in den letzten 50 Jahren in vielen Bereichen – der Umwelt, der Technologie, der Familie – unglaublich viel verändert worden. Warum sollten die Bürger daher nicht auch am Kapitalismus etwas drehen können? Warum sollten sie nicht Wirtschaft und Politik mit ethischen Appellen verändern? Es darf daher auch nicht verwundern, wenn sich diese Bewegungen im Einklang mit dem Theologen Hans Küng befinden, der die Unternehmen weltweit dazu auffordert, schlicht ›anständig zu wirtschaften‹ (2010: 235). Dabei hat sich in den letzten zehn Jahren zudem der Spielraum der Protestmöglichkeiten massiv erweitert und zwar durch das Internet, wie die diversen Protestbewegungen überall auf der Welt eindrucksvoll vorführen. Nicht nur dass man diverse Hacker-Gruppen wie *Anonymous* oder noch die *Piratenpartei* in diese Entwicklung einreihen kann. Über das Internet wird heute viel intensiver, schneller und mit mehr Kommunikationspartnern kommuniziert als noch vor dreißig Jahren. Zwar gab es damals schon Telefone. Aber diese erlaubten immer nur die Kommunikation zwischen zwei Gesprächspartnern. Heute ist im Internet eine Öffentlichkeit entstanden, an der jeder Bürger teilnehmen kann, in der man aber nicht nur den Protest ausdrücken, sondern vor allem diesen auch organisieren kann, wie es längst nicht nur der arabische Frühling vorführt.

Heute ermöglicht das Internet einer außerparlamentarischen politischen Öffentlichkeit eine öffentliche Kommunikation, die auch nicht mehr von den Massenmedien der ersten Generation, also von Zeitungen, Funk und Fernsehen beherrscht wird, die vielmehr partizipatorische Perspektiven eröffnet. Insofern hat 1968 auch gewisse Anstöße gegeben, nämlich eine außerparlamentarische Opposition entwickelt, die dezidiert jenseits der traditionellen Parteien operierte. Heute gibt es durch die neueren Protestbewegungen und durch das Internet eine außerparlamentarische politische Öffentlichkeit, die der traditionellen politischen Öffentlichkeit von Massenmedien und Politik durchaus Konkurrenz macht, auf die diese auch Rücksicht nehmen müssen. Denn die Bürger ergreifen öffentlich das Wort, bedienen sich geschickt innovativer Protestformen, so dass etablierte Politik und alte Medien sie nicht einfach ignorieren können.

Durch die Protestbewegungen in den letzten fünfzig Jahren wurde die Demokratie erheblich partizipatorischer als in den 150 Jahren zuvor, hat sich die rein repräsentative Demokratie überhaupt erst nachhaltig demokratisiert bzw. als rein repräsentative überlebt. Heute kann Demokratie mehr sein als nur eine etwas breitere Legitimation für die Herrschaft bestimmter Eliten, was im Grunde ja eine höchst fragwürdige Form von Demokratie darstellt, wenn überhaupt. Sie hat jetzt ein außerinstitutionelles Fundament bei kritischen, protestierenden und sich dadurch beteiligenden Bürgern. Denn damit werden umgekehrt auch mehr Menschen für die Demokratie verantwortlich.

Teil 1: Protest, Widerstandsrecht, Partizipation

TEIL 1: PROTEST, WIDERSTANDSRECHT, PARTIZIPATION

»Neues Schaffen heißt Widerstand leisten. Widerstand leisten heißt Neues schaffen.« Mit diesem Aufruf beendet Stéphane Hessel sein 2010 erschienenes knappes Manifest gegen Finanzkapital, Missachtung der Menschenrechte und die Unterdrückung der Palästinenser vor dem Hintergrund der Unruhen in französischen Großstädten der letzten Jahre (2011: 21). Der Résistance-Kämpfer, Überlebende von Buchenwald und französische Diplomat, der an der Menschenrechtserklärung der UN von 1948 mitarbeitete, fordert die junge Generation dazu auf, sich über Unmenschlichkeit zu empören und dagegen Widerstand zu leisten, um der Welt nach dem dunklen ersten Jahrzehnt des neuen Jahrhunderts neue Hoffnung zu geben.

Man könnte beinahe meinen, sein Aufruf wurde 2011 weltweit erhört und Menschen üben vor allem in Arabien, sogar in Russland, Weißrussland, der Ukraine, in Athen, Lissabon Madrid, durch die *Occupy*-Bewegung, durch *Wikileak*, durch *Stuttgart 21* ein Recht auf Widerstand aus. Aber gibt es wirklich ein Widerstandsrecht?

Die Leute mögen sich ja wehren, wird man dem entgegnen. Aber haben die Bürger deswegen ein staatlich verbrieftes Recht auf Widerstand? Offenbar nicht; denn das Widerstandsrecht lässt sich kaum in Gesetze fassen, die es dann mittels ihrer Gesetzeskraft – also durch Verwaltung und Polizei – durchsetzen müssten. Nicht weil man dergleichen nicht in die Verfassung oder das Gesetzbuch hineinschreiben könnte. Der Artikel 20,4 des *Grundgesetzes* hält dergleichen fest: »Gegen jeden, der es unternimmt, diese Ordnung [die freiheitlich demokratische Grundordnung] zu beseitigen, haben alle Deutschen das Recht zum Widerstand, wenn andere Abhilfe nicht möglich ist.«

Giorgio Agamben berichtet indes: »Im Entwurf der gegenwärtigen italienischen Verfassung war ein entsprechender Artikel enthalten, der sich so liest: ›Wenn die Öffentliche Gewalt die fundamentalen Rechte verletzt, ist Widerstand gegen Unterdrückung Recht und Pflicht des Bürgers.‹ Der Vorschlag, der auf eine Empfehlung von Guiseppe Dossetti, einem der einflussreichsten Vertreter der katholischen Welt zurückging, stieß auf lebhaften Widerspruch. Im Lauf der Debatte überwog dann die Meinung, etwas, das sich seinem Wesen nach dem Bereich des positiven Rechts entziehe, könne rechtlich nicht geregelt werden und der Artikel fand keine Zustimmung.« (2004: 17)

Die Volksrepublik China hat auch ein verfassungsmäßig verbrieftes Widerstandsrecht, mit ihrer Umsetzung jedoch offenbar große Probleme, wie man allein schon in Tibet sieht, vom Platz des himmlischen Friedens 1989 ganz zu schweigen. Trotzdem fordern heute sogar in China die Mütter vom Tienanmen Aufklärung über die damaligen Geschehnisse und die Bestrafung der Verantwortlichen – eigentlich ungeheuerlich. Und 2011-12 demonstrierten über 30 Tibeter mit Selbstverbrennungen gegen die zunehmende Militärpräsenz Chinas in ihrem Heimatland. Für China können sich Tibeter in ihrem Widerstand nicht auf das Widerstandsrecht berufen. Stattdessen antwortet China auf die Welle der Selbstverbrennungen mit der Verstärkung des Militärs in Tibet.

Wie soll auch der Staat Widerstand gegen sich selbst ermöglichen, richtet sich dieser schließlich nicht nur gegen seine eigenen Aktivitäten (*Stuttgart 21*), sondern will der Widerstand den Staat womöglich fundamental umgestalten, ob von Rechts oder von Links? Das ist wohl noch für den liberalsten Staat eine zu schwierige Aufgabe, vor allem wenn Widerstandshandlungen begangen werden, die ihn zunächst zwingen, die eigenen liberalen Grundprinzipien hintanzustellen, und die darauf abzielen, diese Prinzipien aufzuheben. Denn Widerständigkeit stört häufig genug die öffentliche Ruhe und Ordnung, selbst wenn sie passiv bleibt, und wirft umso mehr Schatten auf die Regierenden und Mächtigen. An seinen liberalen Prinzipien trotzdem festzuhalten, würde durchaus eine utopische Dimension des modernen demokratischen Staates eröffnen.

Denn der liberale Staat sollte dergleichen trotzdem versuchen, einerseits um die eigenen liberalen Gesetze nicht zu unterminieren, und andererseits weil seine Prinzipien das im Grunde von ihm verlangen. Dergleichen verbleibt zwar innerhalb einer liberalen Staatsrechtsdiskussion, könnte man ein Widerstandsrecht auch nur in deren Rahmen begründen, nicht beispielsweise im Rahmen eines religiösen, konservativen oder marxistischen Staatsrechtsverständnisses, zumindest wenn die jeweilige Richtung den Staat dominiert: Wenn eine Elite die richtigen Einsichten in die Welt hat und diese auch umsetzt, dann würde sich jeder Widerstand gegen die Wahrheit wie die Moral richten, wenn nicht gleich gegen Gott wie im Iran. Nicht nur dass Rousseau und Hegel kein Widerstandsrecht kennen. Sie lassen nicht mal eine Gewaltenteilung zu, die den Sinn hat, die Macht des Staates zu beschränken, um die Bürger vor staatlicher Willkür zu schützen. Wenn der Allgemeinwille oder der objektive Geist der Gesetze herrscht, dann sollten diese nicht durch aufsässige Bürger beeinträchtigt werden. Das hätte doch wirklich keinen Sinn.

Im Grunde schließt ein marxistischer Staat wie die Sowjetunion daran an. Gegen die Interessen des Proletariats, die das Politbüro der KPdSU bestimmt, darf kein Widerstand geleistet werden, höchstens, wenn politisch Verantwortliche von der richtigen Parteilinie abweichen: theoretisch kann man das beurteilen, praktisch natürlich nicht, so dass auch eine Theorie, die Widerstand gegen Abweichler fordert, in eine aussichtslose Lage gerät.

So wie diese Perspektive eines Allgemeinwohls schlüssig erscheint, dem man keinen Widerstand entgegensetzen darf, genauso zeigt sich im politischen Alltag, dass sich eine solche Wahrheit nicht bestimmen lässt, niemand also über eine solche Wahrheit verfügt. Nur ein liberales Staatsverständnis, das davon ausgeht, dass es keine definitiv wahren Einsichten in die Welt und keine daraus eindeutig als richtig ableitbaren Handlungen gibt, kann ein Widerstandsrecht für sinnvoll erachten. Daher weiß man im liberalen Staat um dessen Grenzen und Beschränkungen, dass man schwerlich allen damit gerecht zu werden vermag. Da doch nur ein liberaler Staat aus der eigenen Logik heraus ein Widerstandsrecht braucht, wäre eine solche beschränkte Legitimierung keine geringe Leistung.

Als pointenreiche Schwierigkeit erweist sich dabei für den liberalen Staat, wie er Freiheitsrechte verteidigt, ohne sie aufzuheben – eine Herausforderung, mit der er sich ständig konfrontiert sieht – nicht zuletzt und auf ein Neues in der Affäre, die Edward Snowden über die Internetpraktiken von US-Geheimdiensten lostrat. Dabei sollte man den Unterschied nicht übersehen, ob ein demokratischer Rechtstaat Rechte einschränkt, um Verfassungsfeinde zu bekämpfen, aber um die Rechte zu bewahren, oder ob ein totalitärer Staat solche Rechte überhaupt aufhebt, da seine Verfechter diese immer schon bekämpfen bzw. sie für die Gerechtigkeit nicht vonnöten oder für diese sogar für schädlich halten. Um die Verfassung zu verteidigen, greift man auf Mittel zurück, die der Verfassung widersprechen und nähert sich damit der Frage des Ausnahmezustands an, wenn keine Gesetzeskraft, sondern nur noch eine gesetzlose Kraft regiert.

Doch das muss weder das Ende jeden Widerstandsrechts sein. Vielmehr sieht Giorgio Agamben just darin einen Zusammenhang zwischen Widerstandsrecht und Ausnahmezustand. Mit letzterem zu regieren hat sich seit dem ersten Weltkrieg eingebürgert. Damit endete die Weimarer Republik. Trotzdem kehren dergleichen Verfahren ständig wieder, nicht zuletzt in ökonomischen Krisensituationen oder angesichts des internationalen Terrors. Die Rechte der Bürger werden eingeschränkt, die der Legislative, der Parlamente häufig auch, während die Exekutive mit dem Notstand argumentiert, wiewohl dieser nur äußerst schwer einzugrenzen bzw. zu definieren ist. Ein Widerstandsrecht wäre ein ähnlicher Ausnahmezustand, wenn die Verfassungsordnung bedroht

wird. Wenn der Notfall rechtlich nicht geregelt werden kann, wenn es also eine Lücke in der Gesetzgebung gibt, dann müssen entweder die Bürger selber oder die staatlichen Organe aktiv werden und politisch handeln.
Trotzdem bleibt für Agamben das sich daraus möglicherweise abzuleitende Recht äußerst problematisch. »Sicher ist jedenfalls, dass, wenn Widerstand ein Recht oder gar eine Pflicht würde (deren Unterlassung bestraft werden könnte), nicht nur die Verfassung aufhören würde, als absolut unantastbarer und allumfassender Wert zu gelten, sondern letztlich dann auch die politischen Entscheidungen der Bürger rechtlich normiert würden. Bei Recht auf Widerstand wie beim Ausnahmezustand steht letztlich das Problem der juristischen Bedeutung einer Handlungssphäre in Frage, die sich per se außerhalb des Rechts befindet.« (2004: 18)
Jedenfalls darf sich ein Anspruch auf Widerstand wie die Utopie eines demokratischen Staates auf die berühmten Sätze Rosa Luxemburgs aus dem Jahr 1918 berufen: »Freiheit nur für die Anhänger der Regierung, nur für Mitglieder einer Partei – mögen sie noch so zahlreich sein – ist keine Freiheit. Freiheit ist immer nur Freiheit des anders Denkenden. Nicht wegen des Fanatismus der ›Gerechtigkeit‹, sondern weil all das Belebende, Heilsame und Reinigende der politischen Freiheit an diesem Wesen hängt und seine Wirkung versagt, wenn die ›Freiheit‹ zum Privilegium wird.« (2005: 50) Wer den Ausnahmezustand für die einzelnen Bürger mit allen staatlichen Mitteln zu verhindern versucht, einem solchen Regime wird es bald just an den neuen Impulsen von diesen Bürgern mangeln. Die diversen Protestbewegungen, die durchaus immer wieder gegen geltendes Recht verstießen, beeinflussten die gesellschaftliche Entwicklung in den letzten 50 Jahren durchaus nachhaltig von der Rolle der Frau über die Ökologisierung der Lebenswelt bis hin zum bürgerrechtlichen Anspruch auf Mündigkeit und der damit verbundenen intensivierten demokratischen Partizipation.

DIE ANFÄNGE DES WIDERSTANDSRECHTS

Dabei verdanken sich erste Ansätze des Widerstandsrechts der Idee des Tyrannenmordes in der Renaissance. Voraussetzung ist, dass die Kirche ihre politisch hegemoniale Stellung zu verlieren beginnt, die sie im Mittelalter errungen hatte und sich der weltliche Staat von ihr entfernt. Wenn der Monarch gegen die göttliche und natürliche Ordnung handelt, besteht im 16 Jahrhundert nach Jean Bodin keine Gehorsamspflicht für die Untertanen.

Auch für den Jesuiten-Kardinal Roberto Bellarmin ist der Staat ein menschliches Machwerk, so dass der Vertrag zwischen Fürst und Volk gelöst werden kann. Der Papst entbindet das Volk von seiner Gehorsamspflicht (Bodin 1981: 216). Dabei besitzt für die Monarchomachen das Volk noch keine Souveränität, leitet sich eine Berechtigung zum Widerstand aus dem konkreten Versagen des Monarchen einerseits und der göttlichen Ordnung andererseits ab, also aus einer überstaatlichen Bedingung.

Die Anfänge des Widerstandsrechts versuchen daher eine sich auflösende göttliche Ordnung und eine niedergehende kirchliche Macht gegen einen aufstrebenden Staat zu verteidigen, der sich religiös nicht mehr bevormunden lassen möchte. Die Ironie dabei ist, dass ein marxistischer Staat das ähnlich sieht: die Geschichte geht ihren richtigen Gang, den die Ökonomie, nicht mehr die Religion vorgibt. Wenn ein politisch Verantwortlicher davon abweicht, darf man ihn stürzen oder ausschalten und das auch noch in großen Schauprozessen inszenieren.

Für John Locke, den eigentlichen Vater des Widerstandsrechts, verdankt sich dieses ebenfalls keiner positiven Rechtsetzung, sondern dem göttlichen Naturrecht: Weil der Mensch ein Geschöpf Gottes ist, darf er vom Staat nicht ungerecht behandelt werden, darf er sich gegen ein solches Unrecht vielmehr sogar gewaltsam zur Wehr setzen. So schreibt er 1690 die wegweisenden Worte: »Wer immer Gewalt ohne Recht gebraucht – wie es jeder in der Gesellschaft tut, wenn er sie ohne das Gesetz gebraucht –, versetzt sich denjenigen gegenüber, gegen die er sie gebraucht, in den Kriegszustand. In diesem Zustand aber sind alle früheren Verpflichtungen gelöst, alle anderen Rechte haben ein Ende, und jeder hat das Recht, sich selbst zu verteidigen und dem Angreifenden Widerstand zu leisten.« (1974: 175) Ein solches Unrecht des Staates gegenüber seinen Bürger stellt nämlich eine Rebellion von oben dar, so dass die Gewalt der Bürger nur als Gegengewalt auftritt. Marxistisch dürfte man nur Widerstand leisten, wenn die Interessen des Proletariats bzw. der Menschheit beeinträchtigt werden, nicht wenn individuelle Interessen tangiert werden. Dabei beschäftigt sich Locke mit einem Regierungsmodell, das von heutigen Staatsformen doch sehr verschieden ist, so dass manche Aspekte seiner Konzeption des Widerstandsrechts aktuell kaum noch eine Rolle spielen: Beispielsweise dürfen die Bürger gegen den König Widerstand leisten, wenn dieser (als Oberhaupt der Exekutive) das Parlament (also die Legislative) nicht einberuft – denn die Parlamentseinberufung war im 17. Jahrhundert seine (notwendige) Aufgabe, weil das Parlament nicht ständig tagte.

Dass nach Locke die Regierung auf dem Vertrauen der Bevölkerung gründet und die staatlichen Gewalten nur treuhänderisch verwaltet, versteht sich heute beinahe von selbst. Doch ein liberaler Nachfolger von Locke, nämlich David Hume erkennt bereits Mitte des 18. Jahrhunderts – also mitten in der Aufklärung, als auch Hume im Pariser Salon von Holbach unter anderem mit Diderot die revolutionärsten Ideen diskutierte –, dass Widerstand auch eine gefährliche Seite besitzt, nicht nur eine die Fürsten disziplinierende, wenn er 1751 schreibt: »Der Tyrannenmord oder die Ermordung von Usurpatoren und Unterdrückern wurde in alten Zeiten hoch gepriesen, denn er befreite die Menschheit von vielen dieser Ungeheuer und schien den anderen, die das Schwert und der Dolch nicht erreichen konnte, Furcht einzuflößen. Aber da Geschichte und Erfahrung uns seitdem überzeugt haben, dass eine solche Gewohnheit den Argwohn und die Grausamkeit der Fürsten vergrößert, gelten heute ein Timoleon und ein Brutus, obwohl sie in Anbetracht der Vorurteile ihrer Zeit mit Nachsicht behandelt werden, als höchst ungeeignete Beispiele zur Nachahmung.« (1996: 99) Daraus folgt einerseits die Empfehlung, mit Widerstandshandlungen vorsichtig umzugehen, da sie kontraproduktiv für soziale Veränderungen sein könnten, wenn sie massive Gegenmaßnahmen der Herrscher provozieren.

Oder man folgert daraus im Sinne von autoritären Staatsrechtskonzeptionen, dass dieses liberale Verständnis insgesamt eine Illusion darstellt. Widerstand zu brechen, ist demnach wichtigste Aufgabe des Souveräns, der sich auch nicht auf das Vertrauen seiner Untertanen stützt. Statt Vertrauen fordern deren Vertreter einen Glauben an die politische Führung, die natürlich nicht hinterfragt werden darf. Dass es ein solcher Glaube unter demokratischen Lebensumständen schwer hat, versteht sich beinahe von selbst. In so absurder wie in peinlicher Weise müssen die Untertanen Nordkoreas ähnlich wie bei den Nazis ständig eine demütige Liebe und blinde Treue zum Herrscherhaus bekunden. Man denke an den Nazi-Gruß, den sich eine unterwürfige Bevölkerung oktroyieren ließ.

Wenn indes eine demokratische Regierung das Vertrauen der Wähler nicht mehr genießt, d.h. wenn sie in den Umfragen keine Mehrheit mehr hat, dann fordert die Opposition regelmäßig ihren Rücktritt. Wenn die Regierung gar in den Verdacht gerät, das Volk zu betrügen, wie bei den russischen Parlaments- und Präsidentschaftswahlen 2011, die Putin wieder zum Präsidenten beförderten, dann gehen die Bürger auf die Straße, nehmen sie heute Betrug durch eine selbstherrliche Regierung häufig nicht mehr hin, was auch mit den medialen Informations- und Kommunikationsmöglichkeiten zu tun hat. Vertrauen ist jedenfalls noch schwieriger als früher zu erlangen und leichter zu verspielen, wenn sich zwischen Regierenden und den Bürgern zunehmend die Medien schieben. Werden sie staatlich gelenkt, schafft das zumeist gar kein Vertrauen, sondern fördert sogar das Misstrauen.

Im 17. Jahrhundert verkörperte dagegen der Staat immer noch eine göttliche Ordnung, die ihn legitimierte, verwaltete er treuhänderisch die Gewalten der göttlichen Vorsehung. Gemäß seines Herrschaftsverständnisses stützte sich der Monarch allemal nicht auf das Vertrauen der Bevölkerung, genauso wenig wie er deren Gewalten treuhänderisch ausüben würde. Machiavelli empfiehlt dem Fürsten denn auch, sich nicht auf die wankelmütige Liebe der Menschen zu verlassen, sie stattdessen das Fürchten zu lehren, was in der Macht des Fürsten steht und diese dadurch sichert. Wie schreibt er doch 1532 in seinem *Il Principe*, seinem berüchtigten Handbuch einer morallosen Politik: »Da Liebe zu den Menschen von ihrer Willkür und die Furcht von dem Betragen des Fürsten abhängt, darf ein kluger Fürst sich nur auf das, was in seiner Macht und nicht in der der andern steht, verlassen.« (1977: 70)

Wenn sich die Menschen gegen eine göttliche Ordnung auflehnen, dann haben sie wie im Iran kein Widerstandsrecht. Aber wenn sie sich selber auf eine göttliche Ordnung berufen, dann verändert sich diese Sachlage schlagartig, eben wenn der Staat sich seinerseits nicht mehr selbstverständlich auf Gott berufen kann. Gegen eine göttliche Ordnung, also gegen Gott selbst darf man sich nicht auflehnen, gegen eine menschliche Ordnung im Sinne von Bellarmin schon. Dabei beruft man sich bei seiner Auflehnung gegen die Staatsgewalt gemeinhin auf Gottes Gerechtigkeit.

In einer islamischen Welt wird dieses Argument noch heute ernst genommen und man sieht, welche Energie sich im arabischen Frühling 2011 entlädt – oder bei der islamischen Revolution im Iran 1979/80. Sich derart aufzulehnen versuchten auch manche häretischen Bewegungen des Mittelalters im christlichen Abendland und scheiterten damit regelmäßig: Entweder wurden sie von der Kirche wie die Franziskaner integriert oder als Ketzer verbrannt. Erst seit der erfolgreichen Reformation konkurrieren verschiedene religiöse Legitimationen des Staates, was bekanntlich in die Glaubenskriege des 17. Jahrhunderts führte, die auch soziale Konflikte bargen, bemerkt doch Thomas Münzer: »Unsere Herren machen es selber, dass der gemeine Mann ihnen feind wird.« (zit. Bloch 1968: 85). Dagegen empfahl Luther den Gläubigen die Untertänigkeit, hätten Christen schließlich ihr Kreuz zu tragen, was offenbar nicht für die Herrschenden galt, wie es Ernst Bloch 1967 in seiner Dankesrede

anlässlich der Verleihung des Friedenspreises des deutschen Buchhandels unter dem Titel *Widerstand und Friede* ironisch bemerkte.
Säkular betrachtet ist die Berufung auf eine göttliche Ordnung indes nicht stärker als ein rationales Naturrecht. Eine natürliche Ordnung würde die Menschen genauso wie eine göttliche Ordnung zwingen, sich ihr anzupassen oder ihnen Rechte mit derselben Legitimation verleihen: Der Mensch ist von Natur aus frei, hat Würde und es stehen ihm bestimmte Rechte zu, auch wenn diese von Seiten des Staates nicht immer respektiert werden. So formuliert der Artikel 2 der Menschenrechtserklärung der Französischen Nationalversammlung von 1789: »Der Zweck einer jeden politischen Vergesellschaftung ist die Bewahrung der dem Menschen von Natur aus zustehenden und durch keinen Zeitablauf beseitigbaren Rechte. Diese Rechte sind die Freiheit, das Eigentum, die Sicherheit und der Widerstand gegen Unterdrückung.« (zit. Brieskorn 1997: 93) Wohlan: Besitzt der Bürger nicht ein Widerstandsrecht gar mit Grundrechte- oder Verfassungsrang?
Dagegen lautet der Einwand jener, die von einem Primat des Staates ausgehen – heißen diese z.B. Aristoteles, Thomas von Aquin, Hegel und Hannah Arendt – dass Rechte nur vom Staat verliehen und gesichert werden, was sicher richtig ist, soweit es um positive Rechte geht, die in Gesetzesform gegossen werden, die sogar ein Staat nicht immer einfach durchsetzt, und sei es nur deswegen, weil man wie bei der Menschenwürde gar nicht so genau weiß, was es da denn durchzusetzen gibt.
Umgekehrt muss es daher nicht verwundern, wenn sich die Bürger in den letzten Jahrhunderten zunehmend gegen staatliche Bevormundung wehrten und auf ihren eigenen Rechten insistierten. Dabei können sie sich in der Tat auf die Menschenrechte berufen, die heute als individuelle Rechte hochpolitischen Charakter besitzen.
Als sie gegen Ende des 18. Jahrhunderts in Nordamerika und in Frankreich erklärt wurden, hatten sie diesen individuellen Charakter allerdings noch nicht, sondern sollten die Bürger, also nicht den Adel und nicht den vierten Stand, gegen Übergriffe des Absolutismus wie auch anderer Staaten schützen. Vor allem zielten sie dabei auf die Sicherung des Eigentums vor staatlicher Willkür und auf ökonomische Freiheiten, die die Staaten damals zumeist stark einschränkten. Eine freie Wahl der Lebensformen oder gar Antidiskriminierungsansprüche waren damit allemal nicht verbunden. Als Olympe de Gouges während der Französischen Revolution politische Rechte für Frauen forderte, wurde sie 1793 als Royalistin hingerichtet (vgl. Schönherr-Mann 2007: 153).

Aus den Menschenrechten ergab sich umgekehrt die Idee der Nation, die diese Rechte sichert, die folglich dem Individuum erst Rechte zugesteht, die es ihm aber auch wieder aberkennen kann. Seinerseits hat daher das Individuum dem Staat zu Diensten zu sein. Ein individuelles Widerstandsrecht lässt sich somit aus solchen Menschenrechten, die die Staaten sanktionieren, denn auch nur schwer ableiten.

Erst seit der Menschenrechtserklärung der UN 1948 nach der Epoche des Faschismus entwickelten sich die Menschenrechte zu echten Individualrechten, die den Bürger vor dem Zugriff des Staates auch schützen sollen, auf die er sich zumindest im Angesicht eines solchen Zugriffs berufen kann. Die Emanzipation der Bürger im 18. Jahrhundert und der Arbeiter im 19. zielten noch auf die Schaffung nationaler oder gar globaler Gemeinschaften, denen sich das Individuum unterzuordnen habe. Zugleich beanspruchten sie mit der Emanzipation der jeweiligen Klasse eine menschheitliche Emanzipation Mit dem ausgehenden 18. Jahrhundert brach ein Zeitalter umfassender Disziplinierung und Moralisierung der Menschen aus, führte man den Drill im Militär, in der Schule, im Gefängnis und im Krankenhaus ein, so dass Generäle, ohne auf Proteste zu stoßen, von Menschenmaterial sprechen können. So schreibt Foucault in *Überwachen und Strafen – Die Geburt des Gefängnisses*: »Der Traum von einer vollkommenen Gesellschaft wird von den Ideenhistorikern gern den Philosophen und Rechtsdenkern des 18. Jahrhunderts zugeschrieben. Es gab aber auch ein militärisches Träumen von der Gesellschaft; dieses berief sich nicht auf den Naturzustand, sondern auf die sorgfältig montierten Räder einer Maschine; nicht einen ursprünglichen Vertrag, sondern auf dauernde Zwangsverhältnisse; nicht auf grundlegende Rechte, sondern auf endlos fortschreitende Abrichtungen; nicht auf den allgemeinen Willen, sondern auf die automatische Gelehrigkeit und Fügsamkeit.« (1977: 218) Das war die Antwort auf die diversen Emanzipationsbemühungen, die keineswegs nur das Interesse privilegierter Klassen ausdrückte, sondern durchaus von einer Vielzahl von Untertanen gewünscht wurde, die ihren Mitbürgern die Emanzipation nicht gönnten – man denke nur an die Nazis als einer primär von Ressentiments getriebenen und geleiteten politischen Bestrebung.

Daher lässt sich im 19. Jahrhundert auch schwerlich von einem Widerstandsrecht der Individuen sprechen. Vielmehr unternahm man alles, um den Individuen jegliche Widerständigkeit abzudressieren – natürlich in einem Zeitalter, als Bürgertum und Arbeiter um politische Partizipation kämpften und sich dabei ihrer Möglichkeit zum individuellen Widerstand bedienten,

diesen aber in den Dienst der Gemeinschaft stellten: »Reih' dich ein in die Arbeitereinheitsfront!«
Doch die Emanzipation der Juden im 19. Jahrhundert begann diese autoritäre und vereinheitlichende Staats- und Politikkonzeption zu untergraben, weil sie den Angleichungsbemühungen der durch die soziale Frage herausgeforderten Nationalstaaten wie der sozialen Bewegungen strukturell widersprach, obgleich führende Protagonisten des Judentums vehement sich sozial oder national engagierten. Die Emanzipation der Farbigen, der Frauen, der Homosexuellen, der Behinderten, der Zuwanderer, der Alten etc. berufen sich auf Antidiskriminierungsprinzipien, hinter denen die Menschenrechte stehen, die keinen primären Sinn mehr in der sozialen Gruppe besitzen, sondern nur noch einen Eigensinn der jeweils betroffenen Individuen. Seither zielt die Emanzipation diverser Gruppen nicht mehr auf ein allgemeines staatliches oder gar überstaatliches bzw. allgemein menschheitliches Ziel, das alle Menschen gleichermaßen emanzipieren will, dem sich daher umgekehrt aber auch alle zu unterwerfen haben. Stattdessen zielt Emanzipation seither primär auf ein individuelles Gut, das nicht beeinträchtigt werden darf, das also durch eine Antidiskriminierungsgesetzgebung geschützt werden muss (vgl. Schönherr-Mann 2009: 19). Derart liegt eine Beziehung zum individuellen Widerstandsrecht heute nicht mehr so fern.

DIE WIDERSTANDSKRAFT DER BÜRGER

Trotzdem gründet das Recht auf Widerstand schwerlich auf ein staatliches Gesetz und eine staatliche Sanktion, nicht auf die Gesetzeskraft, weil der Staat den gegen ihn protestierenden Bürgern gerade nicht hilft. Es verdankt sich vielmehr der Fähigkeit der Menschen, sich gegen staatliche Gewalten auflehnen zu können, sei es bei Demonstrationen gegen Castor-Transporte, bei Protesten gegen neue Startbahnen von Flughäfen, gegen staatliche Sparmaßnahmen in Athen oder Madrid, gegen Wahlfälschungen in Moskau. Dagegen behindert aus staatlicher Perspektive eine Demonstration den Straßenverkehr, somit andere Bürger, deren Schutz eine der wichtigsten Legitimationen der Staatgewalt darstellt, wurden in Russland die Strafen für Demonstranten im Frühling 2012 dramatisch erhöht und 2013 öffentliche Bekundungen der Homosexualität unter Strafe gestellt.
Andererseits hallt noch beim Kriminellen etwas davon nach, der gegen Gesetze verstößt, was ein Widerstandsrecht ja auch impliziert und was bei bloßen

Protesten ebenfalls häufig vorkommt, selbst wenn sie nicht allzu sehr aus dem Ruder laufen. Just deswegen beschimpfen staatliche Institutionen Protestierer gern als kriminell. Schließlich beeinträchtigt der Kriminelle zumeist die Rechte seiner Mitmenschen, kann sich somit auch nicht auf ein Recht zum Widerstand berufen. Wenn dagegen Steuerhinterziehung als Kavaliersdelikt betrachtet wird, handelt der Täter vermeintlich im Einklang mit den Mitmenschen und dem Staat, hält sich weder für kriminell noch für widerständig.

Thomas Hobbes antwortet auf diese Auflehnungs- oder Aufruhr-Drohung im 17. Jahrhundert vor allem aus religiösen Gründen mit seinem *Leviathan*. So enthält dieses Buch ein umfängliches Argument, warum die Bürger auf ihre Widerstandskraft und somit auf ihr Widerstandsrecht verzichten und sich dem Staat unterwerfen sollen, nämlich dann wenn der Staat dafür ihr Leben sichert bzw. im weiteren Sinn ihre Sicherheit gewährleistet (Hobbes 1984: 99). Im anderen Fall, wenn sie von ihrer Möglichkeit zum Widerstand Gebrauch machen – das bedeutet für Hobbes gegen Gesetze zu verstoßen und Gewalt anzuwenden –, leben sie in Unsicherheit, die sie durch eigene Gewalt nicht aufheben können: Wenn man sich selber ständig schützen muss, findet man keine Ruhe, kann man sein Leben selbst nicht richtig schützen, lebt man nicht angstfrei – Argumente, die totalitäre und autoritäre Staaten heute noch regelmäßig zu ihrer Legitimation anführen und die in den demokratischen Staaten zur Entfaltung einer umfänglichen Sicherheitspolitik geführt haben, die Politik insgesamt am Ausnahmezustand zu orientieren droht (Agamben 2004: 16, 22).

Weil die Menschen gegen den Staat Widerstand leisten *können*, darf es für Hobbes kein Widerstandsrecht geben, muss der einzelne nicht nur auf jede eigene Gewaltanwendung und Auflehnung verzichten, sondern auch dem Staat in allem gehorchen. Ja, man darf dem einzelnen keine Spielräume lassen, die ihn zur Auflehnung motivieren oder die er dazu gebrauchen könnte. Daher muss der Untertan in der Öffentlichkeit auch der Staatsreligion huldigen. Hobbes gilt daher als Begründer des Absolutismus wie des modernen Staates mit einem einheitlichen Gewaltmonopol in der Weise, in der es sich seither auch im liberalen demokratischen Staat etablierte.

Nur wenn der Staat vom einzelnen verlangt, sein Leben hinzugeben, dann darf er sich nach Hobbes dem Staat verweigern. Wenn der Staat von ihm militärische Dienste einfordert, dann kann der Bürger einen Ersatzmann stellen. Im 17. Jahrhundert gab es zwar keine allgemeine Wehrpflicht, sahen sich Adel wie Bürger trotzdem genötigt, militärische Anstrengungen zu unterstützen.

So kaufte man sich quasi frei, wenn man in einem Dienstverhältnis stand, um selber keine Dienste leisten zu müssen, was heute bei abgeschaffter Wehrpflicht wiederkehrt, werden die Soldaten schließlich aus Steuergeldern finanziert, zahlt somit jeder seinen Beitrag, um nicht dienen zu müssen. Offenbar findet man auch Leute, die bereit sind, ihr Leben in Gefahr zu bringen und zu verlieren. Dabei handelt es sich auch nicht nur um die Ärmsten der Armen. Die Bundeswehr hat jedenfalls seit der Abschaffung der Wehrpflicht keine größeren Probleme, den nötigen Nachwuchs zu rekrutieren.
Wenn es mit Hobbes keine Verpflichtung geben kann, sein Leben dem Staat hinzugeben, dann ist es durchaus normal, solche Aufgaben anderen Leuten zu überlassen: Für niemanden macht es Sinn, sein Leben dem Staat oder einer anderen Gemeinschaft zu opfern. Das mag unsolidarisch klingen – was ich bestreiten würde – aber warum sollte man in einer weitgehend unsolidarischen Welt bei der Solidarität mit dem Selbstopfer anfangen? Nein, die traditionelle, von der Gemeinschaft geforderte Solidarität ist am Ende! Das lehren die Erfahrungen von Verdun, Stalingrad und Vietnam, wie umgekehrt jene Solidaritätsbekundungen der Achtundsechziger mit dem Vietcong oder den Roten Khmer, die nicht allein letzteren den Weg zu den *Killing fields* ebneten: Wir hätten uns in den Krieg zweier Kriegergesellschaften besser nicht eingemischt – aber die eine Kriegergesellschaft wollte uns in diesen Krieg schicken. Solidarität muss anders gedacht werden, nämlich aus Verantwortung und somit aus der Freiwilligkeit heraus und ohne Rekurs auf Religionen oder Ideologien, was ich im zweiten Kapitel versuchen werde genauer zu skizzieren.
Ist der Staat allerdings nicht mehr in der Lage, das Leben der Bürger zu sichern, dann bleibt dem einzelnen nach Hobbes gar nichts Anderes übrig, als sich selbst zu schützen, was er dann gemeinhin auch unternimmt. So schreibt Hobbes 1651: »Die Verpflichtung des Untertanen gegen den Souverän dauert nur so lange, wie er sie auf Grund seiner Macht schützen kann, und nicht länger. Denn das natürliche Recht der Menschen, sich selbst zu schützen, wenn niemand anderes dazu in der Lage ist, kann durch keinen Vertrag aufgegeben werden.« (1984: 171)
Wenn sich die ägyptische Polizei während der Unruhen 2011 aus den Städten zurückzieht, um den revoltierenden Bürgern vorzuführen, wie sehr sie die Polizei brauchen, dann kommen in der Tat die Plünderer. Dagegen aber schließen sich die Bürger schnell zusammen und bilden Bürgerwehren. Im Wildwestfilm wählen die Bürger einen Sheriff, der sie gegen Gangster verteidigt,

weil der Arm des fernen US-Staates noch nicht bis in diese abgelegenen, von den Indianern gerade erst gestohlenen Gegenden hinein reicht.
In diesem Sinn kann man also – darauf hat Peter Cornelius Mayer-Tasch hingewiesen – indirekt bei Hobbes eine Art Widerstandsrecht diagnostizieren (Mayer-Tasch 1965: 48). Oder man überträgt diesen Sachverhalt in die Sprache der Ökologie: Wenn der Staat nicht für gesunde Lebensmittel sorgt, dann entstehen aufgrund privater Initiative Bio-Läden, die selbstredend ihre Kunden finden.
Vor allem aber – und hier scheint Hobbes klar zu sein, dass die Menschen immer die Fähigkeit entwickeln können, sich gegen den Staat aufzulehnen – entscheidet der Bürger darüber selbst, ob sein Leben hinlänglich geschützt wird. Wenn nämlich nicht, dann muss er es alleine sichern, indem der Bürger beispielsweise gefährliche Gegenden meidet oder in einen bewachten Wohnkomplex zieht. In Südamerika, wo die Mordrate ungeheuer hoch ist, boomt die private Sicherheitsbranche. Das Urteil über ihre Sicherheit lassen sich denn die Bürger auch nicht nehmen, was sich darin äußert, dass sie ihre Sicherheit in die eigene Hand nehmen.
Dass Hobbes dem einzelnen diese Art von Selbstverantwortung zugesteht, kommentiert Leo Strauss, Wegbereiter der US-amerikanischen Neokonservativen, mit den Worten: »Wenn aber jeder noch so törichte Mensch von Natur aus darüber richten kann, was für seine Selbsterhaltung notwendig ist, dann kann mit Recht alles als für die Selbsterhaltung unerlässlich angesehen werden: alles ist dann von Natur aus gerecht. Wir können dann von einem Naturrecht der Torheit sprechen.« (1977: 192)
Das mag durchaus Torheit sein: Gemeinhin wird die eigene Sicherheit auch schlechter eingeschätzt, als man es aus der Statistik ablesen kann, geht es der Sicherheitsbranche selbst im sicheren München gut. Was die eigene Sicherheit betrifft, ist der einzelne zumeist über die Maßen, also übertrieben besorgt, müsste er sich eigentlich brav vom Staat beschützen lassen und seinem eigenen Urteil nicht vertrauen. Man könnte das als vernünftig bezeichnen. Torheit ist es denn auch, seinem eigenen Urteil zu vertrauen.
Aber wer vertraut noch nachhaltige dem Staat? Und was sagt die Statistik über die konkrete Gefahr in einer bestimmten Situation aus? Nichts! Nach Strauss soll sich der Bürger vom verantwortungsvollen und gut informierten Politiker lenken lassen, der auch dem politischen Philosophen lauscht. Doch just das wäre Torheit; denn woher will der Bürger wissen, dass ein Politiker diese Kriterien erfüllt? Und warum sollte der politische Philosoph die Welt besser kennen und wissen, was zu tun bleibt? Platon war in Sachen Politikbera-

tung nicht besonders erfolgreich in Syrakus. Und wieso sollte seine Lehre von ewigen Ideen die richtigen Winke in der Politik geben? Jedenfalls trauen viele protestierende Bürger denn auch den Politikern gemeinhin nicht mehr über den Weg, was durchaus vernünftig erscheint, sind Politiker doch nicht unbedingt gebildeter, besser informiert und vorurteilsfreier als der durchschnittlich gebildete Bürger. Aber auch Bildung hilft nicht automatisch gegen Vorurteile.

Der religiöse Mensch, der sich in der Hand Gottes fühlt, wird eventuell eher dem Staat als seinem eigenen Urteil glauben, vermag die Religion nach Strauss den Staat in diesem Sinn zu stützen. Der Mensch in einer mittelalterlichen religiös geprägten Welt versteht sein Leben als Geschenk Gottes, das in dessen Hand liegt, das der Staat also nicht primär erhält, höchstens sekundär, indem neben Gott auch der Staat dazu beiträgt. Oder die Staaten versuchen, den Bürgern ihre Urteilskraft abzutrainieren, indem man sie zu braven Untertanen erzieht, die ihren Regierungen und Vorgesetzten ohne nachzudenken trauen und folgen. Diktaturen lassen ihre Medien daher auch nur ungern über Verbrechen berichten. Solche Untertanen nehmen dann die vom Staat gelieferte Sicherheit als die maximale hin, die möglich ist, selbst wenn auf ihre Städte Bomben fallen.

Ansonsten bleibt für die Individuen die gefühlte Sicherheit entscheidend. Sie prägt ihr Urteil, das kein Staat letztlich verhindern kann. Torheit hin oder her, die Bürger besitzen diese Urteilsmacht, auf die nicht erst am Anfang des 21. Jahrhunderts immer weniger Menschen verzichten wollen. Beinahe überall auf der Welt wehren sich Bürger gegen staatliche Bevormundung und schätzen Gefährdungen aller Art selber ein – man denke nur an Atomenergie, Arbeitslosigkeit, Krankheit, Ernährung. Insofern bestätigen sowohl Hobbes als auch Strauss wiewohl aus gegensätzlichen Motiven die Widerstandskraft der Bürger und zwar indirekt just dadurch, dass sie diese durch eine Vielzahl von Mitteln brechen wollen. Ja, damit erkennt Hobbes die Fähigkeit zum Widerstand des Menschen, seine Widerstandskraft an: Denn just weil er diese besitzt, kommt es darauf an, dass er sie nicht einsetzt, weil er begreift, dass ihr Einsatz für ihn selbst von Nachteil ist, dass sein Leben von einem starken Staat besser gesichert wird, als mit der eigenen Hand, was objektiv stimmen mag, subjektiv leider nicht. In dieser Subjektivität des Urteils aber siedelt dessen Selbstmächtigkeit. Hobbes begreift damit sogar die Mündigkeit des einzelnen, gleichgültig wie weit dessen Urteilskraft reicht.

Leo Strauss bestreitet dagegen beide vehement: Weil die Menschen zu dumm sind, hätte nach Strauss Machiavelli seine bösen Ratschläge, das Volk hinters

Licht zu führen, höchstens dem Fürsten persönlich mitteilen dürfen, diese aber niemals unters Volk bringen. Damit unterminiert Machiavelli die Unterwürfigkeit der Untertanen, wenn sie wissen, dass ihr Fürst nur gut scheinen muss, nicht aber gut sein. Nach Strauss darf es im Grunde nur nicht herauskommen, dass der Fürst ganz anders ist, als er sich in der Öffentlichkeit präsentiert. »Soziale Verantwortung«, schreibt Leo Strauss, »gründet in der Annahme, dass ein Missverhältnis besteht zwischen dem kompromisslosen Suchen nach Wahrheit und den Erfordernissen der Gesellschaft; oder anders ausgedrückt: nicht jede Wahrheit ist zu jeder Zeit ungefährlich.« (1963: 38)

Allemal sind die Eliten für Strauss klüger als das Volk und legitimiert es zu führen, wenn sie sich um Gerechtigkeit und das gute Leben bemühen. Gerade die gerechten und klugen politischen Führer werden durch Machiavelli desavouiert. Ansonsten handelt es sich um Tyrannen. Diese werden durch Machiavelli vielleicht enttarnt, die gerechten Führer aber in Volkes Augen in Zweifel gezogen. Daher sollten die ungerechten auch nicht enthüllt werden: Es sollte also keine Enthüllungsplattform wie *Wikileak* geben, der Bradly Manning Dokumente des Irakkrieges zuspielte. Edward Snowdem wäre dementsprechend wirklich ein Verräter, der den Kampf für die gute und gerechte Sache Amerikas behindert, gleichgültig ob er eigentlich nur die Zeitgenossen aufklärt, wie sie von Geheimdiensten überwacht werden: Durfte man Geheimdiensten jemals in die Karten gucken? Warum sollte das im Internet anders sein? Ein gerechter Staat führt nach Straus – und dabei bezieht er sich auf Aristoteles – nur gerechte Kriege, ergo auch nur gerechte Bürgerkriege (Strauss 1977: 165). Daher stellen der Anspruch auf Mündigkeit und die Urteilsmacht des tumben Volks für Leo Strauss große Gefahren dar – auch Bürger, die sich im Internet nicht überwachen lassen wollen.

Dagegen manifestiert sich in den Amerikanischen und Französischen Revolutionen dann diese Widerstandsmöglichkeit primär politisch, weniger religiös, wiewohl gerade in den USA dabei auch die Religion bis heute eine wichtigere Rolle als in Europa spielt. Offenbar sind die Menschen nicht nur in der Lage, sich gegen eine staatliche Institution aufzulehnen, ja, sie neigen auch dazu, zunächst aus religiösen Gründen, was in die religiösen Bürgerkriege des 17. Jahrhunderts führte, aus politischen Motiven die Revolutionen des 18. ermöglichte oder aus sozialen Interessen die Aufstände des 19. provozierte. Für den religiös konservativen Politikwissenschaftler Eric Voegelin mögen solche Aufstände gelegentlich auf das Versagen staatlicher Institutionen zurückzuführen sein. Trotzdem sind sie für ihn weder gerechtfertigt, noch Ausdruck eines richtigen Bewusstseins, sondern Produkte von Ideologien, die dem religiösen Denken feindlich gesonnen sind, das alleine für Voegelin die Welt in Ordnung zu halten vermag (1994: 21).

Doch solche Ordnungsvorstellungen sind gerade an dieser Widerständigkeit der Bürger, am Anspruch auf Mündigkeit zerbrochen. Niemand muss sich einer Ordnung fügen, auch wenn andere sie für heilig erklären. Vielleicht lebt man auch ruhiger unter einem Fürsten, der nur vortäuscht, moralisch zu sein, wenn man das nicht weiß. Doch nicht erst seit Machiavelli ist dem Bürger die Täuschungskraft der Politik bekannt und es wäre naiv, sich anderes einzubilden, anderes zu glauben, beispielsweise den Papst für unfehlbar zu halten. Ein Leben voller naiver Einbildungen, das halten viele Zeitgenossen heute nicht für der Mühe wert und gehen daher auf die Straße oder treiben sich wie *Anonymous* im Netz herum auf der Suche nach anderen, die solche Naivität nicht fördern. Aber *Anonymous* hat von Strauss womöglich gelernt, dass es nämlich keine harmlose Wahrheit gibt, dass sie immer die eigene Person gefährden kann, wenn man sie äußert. Ergo gibt es eine Situation, in der die Bürger die Wahrheit sagen, nämlich in der Anonymität.

Was in solcher Anonymität niedergeht, das ist die antike *Parrhesia*, die Wahrhaftigkeit und der Freimut, der Platon im Angesicht von Dionysios, des Tyrannen von Syrakus beinahe das Leben gekostet hätte und der auch noch die heutigen Protestierer beseelt, die sich gegen die Ungerechtigkeit der Herrschenden oder des Systems auflehnen und diese anprangern. So diagnostiziert Michel Foucault bereits in der Antike jene Fähigkeit der Zeitgenossen, die es ihnen ermöglicht, Widerstand zu leisten, nämlich das Einstehen für eine Wahrheit, die der einzelne als die richtige erkannt hat, was grundsätzlich subjektiv ist. Der Parrhesiast insistiert auf der Wahrheit seiner Perspektive, was allemal unabhängig von objektiven Wahrheiten bleibt (Foucault 2009: 175).

DIE BEKÄMPFUNG DER WIDERSTANDSKRAFT

Solche, sich der Widerstandskraft der Menschen verdankende Aufstände sind denn für Leo Strauss unbedingt zu vermeiden. Dabei stehen die Aufständischen zwischen dem 17. und 20. Jahrhundert in gewisser Hinsicht Strauss gar nicht so fern, ob es sich um Robespierre, Lenin oder Castro handelt, oder um ihren so indirekten wie ahnungslosen Wegbereiter Jean-Jacques Rousseau. Mit Hinweis auf die vielen Feinde der Revolution stellen diese Führer die Einheit der Revolutionäre dadurch her, dass diese sich ihrem jeweiligen Kommando unterwerfen müssen. Kommunisten, die sich in solche Parteidisziplin einfügen, sind keine mündigen Bürger mehr, die sie vielleicht vorher waren. Ob die Französische oder die Russische Revolution oder viele Aufstände bis weit ins 20. Jahrhundert hinein wurden denn auch nicht primär von mündigen Bürgern getragen, sondern davon dass sich beispielsweise die Arbeiter in die Arbeitereinheitsfront einreihten und sei es auch nur ob des militärischen Arguments der höheren Effizienz. Hier fanden Klassenkämpfe statt bzw. kämpften verschiedene bewaffnete Gemeinschaften mit militärischem Drill gegeneinander. Die Bürger schlossen sich einer Partei bzw. einer anderen organisierten Gemeinschaft an und marschierten in der Weimarer Republik uniformiert in Reih' und Glied auf. Sie demonstrierten nicht. Die Aufstände und Widerstandsbewegungen wurden von sozialen Gruppen und Organisationen getragen, denen sich die einzelnen zugesellten und unterordneten.

Die Französische Revolution, die die Emanzipation der Bürger durchsetzt, führt jedoch nicht in eine liberale Gesellschaft, in der sich die Spielräume der Menschen erweitert hätten. Vielmehr verstärkt sie einen sich gegen Ende des 18. Jahrhunderts ausbreitenden Trend zu immer stärkerer Kontrolle der Bürger, zu deren intensiverer Disziplinierung in der Schule, durch das Gesundheitswesen, die Polizei und vor allem das Militär. Derart entsteht im 19. Jahrhundert der Untertan, für den Ruhe die erste Bürgerpflicht darstellt, spielt in jenen Gesellschaften das Militär eine immer größere Rolle, so dass komischerweise der Offizier zum Leitbild des bürgerlichen Zeitalters avanciert. Aber das liberale Bürgertum hatte Angst vor der eigenen Mündigkeit und schickte seine Kinder ins Internat und in die Armee. Niederen Schichten sprach es die Mündigkeit ganz ab, selbst wenn es sich dazu mit dem Adel verbünden musste. »Die Liberalen«, so Jan-Werner Müller, »gingen davon aus, dass sich im Lauf der Zeit immer mehr Menschen durch Bildung und Besitz dafür [für das Wahlrecht] qualifizieren würden; in die Hände von Personen, die weder über das eine noch über das andere verfügten, durfte man die Entscheidung über Regierungen allerdings auf keinen Fall legen, da man befürchten musste, dass der Plebs ebendie Grundlagen zerstören würde, auf denen das Zeitalter der Sicherheit beruhte. Eine umfassende Demokratisierung blieb für Liberale somit stets eine *theoretische* Möglichkeit, wenngleich eine, deren Verwirklichung wohl in ferner Zukunft lag.« (2013: 24)

Auch die Fabrik organisiert sich im 19. Jahrhundert am Modell des Militärs, was heute in China immer noch üblich ist. Diese Ausrichtung übernehmen alle Aufstandsbemühungen, die versuchen disziplinierte Kampftruppen aufzustellen, was noch von europäischen und arabischen Terroristen der 1970er Jahre kopiert wird.

Eine Demokratie, an der sich mündige Bürger aktiv beteiligen, schätzen viele Konservative gemeinhin genauso wenig wie revolutionäre oder orthodoxe Kommunisten, die dazu nicht mal Stalin huldigen müssen. Die einen glauben wie Leo Strauss an die kluge Elite – vielleicht auch deshalb, weil diese sich wie bei der *Christian Coalition* in den USA auf die Bibel beruft – und die anderen an den weisen Herrscher, der genügend Marx gelesen hat und sich daher zur Avantgarde des Proletariats aufschwingen darf.

Während in Europa das Militär zur Schule der Nation avanciert – das hätte es im Mittelalter nicht gegeben –, herrschen in den USA fromme protestantische Sekten vor, die einerseits ihren angepassten und kontrollierten Mitgliedern einen individualistischen Virtuosenstatus verleihen, und die andererseits Öffentlichkeit und Bevölkerung weitgehend kontrollieren, so dass manche führenden Protestanten davon ausgingen, dass sich im Laufe des 19. Jahrhunderts die protestantische Ethik durchsetzen wird.

Hartgesottene Konservative oder protestantische Liberale betrachten wie die Kommunisten die Mehrzahl der Bürger nicht als mündig, so dass diese ihre Angelegenheiten selber regeln dürften. Helmut Schelsky, verstrickt in den Nationalsozialismus und konservativer Soziologe der frühen Bundesrepublik, vertritt Mitte der fünfziger Jahre angesichts des *Kinsey-Reports* die Auffassung, dass Fragen der Sexualmoral in der Öffentlichkeit gar nicht diskutiert werden dürften (Schelsky 1955: 7). Es kam bekanntlich anders und beschleunigte sich vor allem durch die Frauenemanzipation. Daher findet man unter den US-amerikanischen Neo-Konservativen noch heute solche Positionen, die fordern, dass der Staat wieder die Schlafzimmer kontrolliere, also eine allgemein verbindliche Lebensform vorschreiben darf – man denke an das 19. Jahrhundert als die Ehe Regime und die einzige legitime gemeinsame Lebensform der Geschlechter war.

In Deutschland genießt die Demokratie schon zu Zeiten der Weimarer Republik einen zweifelhaften Ruf, der sich erst im Laufe der siebziger Jahre langsam verbessern wird, herrschte in der frühen Bundesrepublik ein weit verbreiteter Anti-Amerikanismus. Nur das Wirtschaftswunder entschädigte viele dafür, dass im Parlament alle möglichen Parteien ›quasseln‹ durften und man sich damit abfinden muss, dass man den Krieg verloren hat.

Aber auch in der angelsächsischen Welt ist man lange skeptisch gegenüber einer politischen Beteiligung der Bürger, gilt das Volk, das radikale Parteien wählt und Diktatoren zujubelt, eher als einfältig. Demokratie stellte nur eine

etwas andere Legitimation von Elitenherrschaft dar, zu der sich wohl Strauss wie Schelsky selber zählen, während sie dagegen Protestierende genauso verachteten wie jene, die anders leben wollten: die Langhaarigen der Beat-Generation; oder heute die US-Liberalen, die nicht in die Kirche gehen – man darf indes hinzufügen, dass die Abneigung durchaus gegenseitig ist.
Wenn radikale Linke, insbesondere orthodoxe Kommunisten von der Volksherrschaft reden, das allgemeine Wahlrecht fordern oder die Stimme des Volkes anrufen, so halten sie sich selbst gemeinhin in ähnlicher Weise wie die Konservativen für die einzigen wahren Vertreter der Interessen solchen Volks. Derartige Forderungen erheben sie indes regelmäßig immer nur so lange, wie sie noch nicht selber regieren.
Den mündigen Bürger schätzen sie genauso wenig wie selbst viele demokratische Regierungen, halten sie ihn höchstens für eine demokratische Illusion einer bürgerlichen Ideologie. Es sei denn, der mündige Bürger gibt seine Mündigkeit auf und ordnet sich wiederum deren Parteidisziplin unter, der er mit seiner Widerstandskraft dienen soll: der bürgerliche Intellektuelle, der Klassenverrat begeht und seine Individualität ablegt. Demokratie führt demgemäß jedenfalls nicht zur wahren Volksherrschaft, die allein die kommunistische Partei zu realisieren vermag, weil die Kommunisten von Marx gelernt haben, wie die Ökonomie funktioniert und wie die Geschichte abläuft. Leider erwiesen sich Ökonomie und Geschichte als erheblich komplizierter, als Marx es sich vorstellt.
Trotzdem darf man ähnliche Einschätzungen denn auch vom politischen Islam erwarten, wie vom politischen Katholizismus oder von der US-amerikanischen Tea-Party-Bewegung, die sich aber alle gleichermaßen gerne auf den Protest von Bürgern stützen, solange sich dieser gegen verhasste Regierungen richtet oder sich in ihrem Sinn lenken lässt. Wenn der Mohr – der mündige, widerständige und sich engagierende Bürger, wie in Ägpyten – dann seine Schuldigkeit getan hat, dann kann er gehen. Das ist denn auch regelmäßig die Tragik der Revolutionäre der ersten Stunde, jener, die auf dem Tahrir-Platz ausharren, die sich gar totschlagen lassen, die damit das herrschende Regime ins Wanken bringen, aber regelmäßig nicht die Macht übernehmen, sondern von jenen, denen das dann gelingt, zumeist nochmals und dann final unterdrückt werden.
Umso ironischer erscheint, wenn die Demokraten am Ende lieber das Militär rufen, das sie vor den Islamisten schützen soll, denen man gar nicht unbedingt undemokratische Attitüden unterstellen muss, als vielmehr, dass sie der ganzen Gesellschaft eine islamische Lebensform aufdrücken wollen. Dann erscheint

wie in Algerien die Alternative zu heißen: Entweder Demokratie oder Emanzipation der Frau.

DIE MEDIALE VERZERRUNG DES WIDERSTANDSRECHTS

Dabei spielen auch die Medien eine sehr ambivalente Rolle. Zunächst hat *Occupy* sich jenseits des Internet gegen die mediale Konzentration gewehrt, um sich dann doch auch der traditionellen Massenmedien wie Fernsehen, Radio, Zeitungen zu bedienen. Diese Ressentiments von Protestbewegungen gegenüber den traditionellen Medien besitzen eine lange Tradition über das Nazi-Radio und den Axel Springer-Verlag in Deutschland zu den gekauften Nachrichtensendungen in Berlusconis Privatsendern oder im Fernsehkrieg zwischen bekennenden Christen und aufgeklärten Liberalen in den USA. Für den Linguisten und Medienkritiker Noam Chomsky bedient sich die Politik der Medien, um die Bevölkerung unter Kontrolle zu halten. Weder die Medien noch die Wähler kontrollieren die Mächtigen, wie es sich für ein demokratisches System gehört. Die Medien dienen in diesem Spiel vielmehr dazu, gesellschaftlichen Konsens herzustellen, der die politischen Autoritäten stärken soll. Diesen Konsens zu hinterfragen, ergibt bereits eine Form des Widerstandes und wird entsprechend verfolgt (Chomsky 2003b: 145). Die Behandlung von *Wikileak* durch die US-amerikanischen Behörden und die Verfolgung ihres Gründers Julian Assange bestätigt diesen Eindruck.
Damit schließt Chomsky an die Sozialkritik Herbert Marcuses in den sechziger Jahren an, als Fernsehen und Rundfunk zwar sicher noch manchen Tummelplatz für Kulturkritiker boten, der heute längst der Einschaltquote zum Opfer fiel, andererseits politisch weitgehend im Dienst des großen Bruders standen. Für Marcuse verhindern die Medien, dass sich die Bürger mit dem politischen Geschehen kritisch auseinandersetzen. Andererseits kontrollieren die Medien Sprache und Bilder, so dass sie das Denken der Bürger in die politisch gewünschte Richtung lenken. Dadurch entsteht *Der eindimensionale Mensch* (1967: 110). Natürlich bemühen sich auch heute noch bestimmte Medien in der westlichen Welt darum, nicht nur die eigenen Anhänger mit der entsprechenden Ideologie zu versorgen, um Proteste zu verhindern.
Eine strukturell ähnliche aber gegenläufige Kritik formulierten der Soziologe Arnold Gehlen wie auch Eric Voegelin, die ein Zusammenspiel zwischen Medien und Gesellschaftskritik in den fünfziger Jahren diagnostizieren – Medienschelte, dass die Medien liberale und linke, somit falsche Informationen

verbreiten. In den Nachtstudios des Radios dürfen nach Gehlen linke Intellektuelle ihre verblendenden Meinungen verkünden (Gehlen 1978: 412).
Nicht nur dadurch, sondern auch durch den von den liberalen Medien vermittelten schiefen Blick in die Realitäten, entsteht in der Bevölkerung ein völlig falsches Verständnis von der Welt somit ein Klima der Verachtung für die religiösen und traditionellen Werte des Gehorsams, der Treue sowie der Achtung des Staates und der Regierenden. So schreibt Voegelin 1951: Westliche »Gesellschaften und ihre Führer erkennen zwar Gefahren, wenn sie ihre Existenz bedrohen, aber sie begegnen ihnen nicht durch adäquate Maßnahmen in der Welt der Wirklichkeit. Vielmehr tritt man diesen Gefahren durch magische Operationen in der Traumwelt entgegen, wie Missbilligung, Zurückweisung, moralische Verurteilung, Deklarationen von Grundsätzen, Resolutionen, […] etc. Die geistige und sittliche Korruption, die sich in dem Aggregat solcher magischer Operationen ausdrückt, kann eine Gesellschaft mit der unheimlichen, geisterhaften Atmosphäre eines Irrenhauses durchdringen, wie wir es zu unserer Zeit in der Krise des Westens erleben.« (1991: 240)
In diesem Sinn besteht nach Noam Chomsky von konservativer Seite eine Verachtung für die Demokratie. Chomsky schließt indirekt die Widerstandskraft an die Lehre des Großinquisitors aus Dostojewskis *Die Brüder Karamasow* an: Jesus hat irrtümlich den Menschen die Freiheit eröffnet, was die Kirche wieder rückgängig machen muss, um absolute Untertänigkeit zu erzeugen. Die Kirche verlangt vom Gläubigen die Unterordnung unter das gemeinschaftliche Gebet. Der moderne Kapitalismus fordert die Anerkennung des privaten Produktiveigentums. Da beides die Menschen nicht freiwillig tun, müssen sie auch vermittels der Medien in Unwissenheit und Untertänigkeit gehalten werden, was nur zu ihrem eigenen Wohl ist. Das schwächt ihre Widerstandskraft und verhindert derart Proteste und letztlich den Bürgerkrieg (Chomsky 2003a: 73). Der *Occupy*-Vordenker David Graeber kritisiert wahrscheinlich nicht zu Unrecht die liberalen Medien als an diesen autoritären Mainstream letztlich doch angepasst, wenn sie beispielsweise die Manipulationsvorwürfe bei der Präsidentschaftswahl 1999 in Florida nicht weiter verfolgten (2012a: 12).
Spätestens seit den siebziger Jahren nahmen jedoch gewisse Emanzipations- und Demokratisierungstendenzen Fahrt auf und veränderten das gesellschaftliche Klima nachhaltig. So erlebte jenseits der *Bild*-Zeitung auch schon seit einem knappen halben Jahrhundert der Protest eine gewogenere Berichterstattung. Umgekehrt lernten die traditionellen Medien, dass große Proteste einen hohen Nachrichtenwert haben. Die Berichterstattung begann Teil des

Protestes zu werden, wurde er durch die Medien schließlich sehr schnell weit verbreitet, weshalb staatlich gelenkte Medien über Proteste gegen die Regierung zumeist kaum berichten. Aber selbst die liberalen Medien nicht nur in den USA berichten über Proteste welcher Art auch immer häufig selektiv – genauer nach der zu erwartenden und natürlich auch ein wenig nach der gewünschten Resonanz.

Daher muss man die Medienberichterstattung aus der Perspektive des Widerstandsrechts differenzierter betrachten. Einerseits – das diagnostiziert auch der Leipziger Philosoph Christoph Türcke – orientiert sich die heutige Medienwelt immer aggressiver an der Sensation. Doch steht das nicht unbedingt im Dienst der Politik, verdankt sich vielmehr dem Konkurrenzdruck unter den Medien, dem Zwang, Gehör zu finden, Einschaltquoten wie Absatzzahlen zu erhöhen. Das lässt letztlich niemandem mehr eine andere Wahl, als in diesem Strom perverser Nachrichten mit zu schwimmen (Türcke 2002: 207).

Aber auch Protestbewegungen bedienen sich dramatischer Nachrichten, die die Menschen aufrütteln sollen – man denke an das Waldsterben, das Ozon-Loch, die Klimakatastrophe, hieß es nach dem gescheiterten Kopenhagener Klima-Gipfel, dass so manches zukünftiges Klimaszenario mit Absicht arg drastisch gezeichnet worden sei – ein grundsätzliches Dilemma im Verhältnis von Moral und Information. Auch der Protest arbeitet mit dem Erschrecken und der Sensation als etwas Erschütterndem, in dem archaische Muster der Wahrnehmung wiederkehren. Schon Adorno und Horkheimer betrachteten den Prozess der Aufklärung als Rückfall in den Mythos und die Barbarei. Hans Jonas hält solchen apokalyptischen Alarmismus gar für notwendig, um die Menschen zur Umkehr zu bewegen, zu der man sie auf andere Weise nicht motivieren kann.

Türcke gibt sich damit nicht zufrieden. Er sieht darin auch eine positive Nebenwirkung. In der Psychoanalyse Sigmund Freuds weist der Wiederholungszwang auf den Todestrieb hin, wenn beispielsweise ein Kind unter Tränen und Schmerzen sein Lieblingsspielzeug immer wieder gegen die Wand wirft. Doch für Türcke könnte die Wiederholung grausiger Bilder in den Massenmedien zu einem Gewöhnungseffekt führen, so dass man einen geschickten Umgang mit ihnen zu lernen vermag.

Auch Protestierende greifen gerne auf das Muster der Apokalypse zurück, mit dem schon das Neue Testament arbeitet. Türcke verwendet dabei den Begriff des Gegenfeuers, wenn beispielsweise *Greenpeace* als eine der erfolgreichsten NGOs der neunziger Jahre dem Trend der Sensationsmaschinerie gleichzeitig erliegt, wie sich ihrer bedienen muss, um erfolgreich zu sein. Anrührende Tierschutz-Aktionen erregen schneller öffentliche Aufmerksamkeit als Informationskampagnen über Klimawandel (2002: 322). Somit bergen die Medien auch im Sinne von Protestbewegungen ein Moment der Aufklärung: man denke an die vielen NGO-Kampagnen bis hin zum arabischen Frühling 2011, als sich die Menschen über das Internet verabredeten. *Occupy* entwickelt in noch erheblich stärkerem Maße als *Attac* ihre Kraft aus der Vernetzung, was diese Bewegung auch ein Stück weit unabhängig von den Medien der ersten Generation macht, die noch nicht peripherieorientiert waren. *Anonymous* bewegt sich primär nur im Netz, bedient sich auch der Hackerangriffe, um die Freiheit des Netzes und damit Meinungs- und Redefreiheit gegenüber Behörden, Konzernen und Sekten wie Scientology zu verteidigen. Das entspricht nicht nur einer ethischen Orientierung, Medien verantwortungsvoll einzusetzen, sondern einer Ethik der Widerständigkeit und der Befreiung, sich nicht nur den Manipulationen zu entziehen, sondern mit den Medien die Gesellschaft zu verändern, mag das der Geheimdienst beobachten oder nicht.

Marcuse war gegenüber den Medien indes pessimistischer und hoffte auf ein aufklärendes Element in der Kunst. Trotzdem hält er gerade aufgrund der fortgeschrittenen Technologien eine andere Gesellschaft für möglich (1967: 260). Chomsky bleibt demgegenüber gespalten. Einerseits erkennt er durchaus die Verbreitung von Aufklärung durch die Medien an. Andererseits bleibt das für ihn ohne nachhaltige Wirkung, solange die großen Konzerne den Kapitalismus beherrschen (2003b: 145).

Dem ließe sich im Anschluss an Türcke und Freud noch hinzufügen, dass auch die Protestierenden aus der Sensation und dem Erschrecken Vergnügen ziehen. Protest braucht die Aufregung, braucht auch die Übertreibung. Protest braucht eine so lebendige wie kreative Aktion, um die sich *Occupy* bemühte, und ist insoweit für mediale Repräsentationen zugänglich, durchaus auch für deren Schattenseiten. Damit drohen Protestbewegungen selber in den Kreislauf medialer Manipulationen zu geraten. Es verwundert wenig, dass sich das Zeltlager auf zentralen Plätzen über Wochen hinweg erschöpfte, wenn es keine Aufmerksamkeit mehr erweckt. Indes – das haben die türkischen Protestbewegungen auf dem Istanbuler Taksin-Platz erneut bewiesen – es hat sich damit eine neue Form des Protestes entwickelt, deren Wirksamkeit offenbar die harschen Reaktionen der türkischen Polizei und des Ministerpräsidenten Erdogan provozierten. In Ägypten bedienen sich die Moslem-Brüder des Mittels der Platzbesetzung. Selbstredend können sich auch Bewegungen demokratisch partizipatorischer Mittel bedienen, deren Ziel nicht primär die Demokratie zu sein braucht.

Die reine Wahrheit, um die es vielen Protestierern geht, bleibt indes nicht nur deshalb auf der Strecke. Sie ist in postmodernen Zeiten allemal nicht mehr eindeutig und leicht feststellbar und insofern notorisch umstritten, vor allem wenn sie sich auf das Ganze beziehen soll, um das es *Occupy* gerade geht, und sich nicht mit einzelnen Ereignissen zufrieden gibt. Dann gleitet Protest leicht in Ideologie ab, wie man es 1968 beobachten konnte. Aber deswegen haben sich viele Protestbewegungen der letzten Jahrzehnte von der umfassenden Kritik abgewendet und kümmern sich zumeist um einzelne Probleme, nicht zuletzt auch um viele Menschen mit unterschiedlichen Auffassungen und Erfahrungen zu gemeinsamen Aktionen zu bewegen. Die stalinistischen Maoisten der siebziger Jahre wiederholten dagegen einen Lenin zugeschriebenen Spruch: »Lieber weniger, aber besser.« Im selben Maße jedoch wie der Protest sich entideologisiert, immer mehr Menschen demonstrieren und protestieren, büßt denn auch der elitäre Marxismus an Popularität ein.

Dass sich die Welt im medialen Zeitalter nicht mehr bewahrheiten lasse, behauptet auch eine konservative Kritik. Für den Soziologen Niklas Luhmann sind die von Medien erzeugten und dem Publikum vermittelten Realitäten nur durch sie selbst und vom selben Publikum überprüfbar. Auch soweit man eine äußere, nicht medial vermittelte Realität annimmt, lassen sich daran höchstens Einzelfälle, niemals die vermittelten Realitäten als ganze überprüfen. Dadurch entstehen Spielräume für unterschiedliche, vor allem von der Tradition abweichende Weltinterpretationen, die sich durch Protest und Kritik zusätzlich radikalisieren. Daher fördern die Massenmedien nach Luhmann die Ausbreitung fundamentalistischer Weltbilder, da sie keine stabile Realität außer ihrer eigenen internen mehr schaffen, der das Publikum zustimmen muss (Luhmann 1995: 72).

Andererseits könnten sie auch in die radikale Skepsis führen. So bläst Odo Marquard in ein ähnliches Horn, allerdings erheblich differenzierter. Wie die Geschichte zeigt, führt radikales Denken regelmäßig in eine radikale Praxis. Das gilt auch und vor allem für den radikalen Zweifel, der in die Unbescheidenheit gerät, die mit gottähnlicher Hybris alles in Frage stellt und aus dem sich wiederum fundamentale Ansprüche auf Weltverbesserung ableiten lassen. Alles zu bezweifeln fördert Verschwörungstheorien, die in eine strukturelle Ablehnung der Welt, wie sie ist, hinauslaufen und die in den neueren Protestbewegungen auch weit verbreitet sind. Daraus folgt dann entweder eine Abkehr von der Welt, von der Politik ins Private. Oder Veränderungshoffnungen, die sogar in das Selbstopfer führen und somit die Gewalt legitimieren (2003: 21) – beides Tendenzen gegen die sich auch Hessel vehement stellt. Marquard versteht sich jedoch weniger als Hessel in der Tradition des Fortschrittsdenkens von Hegel, als vielmehr in jener der antiken Skepsis, die gerade dazu dient, absolute Wahrheitsansprüche zu vermeiden, ohne alles zu bezweifeln. Für den Zweifel sind gute Gründe vonnöten. Nur dann erscheint er sinnvoll. Doch auch Hessel beruft sich nicht nur auf Hegel, sondern auf die geschichtsphilosophischen Thesen von Walter Benjamin, die im Fortschritt auch eine gewalttätige Macht sehen, die alles auszulöschen versucht, was sich ihr in den Weg stellt (1965: 83). Hessel entwickelt also gegenüber dem Fortschritt auch eine gewisse Skepsis (2011: 12).

Dass die Massenmedien Fundamentalismen fördern, betrifft dabei natürlich nicht nur die Totalitarismen, sondern auch diverse Protestbewegungen, die mit umfassenden ideologischen Ansprüchen operieren. Doch derartige Ideologisierungen haben ja bei den Protestbewegungen der letzten Jahrzehnte sukzessive abgenommen, wie man auch an Hessel sehen kann. Fundamentalismen finden sich dabei eher seltener. Das gilt aber nicht für die islamische Welt oder die US-amerikanische Szene, wo religiöser Fundamentalismus erheblich verbreiteter ist und just dort von den Medien gefördert wird.

Doch Luhmann unterstellt implizit, dass die traditionellen Weltsichten mehr Berechtigung haben als die neueren Ideologien. Erstere geraten indes in denselben medialen Strudel. Auch ihre Wahrheiten kann niemand nachhaltig überprüfen. Vor allem religiöse Lehren sehen sich davon betroffen. Wie will man noch die Wahrheit des Christentums, des Judentums oder des Islam in einer globalisierten medialen Welt vorführen? Nur jeweils denen, die das immer schon glauben.

Daher darf man Luhmanns Konsequenz in Frage stellen. Die Medienwelten fördern nicht grundsätzlich, sondern nur unter bestimmten Bedingungen die radikalen Weltsichten, die nur eine bestimmte Richtung von Informationen gebrauchen können. Indem sie die zentrale gemeinsame Perspektive auf die Welt auflösen, führen sie zu einer Vielzahl von Weltsichten, die tendenziell eher einer liberal pluralistischen Einstellung entsprechen, als totalitären, religiösen, ideologischen oder traditionellen Weltbildern, so dass man schlicht mit einer Vielzahl von Weltsichten wird leben müssen, die sich gegenseitig nicht zu widerlegen vermögen. So bemerkt der italienische Philosoph Gianni Vattimo: »Was sich allerdings trotz aller Anstrengungen der Monopole und großen kapitalistischen Zentren tatsächlich ereignet hat, ist, dass Radio,

Fernsehen und Zeitungen zu Elementen einer allgemeinen Explosion und Vervielfältigung von Weltanschauungen geworden sind.« (1992: 17)

DER MANGELNDE RADIKALISMUS DER NEUEN PROTESTBEWEGUNGEN

In einem ähnlichen Sinn verdankt sich die Stärke der unterschiedlichen Protestbewegungen der letzten Jahrzehnte gegenüber jenen der sechziger Jahre gerade ihrer Fähigkeit, sich nicht ausschließlich auf umgreifenden Lehren zu stützen, sondern sich diesen eher zu entziehen. Es geht vielen nämlich zumeist um keine einheitlichen Linien oder Ideologien, nicht unbedingt um radikale Kritik, die doch zu häufig ins Undifferenzierte abgleitet: der Niedergang der sogenannten Fundis bei den Grünen. Vielmehr werfen sie häufig nur einen partiellen Blick auf die Welt, wollen nicht die ganze Welt, sondern nur einen Teil derselben verändern, was ja schon schwierig genug ist – man denke an *Greenpeace*, den *BUND*, *Stuttgart 21*, Tierschützer, Gen-Mais-Gegner, Veganer oder diverse Bürgerinitiativebewegungen. Manche verengen derart auch ihren Blick, der dann die Welt nur noch monokausal betrachtet.

Einerseits müssen diese Protestbewegungen an der medialen Sensationsmaschinerie teilnehmen, ohne diese für den Ort des Bösen zu halten. Sie verlieren dabei auch nicht ihre Seele. Andererseits bleibt den Bürgern gar nichts anderes als angesichts der politisch medialen Verflechtungen und den medialen wie politischen Manipulations- bzw. Steuerungsmöglichkeiten eine kritische Haltung gegenüber Politik, Medien wie sich selbst zu entwickeln, um diese Verflechtungen soweit wie möglich zu durchschauen und um andererseits sich den Versuchen der Fremdbestimmung zu entziehen. Weil es hier um die Konstruktion von Wirklichkeit geht, weil hier ständig Bevormundung droht, muss sich der einzelne auch mittels einer gesunden Skepsis auf seine Freiheit besinnen, die er seiner Widerständigkeit verdankt, die ihm nicht vom Staat verliehen und auch nicht von Facebook erst möglich gemacht wurde.

Zwar ist von den alten sozialistischen oder nationalistischen, autoritären und militärischen Tendenzen in den Revolten und Revolutionen besonders des Jahres 2011 sicherlich noch manches wiedergekehrt. Wenn eine Widerstandsbewegung wie in Libyen oder Syrien militärisch angegriffen wird – im Sinn von John Locke wirklich eine Rebellion von oben stattfindet –, dann muss sie sich entsprechend wehren und sich ähnlich militärisch organisieren. Wenn die Deserteure der syrischen Armee gemeinsam kämpfen, dann werden sie wiederum militärisch hierarchische Strukturen entwickeln.

Wenn nach dem Ende des alten Regimes indes keine gemeinsame, d.h. demokratische Umgangsform für die politischen Angelegenheiten gefunden werden kann, dann droht allerdings wie in Somalia der fortgesetzte Bürgerkrieg zwischen den verschiedenen Warlords – die Situation, die Hobbes im Auge hatte und die er unbedingt vermeiden wollte. Daher besteht die Gefahr, dass der primär militärische Kampf notorisch entweder in den andauernden Bürgerkrieg oder in eine militarisierte diktatorische Gesellschaft führt. Hobbes hatte zwar Recht. Doch seine Lösung, dass sich die Bürger einem mächtigen Souverän unterwerfen, funktioniert genauso recht und schlecht, wie Demokratien genauso scheitern können.

In gewisser Hinsicht könnte man den Eindruck gewinnen, dass Demokratie nicht mit militärischen Mitteln geschaffen werden kann. Die Alliierten haben nach dem zweiten Weltkrieg die Voraussetzungen für eine Demokratie gelegt, die sich dann in Deutschland erst im Laufe von Jahrzehnten ausbreitete. Wer Demokratie will, sollte daher den Bürgerkrieg eher vermeiden. Vielleicht belehrt mich Libyen eines Besseren. Vielleicht schaffen es Ägypten und Tunesien eher, eine Demokratie aufzubauen – wenn sie nicht wieder in eine Militärdiktatur oder zumindest in eine gelenkte Demokratie wie in Russland geraten. Demokratie verdankt sich nicht unbedingt einer sich aus der Widerständigkeit der Bürger ergebenden Gewalt, aber aus deren Protest und Widerstand.

Doch seit dem zweiten Weltkrieg und zunehmend seit den sechziger Jahren – man denke hier nicht nur an die Protestbewegungen um 1968, sondern vor allem auch an die US-amerikanische Bürgerrechtsbewegungen, deren Bedeutung man gar nicht hoch genug einschätzen kann und damit auch die einstmalige Strahlkraft Obamas – haben sich immer mehr Bürger um politische Partizipation und Mündigkeit bemüht. Das führte seither zu diversen Protestbewegungen, die sich gegen politische und soziale Verhältnisse, vor allem auch gegen politische Bevormundung durch Regierungen, Parteien oder Religionsgemeinschaften wehren.

Zwar schließen sich auch hier Menschen zu Gruppen zusammen und manchmal ordnen sie sich dann sogar einer Parteidisziplin unter. Entscheidend ist dabei, dass diese Bewegungen zunächst häufig nur Ansprüche bestimmter Gruppen und keine allgemeinen Interessen vertreten, die aber gelegentlich dann von jeweiligen Ideologen nachträglich hinzugefügt werden. Martin Luther King wollte schlicht die Gleichheit der Schwarzen mit den Weißen.

Radikale Vertreter wie Malcolm X oder Eldridge Cleaver erklärten dann die Interessen der Schwarzen als höherwertig oder als die wahre Form der Menschlichkeit.

Dabei besitzt diese erfolgreiche Widerständigkeit ihren Vorläufer in jener antiken *Parrhesia*, jenem Freimut und jener Wahrhaftigkeit, mit der die Schwachen und Unterdrückten die Ungerechtigkeit der bestehenden Verhältnisse beklagen können (Foucault 2009: 178), auch wenn sie dabei manchmal ihr Leben riskieren. Wenn die Bürger für derartige subjektive Wahrheiten eintreten, dann wirkt der Einsatz von Gewalt sogar häufig störend und führt in den Bürgerkrieg, der doch nur weitere Ungerechtigkeiten hervorruft. So verhielten sich noch die revolutionären Kommunisten, die zudem ein umfassendes System von Wahrheiten als objektive behaupteten. Sie begnügten sich nicht mit ihren subjektiven und somit beschränkten Perspektiven wie zumeist die neueren Protestbewegungen, die damit erheblich mehr Anspruch auf Wahrheit erheben können als eine umfassende Lehre, also eine Ideologie oder Religion. Dass die Kernenergie bestimmte Risiken birgt, dafür lässt sich leichter argumentieren als dafür, dass die Welt nur durch eine proletarische Revolution humaner gestaltet werden kann.

Daher erscheinen andererseits manchen Revolutionären von gestern vornehmlich aus dem marxistischen Lager die neueren Protest-Bewegungen wie *Attac* oder *Occupy*, Demonstranten in Athen, Madrid und Rom gegen Sparmaßnahmen der Regierungen oder gar Studenten, die gegen schlechte Studienbedingungen und mangelnde Berufschancen protestieren, als längst nicht radikal genug, wollen diese die Gesellschaft gar nicht mehr von Grund auf verändern, sondern nur bestimmte Aspekte verbessern. Sie kämpfen manchmal nur gegen ihre eigene Arbeitslosigkeit, um ihre eigenen Karrieren, die ihnen trotz Studium unter den gegebenen Umständen verbaut erscheinen. Häufig geben sie sich irgendwann mit ein paar verbesserten Chancen in Beruf und Bildung zufrieden.

Wollen die russischen Demonstranten gegen gefälschte Wahlen etwa den Kommunismus oder den Faschismus einführen? Die meisten möchten vermutlich einfach besser leben, nicht nur zuschauen, wie eine kleine Elite gut lebt, und sie wollen als Bürger ernst genommen werden. Dazu fordern sie mal eine andere Regierung, als immer denselben Putin. In Arabien wird wenigstens noch ein Regime durch ein anderes ersetzt, die Gesellschaft dabei aber wahrscheinlich wenig verändert. Voraussichtlich wird sie etwas islamischer. Aber warum sollte ein gemäßigter Islam nicht zu einer Demokratie beitragen? Halbsäkulare Militärs schafften das jedenfalls in Jahrzehnten nicht.

Und gibt es in anderen politischen Lagern wirklich viele überzeugte Demokraten, denen die Demokratie wichtiger wäre als die eigene Macht? Von denen existierten in Deutschland bis in die siebziger Jahre hinein auch nicht viele. Jedenfalls wo Marx einst eine radikale, also an die Wurzel gehende Kritik verlangte (1972: 385), scheint kaum mehr als eine reformerische Praxis übrig geblieben. Wahrscheinlich ist das sogar erfreulich, weil diese wenigstens wenig bewirkt, die revolutionäre aber nur Trümmer hinterlässt.
In Chile sind Proteste immer unterdrückt worden, nicht nur zu Zeiten der Pinochet-Diktatur. Erst 2011 setzte sich eine studentische Protestbewegung gegen das System von Unterdrückungstechnologien wie der Geheimpolizei durch und erzwang eine Universitätsreform. Daraus ist zwischenzeitlich eine breite Bewegung für eine Verfassungsreform geworden, die von der Zivilgesellschaft massiv unterstützt wird. Jetzt erst beginnt die Demokratie in Chile Fuß zu fassen. Um nicht bloße gelenkte Demokratien zu bleiben, brauchen Demokratien protestierende Bürger, die wie 1968 zu großen Bewegungen anwachsen, dabei vor allem die Unterwürfigkeit der Zeitgenossen abbauen, indem sie in einer breiten Zivilgesellschaft den Anspruch auf Mündigkeit verankern.
Außerdem bekundet die Uneinigkeit jedweder Opposition wie auch der verschiedenen Protestbewegungen 2011 immer, dass sich hier verschiedene Interessen und Weltanschauungen versammelt haben. So wirft man Protestierenden vor, dass sie kein gemeinsames Programm hätten, dass sie ja gar nicht wissen, wofür sie gemeinsam eintreten, höchstens wogegen. Was will denn selbst eine Organisation wie *Attac* genau? Es ist ja gar keine Antiglobalisierungsbewegung, sondern will nur globalisierungskritisch auftreten, was am Ende wohl darauf hinaus läuft, dass der Kapitalismus selbstverständlich erhalten bleibt. Das wird indes wahrscheinlich nur die Marxisten enttäuschen. Aber selbst Sarah Wagenknecht beruft sich auf die soziale Marktwirtschaft (Wagenknecht 2012: 37).
Was wollen die diversen *Occupy*-Bewegungen ob in New York oder in Frankfurt? Sie legen den Finger auf die Wunden der Finanzbranche und der krisengeschüttelten kapitalistischen Wirtschaft. Aber reicht das? Wohin soll das führen? Welche Chancen haben sie? Ihre vagen Ziele werden mit Sicherheit nicht erreicht. Manche mokieren sich über diese Proteste. Andere werfen ihnen vor, ihr einziger gemeinsamer Nenner, sei eine gerechtere Wirtschaftsordnung.
Aber wenn es keine Alternative zum Kapitalismus gibt, warum sollte man denn nicht an selbigem drehen, um wenigstens im Kapitalismus die eigenen

Lebensbedingungen zu verbessern? Warum sollte man das, was man seinen Freunden erzählt, nicht mal öffentlich kundtun? Schließlich könnte sich dadurch die öffentliche Stimmung verändern. Warum sollte man nicht versuchen, den Kapitalismus zumindest ein wenig moralischer zu machen? Weil dabei zu wenig herauskommt?

Weil man dann immer wieder mit denselben Problemen konfrontiert werden wird – würden radikale marxistische Systemüberwinder oder Revolutionäre sagen. Aber seit ca. 2 Jahrhunderten landen alle Bemühungen, diese Probleme nachhaltig zu lösen, wieder just in denselben Problemen. Ob man sich damit einrichten soll, darüber kann man ja diskutieren. Doch für die wahrscheinlich nächsten zwei Jahrhunderte muss man dieses Dilemma verwinden, weil man es nicht überwinden kann, muss man gelassen mit ihm umgehen.

Jeder Protest kann nur kleinteilig an Zuständen drehen, gegen die er sich richtet. So berichtet David Graeber von einem Mitarbeiter der Federal Reserve Bank, in der man sich wunderte, was *Occupy* mit ihren Besetzungen wolle. Am Ende machte man sich selber darüber Gedanken, dass man besser nicht jeden Kredit eines Eigenheimbesitzers einzutreiben versucht, den dieser nicht mehr bezahlen kann. Graeber betrachtet das als einen gewünschten Effekt (2012a: 12).

Der Traum der Revolution von der Eroberung der Souveränität – dem Traum fundamentalistischer Traditionalisten wie der Faschisten sehr ähnlich – scheitert allein schon daran, dass man Gesellschaften nicht durch in Gesetze gegossene Kommandos steuern kann, und zwar selbst dann nicht, wenn starke Polizei- und Geheimdienstkräfte diese umzusetzen versuchen.

Dass diese nötig erscheinen, demonstriert bereits, dass Souveränität nicht hält, was sie verspricht. So erscheint Souveränität des Staates oder der politischen Führung als eine antidemokratische Illusion. Um die Menschen zum Gehorsam zu zwingen, möchte denn Carl Schmitt einen permanenten Ausnahmezustand errichten (1979: 11), eine souveräne Diktatur, die nicht kommissarisch die verfassungsmäßig verbrieften Rechte der Bürger wiederherstellt, sondern diese dauerhaft aufhebt. Den Nazis gelang es damit bestenfalls, in einem verheerenden Krieg unterzugehen.

Statt radikalen Wandels beschränken sich heute Protestbewegungen häufig auf eine bestimmte Angelegenheit. Dabei handelt es sich um eine weltweite Tendenz. Bürger engagieren sich für ihre eigenen Interessen oder sie setzen sich für bedrohte Lebensformen ein. Hinsichtlich der jeweiligen Angelegenheit arbeiten dann mündige Bürger zusammen, die unterschiedliche politische, soziale und weltanschauliche Grundauffassungen vertreten. Nur wenn sie diese hintanstellen, können sie miteinander kooperieren und Institutionen in Verlegenheit bringen.

Dabei werden sie sich auch gelegentlich einander gegenseitig unterordnen. Das ist ja auch nicht so schlimm, handelt es sich nur um eine partielle Angelegenheit und nicht um ein Weltbild, das lebenslange Anerkennung, Gefolgschaftstreue und Untertänigkeit verlangt: den Glauben an eine Sache, einen Gott, einen Dämon, der sie beherrscht. Weshalb betonen Religionen wohl so sehr die Bedeutung des Glaubens? Nein, in einer partiellen Angelegenheit kann man kooperieren, sich zeitweilig unterordnen, aber die Angelegenheit nach vollbrachtem Protest auch wieder auf sich beruhen lassen, allemal niemandem ein Leben lang dienen, schon gar nicht daran glauben – was ja eher peinlich erscheint. Das stellt die Ernsthaftigkeit und Empörung der protestierenden und sich wehrenden Bürger nicht in Frage. Im Gegenteil, erst aus dieser Distanz lässt sich der Protest kritisch reflektieren und gegebenenfalls auch beenden, gewinnt er dadurch erst gute Gründe.

Dass er beendet werden kann, das macht den Protestierenden zu einem selbstbewussten Subjekt, das vielleicht nicht die letzte Macht über seine Handlungen hat, das diesen aber vor allem nicht sklavisch dient. Es gibt Menschen, die ihre Identität aus einem lebenslangen Protest ziehen. Doch das verengt letztlich die Spielräume und die möglichen Lebensformen. Der Sinn des Lebens lässt sich derart nicht mehr ändern. Das würde letztlich sogar die Chancen des Protests schmälern.

So erweitert dieses Hintanstellen letzter Überzeugungen den Kreis derjenigen, mit denen man ein Bündnis eingehen kann. Denn gerade auch für solche Bündnisse ist ein fundamentalistisches Glaubensbekenntnis eher hinderlich: Mit Kommunisten zu paktieren war schwierig und genoss keinen guten Ruf. Der mündige Bürger wird jedenfalls versuchen, möglichst wenig zu glauben, möglichst viel aber zu hinterfragen und im Grunde möglichst nichts als unhinterfragbar gelten zu lassen, nicht mal sein eigenes Hinterfragen. Das gelingt indes sicherlich nicht allzu vielen.

Letzte Wahrheiten wird der mündige Bürger für sich behalten, sind diese eher peinlich als ehrenwert, weil man damit letztlich zugibt, just an dieser Stelle das Denken einzustellen. So ersetzt das Fragen das Glauben oder die Überzeugung. Fragen wird zu einer neuen politischen Kraft, wiewohl die Weltanschauung ebenfalls noch lange eine starke Kraft bleibt (vgl. Schönherr-Mann 2003: 16). So wird es sich vorhalten lassen müssen, keine ordentlichen Überzeugungen zu haben. Aber warum nicht lieber unordentlich sein?

MÜNDIGKEIT UND WIDERSTANDSKRAFT

Sowohl dieser Mangel an radikalen Zielen als auch die Uneinigkeit von Protestierenden deutet daraufhin, dass sich bei vielen der neueren Protestbewegungen die Bürger nicht einfach einer Organisation und einer Idee unterordnen, sondern dass sie sich vielmehr als mündige Bürger in diesen Bewegungen engagieren. Vor allem erlaubt der partielle Anspruch solcher Organisationen und Bewegungen dem einzelnen Bürger, die eigene Autonomie zu wahren.

Selbst wenn er kooperiert, ordnet er sich gerade nicht in eine Einheitsfront ein, die alle politischen Probleme nach dem eigenen Grundprinzip zu beantworten versucht. Das spüren heute auch Parteien, ja selbst solche wie die CSU, denen die Mitglieder davon laufen bzw. die nicht mehr selbstverständlich akzeptieren, was die Parteiführung vorgibt.

Vertreter eines konservativen Denkens wie Leo Strauss, Arnold Gehlen oder Eric Voegelin würden solche selbstbewussten protestierenden Zeitgenossen vielleicht als Wutbürger disqualifizieren oder als radikale Verfassungsfeinde. Jedenfalls würden sie ihnen den Anspruch auf Mündigkeit absprechen, und sei es mit dem Argument, sie sähen ja nur das partielle Problem, nicht aber die Ganzheit von Staat und Gesellschaft, wozu sie eine religiöse Einbindung brauchen, die ihnen diese Ganzheit vermitteln würde, sei es als sonntägliche Predigt oder als Direktive des Papstes.

Doch einer solchen Bevormundung entziehen sich heute viele Zeitgenossen. Selbst wenn katholische Jugendliche dem Papst zujubeln, sich aber keineswegs an dessen Sexualmoral halten, dann gilt offensichtlich nicht mehr, was Jahrhunderte lang katholische Auffassung war: Der Ökonomie oder Politik glaubte die katholische Kirche in den letzten drei Jahrhunderten nur sehr beschränkt Vorschriften machen zu können, hatte sie nicht nur den mittelalterlichen Kampf mit dem Kaiser um die politische Oberhoheit verloren, sondern durch die Säkularisierung auch an indirektem Einfluss auf die Politik eingebüßt. Und von der kapitalistischen Ökonomie wurde sie selbst immer abhängiger.

Dagegen – so bildete man es sich bis vor kurzem (und vielleicht sogar auch weiterhin) ein – lassen sich die einzelnen Gläubigen immer noch mit strengen Regeln lenken, gehorchen sie dem Papst und dem Klerus, wenn sie entsprechend erzogen und in die katholische Kirche eingebunden wurden. Doch heute kann die katholische Kirche eher Einfluss auf die Politik oder die Wirtschaft nehmen, die beide ein Interesse an einem guten moralischen

Ruf haben und die sich von einer Kooperation einen Vorteil bereits im Diesseits versprechen – das Jenseits interessiert die Wirtschaft als Wirtschaft jedenfalls nicht, den homo oeconomicus auch nicht, höchstens den kalvinistischen Unternehmer.

Der einzelne Gläubige lässt sich dagegen nichts mehr so einfach vorschreiben, ist ihm sein guter tadelloser Ruf gerade in Fragen der Sexualmoral heute eher gleichgültig. Er prüft selber, zumindest soweit er prüfen kann – aber auch dann entscheidet er sich selber –, ob er sich an solchen Weisungen orientieren möchte oder nicht. Wenn er daran zweifelt, ob er sich scheiden lassen soll, dann nicht etwa, weil es die katholische Kirche untersagt, weil die Ehe ein Sakrament sei – was will uns der Dichter damit sagen –, sondern einfach weil Scheiden weh tut.

Alle Absolutheitsansprüche helfen nicht mehr, um den kirchlichen Weisungen eine bindende Kraft zu verleihen. Denn Absolutheitsansprüche muss der einzelne überhaupt erst anerkennen, wozu ihn niemand zwingen kann. Und da sich Absolutheitsansprüche nicht begründen lassen, kann man sie kaum mehr vermitteln. Daher vermag die katholische Kirche Absolutheitsansprüche auch nicht mehr einfach zu dekretieren. Selbst unter den Gläubigen – und bestimmt nicht nur im Christentum – hat sich in den letzten Jahrzehnten ein antiautoritäres Bewusstsein verbreitet, wollen viele gerade keine Schafe sein, die einer Herde angehören, so dass man zwischen den mündigen und den treuen Gläubigen unterscheiden kann.

Entscheidende und weiterführende Erfahrungen individueller Mündigkeit und Autonomie aller Bürger – nicht bloß einer kleinen Elite bzw. nicht bloß als Teil einer sozialen Gruppe, der sich die Individuen unterordnen müssen – wurden dabei durch den Widerstand gegen die nationalsozialistische Herrschaft über Europa in praktisch allen Ländern gemacht. Man erlebte z.B. in Frankreich in der *Résistance*, dass der einzelne fähig ist, sich gegen die übelste Diktatur aufzulehnen, dass das aber in letzter Konsequenz seine eigene Entscheidung bleibt, die ihm niemand abnehmen kann, was er sich auch nicht vorschreiben lässt. Zur *Résistance* wird man ja nicht eingezogen. Zum Wehrdienst werden die Menschen gezwungen, wird ihnen die Eigenverantwortung für ihr eigenes Leben wie für ihren Beitrag zur gemeinsamen Sache der Nation entzogen. Darüber befinden wie auch immer erleuchtete politische Führer, nicht der tumbe Einzelne – um Leo Strauss zu persiflieren. Widerstand leistet dagegen jeder freiwillig und selbstverantwortlich – eine neue Erfahrung in einer zwei Jahrhunderte lang militärisch disziplinierten Gesellschaft, ein Augenblick der Freiheitserfahrung inmitten der schlimmsten Unfreiheit.

Denn während der Naziherrschaft in Europa existierte keine moralische Autorität mehr, allemal nicht in Frankreich, nicht die Kollaborations-Regierung in Vichy, sowieso nicht die Nazis, nicht der Papst, der mit den Nazis ebenfalls zusammenarbeitete. Auch die Kommunistische Partei befand sich zunächst in der Zwickmühle, dass Stalin mit dem langjährigen Nazi-Kanzler paktierte. Sie blieb somit auch nach 1941 eine fragwürdige moralische Autorität. Zudem legitimierte die Nazi-Herrschaft ob ihrer Brutalität praktisch jede Form des Widerstandes, stellte sie sich schließlich dadurch, dass sie erklärtermaßen das Gebot nicht zu töten aufgehoben hatte, außerhalb jeder ethischen Gemeinschaft und das nicht erst während des Krieges, sondern von Anfang an – was die aktuellen Probleme mit Neonazis massiv verschärft.
So konnte während der *Résistance* jeder einzelne auch die konkrete Erfahrung machen, dass er alleine entscheiden muss, was er jeweils tun will und kann. Zumindest in den ersten Jahren hingen die Aktivitäten primär vom individuellen Engagement ab. Das war ein Erlebnis der Freiheit, das vielen sicher nicht nur im französischen Widerstand widerfuhr. Zugleich fingen sie auch an zu begreifen, dass sie höchst persönlich für ihr Tun die Verantwortung trugen, die obendrein weit reichen konnte, wenn die SS als Rache für eine Widerstandsaktion Geiseln erschoss: Freiheit macht verantwortlich wie Verantwortung Freiheit bedeutet.
Die Menschen sind in diesem Sinn politisch frei, wie es der Existentialismus von Camus (1970: 57) und Sartre (1994: 253) während des Krieges diagnostizierte. Sartre schreibt 1945 provokant: »Niemals waren wir freier als unter der deutschen Besatzung.« (1980: 37) Es gab keine moralischen Autoritäten mehr, die dem einzelne noch hätten vorschreiben können, was er zu tun hat. Ergo, ist er frei und verantwortlich für sein Handeln, muss er selber entscheiden, was er tun will und wie er es ausführt. Was der einzelne auch unternimmt, er besitzt immer alternative Optionen: Alternativlosigkeit ist eine politische Ideologie. Aber wenn die Bundeskanzlerin eine Entscheidung trifft, gleichgültig ob sie selbst dazu keine Alternativen sieht, dann wählt sie und wird somit für ihr Handeln auch verantwortlich (Sartre 1994: 817). Allemal kann sie sich nicht darauf herausreden, sie hätte keine Alternativen gehabt. Man ist auch noch vor dem Henker frei, das Urteil anzunehmen oder abzulehnen. Wenn Widerstandskämpfer von den Nazis hingerichtet werden, dann werden sie das Urteil nicht annehmen. Viele haben sogar der Folter widerstanden – führt von hier die Linie zum Widerstandsrecht. Andererseits kann man sich nicht damit herausreden, dass man keine Möglichkeit zum Widerstand hätte. Als ein junger Mann Sartre erklärte, er müsse seine kranke

Mutter pflegen, so bleibt das doch seine Entscheidung. Er pflegt lieber seine kranke Mutter. Das muss er auch verantworten. Er wird jedenfalls kein Held des Widerstands werden. Für die Pflege der kranken Mutter bekommt man selten einen Orden. Genauso ergeht es der Mutter, die lieber ihre drei Kinder erzieht.

Der Nationalsozialismus, der das Individuum der Gemeinschaft völlig unterordnen wollte, der keine Mündigkeit und vor allem keine Verantwortung kannte – die SSler bleiben sauber, moralisch und ehrenwert, wenn sie Menschen ermorden, versuchte ihr Anführer in einer berühmten Rede ihnen Mündigkeit und Verantwortung abzunehmen – provozierte durch die vollständige Zerstörung der traditionellen Werte das krasse Gegenteil, nämlich die Einsicht in die individuelle Mündigkeit und Verantwortlichkeit. Auch jener Eichmann, der Organisator des Holocaust, wurde zur Verantwortung verurteilt, wie viele andere Nazi-Verbrecher auch, leider nicht alle. Aber das ist die Realität des Rechts, das häufig auch viel zu spät kommt.

Dabei war es wichtiger die Subalternen vor Gericht zu stellen als die Anführer. Denn erstere haben den Holocaust in die Tat umgesetzt. Sie zu verurteilen, demonstriert auch anderen, dass man die Ausführung von Befehlen zu verantworten hat, dass ein Befehl dessen Empfänger die Verantwortung für das zu Tuende nicht abnimmt. Just weil der Befehlsempfänger für sein Handeln verantwortlich ist, ist er denn auch frei und besitzt somit die Fähigkeit zum Widerstand. Wäre er nicht verantwortlich, dann erschiene Widerstand als bloßer Verrat oder als fremdgesteuert – vom Ausland, wie es gerne alle Regime behaupten, die sich damit konfrontiert sehen. Ergo ist es wichtiger die Kleinen, die wirklichen Täter zu bestrafen, als die Großen, die Schreibtischtäter. Denn wenn letztere keine ersteren mehr finden, keine braven Untertanen und Befehlsempfänger, dann gibt es keine letzteren mehr.

So beruft sich auch Stéphane Hessel auf die Erfahrung in der *Résistance* und deren Geist der Humanität. Er schließt explizit an den Existentialismus Sartres an und bezeichnet dessen Forderung nach Selbstverantwortung des einzelnen für die Welt als eine »fast schon anarchistische Botschaft« (2011: 11). Denn der einzelne kann sich den Einflüsterungen wie den Drohungen der Herrschenden widersetzen. Wenn das öffentlich zu gefährlich erscheint, dann erfolgt das allemal im stillen Kämmerlein. Das kann für Herrschende umso gefährlicher werden.

Mit solchen Handlungsmöglichkeiten lernt man, dass nicht nur die Gedanken frei sind, gleichgültig ob man sie äußern darf oder nicht, dass die Gedanken vielmehr Handlungen nach sich ziehen können, dass die Gedanken somit hochwirksam und gefährlich sind. Für Arendt gibt es zwar keine gefährlichen Gedanken als solche, doch das Denken kann in diesem Sinne gefährlich werden. Vor allem bedroht es Glaubensbekenntnisse aller Art, nicht nur jene, die staatliche Autoritäten fordern. Es bringt aber selber kein Glaubensbekenntnis hervor (Arendt 2002: 176). Insofern gehört es wie das Fragen und das Urteilen zu den geistigen Kräften, die sich der Einbindung in Weltanschauungen entziehen und den Individuen eine autonome Kraft verleihen, die die Menschen zur Widerständigkeit befähigen. Just das aber sind die Fertigkeiten, die Bürger brauchen, die gegen Bevormundung, Diskriminierung und verfehlte Politik protestieren wollen. Dabei liegt es an ihnen selbst, inwieweit sie sich um diese bemühen.

Das ist das Dilemma aller Diktaturen. So gerne würden sie das Denken der Menschen kontrollieren und geben sich dabei auch große Mühe. Sie lenken die Medien, sperren Webseiten, lesen die Kommunikation zwischen den Bürgern mit. Sie bemühen sich um Indoktrination in der Schule oder in der Gemeinde, lassen Kreuze und Präsidentenfotos in Amtsstuben aufhängen. Trotzdem besitzen die Bürger eine Geschicklichkeit, sich der religiösen, staatlichen und geheimdienstlichen Kontrolle zu entziehen, sie zu unterlaufen und sei es durch eine Form der Esoterik.

Zensur beflügelt nämlich zumeist die Dichter: Wie schreibt doch der Napoleon-Bewunderer und Verehrer der Französischen Revolution Heinrich Heine über Bilder in seinem Osteroder Hotelzimmer auf seiner *Harzreise*! »Dann auch Hinrichtungsszenen aus der Revolutionszeit, Ludwig XVI. auf der Guillotine und ähnliche Kopfabschneidereien, die man gar nicht ansehen kann, ohne Gott zu danken, dass man ruhig im Bette liegt und guten Kaffee trinkt und den Kopf noch so recht komfortabel auf den Schultern sitzen hat.« (1980: 25) Zur Französischen Revolution bekennt er sich nur in einem romantischen Gedicht, der »Berg-Idylle« mit Worten über den Heiligen Geist: »Dieser tat die größten Wunder,/Und viel größre tut er noch,/Er zerbrach die Zwingherrnburgen,/Und zerbrach des Knechtes Joch.//Alte Todeswunden heilt er,/Und erneut das alte Recht:/Alle Menschen, gleichgeboren,/Sind ein adliges Geschlecht.« (1980, 50)

Aus solcher Gedankenfreiheit, die Friedrich Schiller in seinem Drama *Don Carlos* Marquis Posa in den Mund legt, die dieser von Philipp II. von Spanien fordert, ergibt sich einerseits die Widerstandskraft jedes einzelnen und andererseits erwächst aus beiden die individuelle Mündigkeit, die die Bürger seither immer häufiger für sich reklamierten. Jeder Mensch – nicht nur der Gebildete oder gar nur der politische Führer – kann sich die Welt anders vorstellen, als sie ihm begegnet und insofern einen dringenden Veränderungsbedarf ableiten. Daran kann der Bürger beginnen zu arbeiten. Er entwickelt also Widerstandskraft, erkennt er dabei, dass er nicht gehorchen muss, dass er vielmehr die Welt selber zu beurteilen vermag. Diese Urteilskraft verschafft ihm die Mündigkeit, die seither nicht nur die Diktatoren, sondern gemeinhin alle politischen Eliten fürchten, lassen sich die Bürger nicht mehr so leicht von selbsternannten Hirten lenken.

Diese existentialistische Einsicht gefällt daher vielen nach dem Ende des Krieges gar nicht mehr. Der Mohr hatte seine Schuldigkeit getan, nämlich den Widerstand gegen die Nazis motiviert. Nun sollte er sich von der Bühne verabschieden. Denn diese Widerständigkeit bedroht bis heute alle politischen Regime, auch Demokratien. Während denn auch manche bald die Bereitschaft signalisierten, zum gedanklichen Zustand vor der Zeit des Nationalsozialismus zurückzukehren, so zu tun, als gelten jetzt wieder die autoritären ethischen Traditionen des 19. Jahrhunderts, hält Sartre an der Freiheit als Selbstverantwortung des einzelnen für sein Leben fest, wird es Simone de Beauvoir 1949 in *Das andere Geschlecht*, der Gründungsakte des neueren Feminismus, auf die Emanzipation der Frauen übertragen, die seither von Erfolg zu Erfolg eilt. Davon ahnten wohl Präfaschisten und selbst noch Postfaschisten, wenn sie den Feminismus zu einem ihrer Hauptfeinde erklärten, so bereits Marinetti 1909 im *Manifest des Futurismus* (s. Müller 2013: 172) bis hin zu Arnold Gehlen noch 1969 (2004: 143).

Zwar wird man Sartre dann von konservativer Seite vor allem seine Kooperation mit den Kommunisten und seine Annäherung an den Marxismus vorwerfen. Doch die ideosynkratische Ablehnung, auf die er bis heute stößt, verdankt sich wohl eher der Entdeckung der Freiheit des Individuums, die die christliche Idee des Pastors genauso aufhebt wie jene Vorstellung, Jesus sei ein guter Hirte. Dietrich Bonhoeffer ahnte davon schon zuvor und erklärte, dass der Gott nur noch in seiner Schwäche dem Menschen helfen könnte (Ricœur 1974: 305). Wenn immer mal wieder das christliche Menschenbild beschworen wird, darf man fragen, was damit anderes gemeint sein kann, als der Zustand des 19. Jahrhunderts. Daher setzen die US-Marines lieber auf Drill, um die Freiheit auszutreiben, um das Denken abzustellen, obwohl die so zur Unmündigkeit Gedrillten gelegentlich zu Amokläufern werden. Diesen Preis zahlt das US-Marine-Korps gerne, selbst wenn diesen Amokläufern gelegentlich Präsidenten zum Opfer fallen.

Orthodoxe Marxisten, aber selbst noch ein Neomarxist wie Herbert Marcuse, tun Sartres Entdeckung als protofaschistische bürgerliche Illusion eines heroischen Individuums ab, just weil sich dieser Mensch nicht in die Arbeitereinheitsfront bzw. den kommunistischen Widerstand einordnen will, um den Vorgaben der politischen Führung zu folgen. Vielleicht handelt es sich ja auch um die Entdeckung einer bürgerlichen Freiheit, die bis in die heutigen bürgerlichen Protestbewegungen hineinreicht, spielt das Proletariat ja schon lange keine Rolle mehr, allemal keine revolutionäre. Womöglich waren aber die eigentlichen Revolutionäre immer schon Bürgerkinder, denen Sartres Konzeption auf den Leib geschrieben ist.

Und als hätten es seine Feinde geahnt: Was gegen den Faschismus hilft, das wirkt auch gegen den Kommunismus, überhaupt gegen jedes beliebige Regime der Welt, wenn es sich autoritär und unmenschlich aufführt oder bestimmte Gruppen diskriminiert, was in den ordentlichsten Demokratien vorkommen soll. An dieser – sei es – bürgerlichen Freiheit, die 1989 die Leipziger Montagsdemonstrationen ermöglichte, wird noch der Kommunismus zerbrechen, wie das rassistische Regime in Südafrika und zuletzt der eine oder andere arabische Potentat, beseelt dergleichen noch die Demonstranten vom Taksim-Platz in Istanbul. Zwar hat die NATO dem libyschen Regime den Boden unter den Füßen weggeschossen. Doch am Anfang standen mutige Bürger, die ihre Freiheit, also ihre Widerständigkeit nutzten, um gegen das Regime zu protestieren.

Was aber allemal nicht bedeutet, dass sich nicht auch Menschen aus anderen Schichten auf eine solche Freiheit berufen. Harry Belafontes Eltern lebten illegal in den USA und waren Alkoholiker. Er setzt sich seither für die Emanzipation der Schwarzen und Einwanderer ein – ein Kampf nicht nur gegen Diskriminierung, sondern gegen brutale private und staatliche Gewalt, der auch für ihn im hohen Alter noch nicht zu Ende ist.

Insofern lässt sich Sartres Verantwortung gerade nicht in die Reihe konservativer Heldenverehrung einreihen, die Marcuse ihm attestieren möchte. Dagegen betrachtet Ernst Cassirer Thomas Carlyle als Wegbereiter des Faschismus und zwar nicht allein ob seiner Gleichsetzung von Macht und Recht, sondern vor allem mit seiner Konzeption der Führerschaft von großen Männern und deren Taten, die angeblich die Geschichte prägen und ohne die gesellschaftliche Entwicklungen stagnieren würden. Nach Max Weber tragen nur führende Politiker und Manager Verantwortung, während die Untergebenen Befehle ausführen. Nein, von den großen Männern und Untertanen hält Sartre wenig. Ob sein Individuum trotzdem bürgerlich ist oder nicht, spielt keine Rolle. Proletarier sind auch keine besseren Menschen. Jedenfalls kann sich ein Bürger wie ein Arbeiter gegen politische Autoritäten auflehnen. Niemand muss kommunistische Führer, jenen großen Vorsitzenden, anerkennen. Mit seiner Konzeption von Freiheit hebt Sartre denn auch diese Unterscheidung zwischen Eliten und Massen auf und ebnet den Weg der Widerstandskraft zum Widerstandsrecht.

VON DER WIDERSTANDSKRAFT ZUM WIDERSTANDSRECHT

Auch Hobbes erkannte diese Perspektive schon frühzeitig. Er gesteht dem Bürger nicht nur gezwungenermaßen zu, über seine eigene Sicherheit selber urteilen zu können, sondern im stillen Kämmerlein glauben zu dürfen, was er möchte, jedenfalls nicht unbedingt das, was die offizielle Staatsreligion von ihm verlangt. Die Gedanken sind allemal frei und lassen sich nicht nachhaltig kontrollieren.

Selbst unter größter Bevormundung besitzen die Bürger eine eigenständige Urteilskraft, mag diese auch noch so behindert werden, mögen die Menschen in Unwissenheit und Abhängigkeit gehalten werden. Trägt die Urteilskraft unter extremen Bedingungen auch selten Früchte und lassen sich Menschen Jahrhunderte lang unterdrücken, aus der Urteilskraft, aus dem Denken und dem Fragen ergibt sich die Möglichkeit zum Widerstand, also die Widerstandskraft, aus der ein Widerstandsrecht entsteht, das sich nicht dem Staat, sondern den Bürgern selber, deren Freiheit, deren Macht über das eigene Urteil verdankt. Für den konservativen Historiker Reinhart Koselleck entwickelt sich das Gewissen, das im Protestantismus nicht mehr durch die Beichte kontrolliert wird, zu einem Unruheherd, der zu den Revolutionen im ausgehenden 18. Jahrhundert beiträgt (1976: 29).

Insgesamt sind die Bürger vor allem in den letzten Jahrzehnten kritischer, widerspenstiger und mündiger geworden, ordnen sie sich weder dem Staat noch einer politischen Bewegung unter. Der politische Islam stellt hier sicher eine Ausnahme dar, funktioniert bei ihm das Gewissen revolutionär und unterordnend zugleich, bindet es Menschen in eine protestierende Gemeinschaft der Gläubigen ein wie die Kämpfer italienischer oder westdeutscher Terroristen in den siebziger Jahren. Aber warum sollte nicht auch ein islamisch geprägtes Gewissen zur Mündigkeit der Bürger führen.

In der westlichen Welt – und das gilt auch für viele Frauen in der islamischen – bekennt sich heute kaum mehr jemand dazu, Untertan zu sein, der Familie bzw. den Brüdern zu gehören. Solche Untertänigkeiten gibt es sicher noch und auch gar nicht so selten, doch in der westlichen Welt zumeist nur noch

hinter vorgehaltener Hand. Denn das, was früher eine ehrenwerte Haltung war, die die SS mit ihrem Motto »Unsere Ehre heißt Treue« auf die Spitze der Untertänigkeit trieb, eine solche Unmündigkeit muss selbst ein Nazi heute in einer demokratischen Öffentlichkeit verbergen. Auch wenn sie sich mit IQ oder Intelligenz paart, verrät sie die Unmündigkeit. Es handelt sich dabei um eine doch relativ kleine Gruppe von Menschen, die sich in die Marschkolonne der Neonazis einreiht und so brav wie brutal ihren Anführern folgt. Allein in dieser Formulierung zeigt sich denn auch, dass in solchen Urteilen eine Quelle nachhaltiger gegenseitiger Feindseligkeit und Verachtung zwischen Menschen liegt, die eine Herrschaft über sich bewundern, und solchen, die jeder Herrschaft ob politisch, sozial oder religiös mindestens mit Misstrauen, wenn nicht gleich mit Ablehnung und immer auf Augenhöhe begegnen. Gott kann dann nur noch ein Freund sein, wie es Gianni Vattimo unter Berufung auf einen Bibelsatz propagiert: »Ich nenne euch nicht mehr Knechte, sondern Freunde.« (zit. Vattimo 1997: 48) Oder ein Berater, vielleicht ein Spindoktor, der sich für seine Dienste ja immer schon bezahlen lässt.
Auch dass man nur seine Pflicht tut, ist heute schlicht zu wenig. Vielmehr muss man zumindest selbständig und engagiert erscheinen, obwohl man es vielleicht nicht ist. Man hat vorzugeben, sich selber Gedanken zu machen und seine Meinung vor allem selber vertreten zu können. Das betreiben manche vielleicht sogar eher übertrieben als diskret, handeln sie sich derart den Titel ›Wutbürger‹ ein. Aber sie lassen sich diese Optionen nicht mehr verbauen oder gar nehmen. Viele sitzen heute lieber den eigenen – allerdings durchs Internet hochinformierten – Vorurteilen und Illusionen auf, als sich einfach den Anweisungen von Machteliten und Expertokratien zu unterwerfen, die beispielsweise jemand wie Leo Strauss als Weisheiten unterstellt. Zumindest wollen sich die Bürger in der Politik nicht mehr gerne von solchen Eliten lenken lassen, haben sie zu häufig und zur Genüge unter deren Betriebsblindheit wie Egoismus gelitten, erweisen sich Eliten häufig als wenig kompetent, allemal kaum fähiger als jene, denen sie Vorschriften machen möchten.
Oder die Bürger leiden unter den großen Erzählungen jener Machteliten, beispielsweise von der Vernunft, der menschheitlichen Emanzipation, vom Proletariat, von der internationalen Solidarität. Aber nicht nur deren Ende diagnostiziert Jean-Francois Lyotard gut 10 Jahre nach den Pariser Mai-Unruhen des Jahres 1968 und läutet damit das Ende der metaphysischen Moderne ein, die dem einzelnen nur unterwürfig und im Verein eine Macht zusprach. Wenn diese großen Erzählungen ihre Glaubwürdigkeit verlieren, weil sie

niemals das erfüllen, was sie verheißen, dann kommt sich der Bürger selbst zunächst auch schnell als unbedeutend, isoliert und machtlos vor.

Doch dieser Schein trügt zumindest ein Stück weit. Der Bürger ist weiterhin eingebunden in Kommunikationsstrukturen, die heute seine Spielräume womöglich sogar vergrößern – man denke an *Facebook*, *Youtube*, Chats und Blogs. Da mag man sich noch so klein vorkommen, kann man im Zeitalter des Internet doch intensiver als früher an politischen und sozialen Entwicklungen teilnehmen. Der einzelne befindet sich immer in einem Kommunikationszusammenhang und wird mit Informationen und Nachrichten versorgt, an deren Weiterverbreitung oder Behinderung jeder beteiligt ist, gleichgültig wo man sich aufhält (Lyotard 1994: 54).

Auf Emanzipation kann man indes nicht mehr im großen Stil der ganzen Menschheit hoffen. Aber überall auf der Welt erheben Menschen ihre Stimme und wehren sich gegen politische Bevormundung. Das geschah auch schon im 19. Jahrhundert an vielen Orten. Wie schreibt doch Georg Büchner 1834 in seinem revolutionären Aufruf *Der hessische Landbote*: »Friede den Hütten! Krieg den Palästen! [...] Das Leben der Vornehmen ist ein langer Sonntag: sie wohnen in schönen Häusern [...] Das Leben des Bauern ist ein langer Werktag; Fremde verzehren seine Äcker vor seinen Augen, sein Leib ist eine Schwiele, sein Schweiß ist das Salz auf dem Tische des Vornehmen.« (1965: 133) Doch die Revolutionäre – ob liberal oder sozialistisch – hofften auf die große Umwälzung, glaubten an die große Erzählung. Davon mögen auch heute noch viele beseelt sein.

Aber andere geben sich pragmatisch mit weniger zufrieden, mit ein wenig demokratischem Fortschritt beispielsweise, mit der Verhinderung von Großprojekten etc. Das erweist sich langfristig allemal als wirksamer denn die Weltrevolution, an der man sich nur selbstopfernd aufreibt, wenn man nicht zu ihrem Star aufsteigt, was aber auch sehr gefährlich sein kann und eher ein kurzes Leben verheißt: Che Guevara. Die neueren Protestformen – ob *Greenpeace*, *Attac*, *Occupy*, *Anonymous* – richten ihre Aktivitäten denn auch nicht mehr ausschließlich gegen den Staat, sondern häufig gegen Firmen und Vereinigungen, heißen diese BP, Scientology, AKW-Betreiber, Hähnchenmastbetriebe und gentechnologische Freilandversuche. Dabei wirken Proteste auf Firmen und Verbände häufig erfolgreicher als auf Regierungen ein.

Derartige politische, aber auch ähnliche private Aktivitäten verbinden die Zeitgenossen miteinander, ohne dass sie dazu etablierte große Organisationen wie Parteien, Gewerkschaften, karitative Vereine brauchen. Dadurch werden jene, die sich wehren, auch nicht mehr unbedingt von der Einsamkeit beherrscht, dem großen Thema der ersten Hälfte des 20. Jahrhunderts, als die meisten Unterschlupf bei einer großen sozialen Gruppe suchten, den Sozialdemokraten, den Katholiken, den Kommunisten oder den Faschisten. Nicht dass es alle diese Gruppen und Menschen gar nicht mehr gäbe. Aber die technischen Kommunikationswege erweitern und stärken die Kommunikationsmöglichkeiten ob privat oder politisch, eröffnen somit politische wie private Spielräume für die Bürger. Und diese lassen sich auch nicht nur von der Politik manipulieren. Sie wissen in der Zwischenzeit vieles darüber und können sich daher auch manchen Einflussnahmen entziehen, können ihrerseits manipulieren. Natürlich gibt es weiterhin Einsamkeit und Manipulation. Aber beide sind nicht mehr so dominant, nicht zuletzt durch die neuen Medien. 2011 war das Jahr, in dem die Menschen an vielen sehr unterschiedlichen Orten dieser Welt auf die Straße gingen, um gegen ihre jeweiligen Regierungen zu demonstrieren: in Tripolis, Frankfurt, Kairo, New York, Sana, Minsk, Tunis, Madrid, Tadschikistan, Moskau – und fast verborgen, dafür um so häufiger auch in China. Manchmal durften sie das nicht oder betrieben es dann auf eine Art und Weise, so dass sich die staatlichen Institutionen herausgefordert fühlten: die *Occupy*-Aktionen. Ein staatlich sanktioniertes Recht hatten sie dazu offenbar nicht.

Aber sie nahmen sich das Recht und leisteten Widerstand, so dass sie sich selbst dieses Widerstandsrecht verdanken, bestimmt nicht den staatlichen Institutionen, wenn man nur an Tripolis oder Minsk denkt. Insofern gibt es ein Widerstandsrecht, dass sich allein der Widerstandskraft, der Freiheit und Mündigkeit der Bürger verdankt, auch nicht Gott oder der Natur, selbst wenn sich die Bürger darauf berufen. Denn man weiß nicht so genau, worum es sich in beiden Fällen handeln soll: Was heißt Gott? Und was weiß man schon Wesentliches um die menschliche Natur?

Auch Michel Foucault beschreibt in seinen Vorlesungen über die *Geschichte der Gouvernementalität* aus dem Jahr 1979 die Entstehung einer Art Widerstandsrecht aus der Widerständigkeit selbst heraus, die die Untertänigkeit und den Gehorsam ablöst: »Zweitens hatte ich Ihnen zu zeigen versucht, wie die Staatsräson als Grundprinzip den Gehorsam der Menschen festgesetzt hatte und die Tatsache, dass künftig die Beziehungen der Unterordnung nicht mehr innerhalb der feudalen Form der Untertänigkeit stattfanden, sondern sich in Form eines völligen und erschöpfenden Gehorsams, in ihrem Verhalten vollziehen mussten, in allem, was die Gebote des Staates sein könnten. Nun werden sich Gegenbewegungen entwickeln, Forderungen in der Form einer Gegenbewegung, die folgenden Sinn haben: Es muss einen Moment geben, wo die Bevölkerung, da sie mit allen Bindungen des Gehorsams bricht, tatsächlich das Recht haben wird, und zwar nicht in juristischen Begriffen, sondern in Begriffen von wesentlichen und Grundrechten, alle Bindungen des Gehorsams, die sie zum Staat unterhalten kann, abzubrechen, und künftig zu sagen, indem sie sich gegen ihn erhebt: Das ist mein Gesetz, das Gesetz meiner eigenen Forderungen, das Gesetz meiner Natur als Bevölkerung, das Gesetz meiner Grundbedürfnisse, das diese Regeln des Gehorsams ersetzen soll. Folglich eine Eschatologie, die die Form des unbedingten Rechts auf den Umsturz, den Aufruhr, auf den Abbruch aller Gehorsamsbeziehungen, das Recht auf die Revolution annehmen wird.« (2004: 511)

Dabei müssen sie gar nicht zur Gewalt greifen, um dieses Widerstandsrecht zu beanspruchen und zu realisieren. Diktatorische Regime reagieren auf bloße öffentliche Meinungsäußerungen häufig ihrerseits mit Gewalt. Gewaltlose Proteste werden dort fast immer gewaltsam unterbunden. Also ist dieser gewaltlose Protest sowieso ein Akt des Widerstands, der sich der entsprechenden Fähigkeit der Bürger verdankt: Man kann sich gegen die übelsten Diktaturen auflehnen, noch dazu wenn man bereit ist, sein Leben aufs Spiel zu setzen, wie es bei den Protesten in der arabischen Welt zuhauf der Fall ist. Gerade auch daran sieht man, dass sich die Bürger ihr Recht auf Widerstand nicht nehmen lassen, auch wenn der Staat mit militärischer Gewalt antwortet: Es gibt ein Widerstandsrecht.

Doch nicht überall und immer müssen Menschen ihr Leben einsetzen, um ihr Widerstandsrecht zu realisieren. Das kann man auch von niemandem verlangen, sollte man selber auch dazu bereit sein. Im Grunde behält Hobbes recht, dass der Staat – und das gilt natürlich auch für die freien Bürger, eine Kommunistische Partei oder die Moslembrüder – kein Recht hat, über das Leben anderer zu verfügen. Sehr schnell begeben sich die Revolutionäre auf den Pfad der brutalen Herrschaft des Menschen über den Menschen, wenn sie das Selbstopfer verlangen. Ein Widerstandsrecht, das sich allein auf das Selbstopfer stützen könnte, wäre daher sehr eingeschränkt, würde dem Bürger alles abverlangen. Das Selbstopfer dient dabei zumeist der Gemeinschaft oder einer Idee. Es dient nur dann sich selbst, wenn die eigene Existenz vom Regime unmittelbar bedroht wird.

Stéphane Hessel beschwört denn auch den gewaltlosen Widerstand und kritisiert Sartre, der 1947 Gewalt als ein tragisches Mittel legitimiert, das einerseits Gewalt verlängert, aber auch beenden kann. Doch Hessel zeigt auch Verständnis für Gewaltaktionen der Palästinenser im Gaza-Streifen (2011: 18). Sartre war indes ein Mann des Krieges, den er fast ständig um sich hatte: der Weltkrieg, der Indochina-Krieg, der Algerien-Krieg, der Vietnam-Krieg, so dass ihm revolutionäre Gewalt unabdingbar scheinen konnte. Oder waren Strauss, Voegelin, Gehlen oder Schelsky etwa Pazifisten?

Jedenfalls kann man auch Widerstand auf einer Ebene leisten, auf der das eigene Leben entweder gar nicht oder nicht so sehr gefährdet wird: passiver, indirekter Widerstand, Dienst nach Vorschrift bis hin zu gewaltlosem Widerstand. Auch in Deutschland unter den Nazis gab es starken passiven oder indirekten Widerstand, den die Gestapo penibel registrierte und gegen den das Nazi-Regime weitgehend machtlos war.

Doch selbst in liberalen Demokratien leisten protestierende Bürger Widerstand, obgleich es ein Recht zu demonstrieren oder auf die Äußerung der eigenen Meinungen gibt, auch und gerade wenn es dabei zu keinen gewaltsamen Aktionen kommt. In der Regel finden Gewaltaktionen in den Medien und der Politik zwar immer eine größere Beachtung als sogenannte friedliche Aktionen, ob die Gewalt nun von der Polizei provoziert wird oder von den Protestierern so beabsichtigt ist. Oder die Gewalt wird von Polizei, Presse und staatstreuen Bürgern den Demonstranten quasi untergeschoben, wie man es im postnationalsozialistischen Deutschland durchaus gerne pflegte, was aber heute auch in der westlichen Welt immer noch vorkommt. Man denke an den Tod von Benno Ohnesorg.

Trotzdem bleibt der gewaltfreie Widerstand nicht ohne Wirkungen, wenn sich am Protest entsprechend viele Menschen beteiligen. Das zeigt zuletzt Stuttgart 21. *Occupy* insistiert darauf, dass an ihren Aktionen normale Menschen und keine fanatischen Kämpfer teilnehmen. Derart setzt *Occupy* denn auch grundsätzlich auf langfristige Veränderungen. Allemal hält man Stimmen für wirksamer als Waffen, werden erstere ja schließlich auch bereits in vielen Ländern gewaltsam verfolgt und unterdrückt.

Ernst Bloch bezeichnet den Pazifismus im Oktober 1967 als »Widerstand der sozial-humanen Vernunft, aktiv, ohne Ausrede« (1968: 85). So hat der anhaltende Widerstand seit den siebziger Jahren gegen die Atomenergie die Politik in Deutschland immer wieder massiv beeindruckt und zu Reaktionen gezwungen, die schließlich im Angesicht der Atom-Katastrophe von Fukushima selbst jene aus dieser Energiegewinnung aussteigen ließ, die sie zuvor noch gepriesen hatten.

VOM WIDERSTANDSRECHT ZUR PARTIZIPATORISCHEN DEMOKRATIE

Zwar stoppte dieser Protest den weiteren Ausbau der Atomenergie nicht bereits in den siebziger Jahren. Aber Protestierende können nicht erwarten – selbst wenn die Hälfte der Bevölkerung auf ihrer Seite zu stehen scheint – dass sich ihre Wünsche unmittelbar und direkt durchsetzen. In einer einzigen Person konkurrieren zudem häufig unterschiedliche Interessen, so dass jemand für den Ausstieg aus der Atomenergie eintreten kann und trotzdem eine Partei wählt, die die Atomenergie befürwortet. Widerstand und Protest brauchen daher immer einen langen Atem, an dessen Mangel solche Aktionen auch häufig scheitern. Aber sie werden nicht soweit reichen, wie es David Graeber wohl eher ironisch erhofft, der erst dann mit *Occupy* die Regierung übernehmen würde, wenn er wirklich etwas bewirken könnte. Bis dahin möchte sich *Occupy* darauf beschränken, dass »System« zu Gegenmaßnahmen zu zwingen (2012a: 12), was wohl die sinnvollste Perspektive einer außerparlamentarischen Opposition darstellt.

In der Tat muss friedlicher oder passiver Widerstand keineswegs wirkungslos bleiben. Nicht nur dass für Hannah Arendt passiver Widerstand höchst aktiv ist. Er entfaltet auch eine nicht zu übersehende Macht, selbst wenn er nicht genau das erreicht, was er erreichen soll. Arendt gründet Macht auf die gemeinsame Aktivität und Kommunikation der Bürger, durch deren freiwilliges Zusammenwirken diese Macht entsteht (Arendt 1981, 195). Wenn die Bürger den Staat unterstützen, besitzt dieser Macht. Umgekehrt entsteht dann automatisch auch eine Gegenmacht aus dem Widerstand von Bürgern unabhängig von deren Erfolgen.

So bleibt auch ein offenbar gescheiterter Protest nicht ohne Auswirkungen. D.h. nicht, dass sich langfristig oder indirekt wirklich die Intentionen der protestierenden Bürger durchsetzen. Viele demonstrierende Achtundsechziger wollten eine sozialistische Gesellschaft. Bekommen haben sie eine immer liberalere, in der viele Lebensformen anerkannt werden, die in den fünfziger Jahren völlig verpönt waren: Unverheiratete Paare, uneheliche Kinder, Alleinerziehende, Homosexuelle.

Deswegen bleibt ambivalent, was Herbert Marcuse 1969 in seinem programmatischen Text *Versuch über die Befreiung* schreibt: »Die Studentenbewegung ist, obwohl revolutionär in ihrer Theorie, in ihren Triebbedürfnissen und ihren letzten Zielen keine revolutionäre Kraft, vielleicht nicht einmal eine Avantgarde, solange keine Massen vorhanden sind, fähig und willens, sich ihr anzuschließen; dennoch ist sie das Ferment der Hoffnung in den übermächtigen und erstickenden kapitalistischen Metropolen: sie bezeugt die Wahrheit der Alternative – das wirkliche Bedürfnis und die wirkliche Möglichkeit einer freien Gesellschaft.« (1969: 92)

Marcuse steht hier zu sehr im Bann des Marxismus. Für einen überzeugten Marxisten ersetzen alternative Lebensformen die Überwindung des Kapitalismus natürlich nicht. In marxistischer Terminologie sind Emanzipation der Frau, Rassendiskriminierung, sexuelle Unterdrückung, kulturelle Ausgrenzung nur Nebenwidersprüche, während die sozialistische Lösung des Hauptwiderspruchs zwischen Lohnarbeit und Kapital diese Nebenwidersprüche automatisch aufheben würde. So träumen sie von den Massen oder der Revolution und übersehen beinahe, dass der Sozialismus kein Zweck an sich selbst ist, sondern eigentlich dazu da ist, den Menschen bessere Lebenschancen zu bieten. Auf die Idee, dass man diese auch jenseits des Sozialismus eröffnen kann, kommt nicht mal Marcuse.

Außerdem könnten solche Lebensformen vielen überhaupt wichtiger sein als eine sozialistische Gesellschaft, die sich in der Realität bisher nicht als besonders erstrebenswert entpuppt hat. Zwar sehen sich überzeugte Kommunisten manchmal berechtigt, Menschen auch gegen ihren Willen in den Sozialismus zu zwingen. Aber sie werden auf deren Widerstand stoßen, der nicht von selber einschläft, wie es Marx erträumte.

Vor allem – das kann man von den Achtundsechziger Jahren wie aus den Worten Marcuses lernen – lassen sich die Wirkungen politischer Aktionen einzelner Menschen kaum voraussehen. Häufig treten unerwartete Nebenwirkungen ein und meistens erreicht man nicht das, was man wollte. Das gilt allemal für alle Formen des politischen und sozialen Protests, aber auch für das vermeintlich gezielte politische Handeln. Denn als sich die Bürger noch in die Arbeitereinheitsfront einreihten, wurden nicht mal die Intentionen ihrer Führer durchgesetzt, geschweige denn ihre eigenen und sei es auch nur, weil sie selbst gar keine hatten. Umgekehrt aber realisierten sich doch so manche Träume und Hoffnungen aus den späten sechziger Jahren im Laufe des folgenden halben Jahrhunderts, die aber dann natürlich auch keine Träume oder Hoffnungen, sondern schnöde Realitäten sind, die ihrerseits wiederum Schatten werfen.

Politisches und soziales Handeln zeigt sich als äußerst komplex und vom ständigen Scheitern der Intentionen bedroht. Denn mit bestimmten Handlungen die beabsichtigten Zwecke zu erfüllen, ist schon im alltäglichen Leben schwer, wo einem viel dazwischen kommt. In der Politik erweist sich dergleichen als noch unendlich schwieriger, weil das ja der Ort ist, wo dezidiert gegeneinander gehandelt wird, wo unterschiedliche Interessen aufeinander prallen.

Einerseits folgt die Logik des Protests angesichts der eigenen fragwürdigen Realisierungschancen Arendts Kritik an Hegel: »Letzen Endes werden wir vor der einzigen Alternative stehen, die es hier gibt – entweder sagt man mit Hegel: die Weltgeschichte ist das Weltgericht, und überlässt das letzte Urteil dem Erfolg, oder man besteht mit Kant auf der geistigen Autonomie der Menschen und ihrer Fähigkeit, sich unabhängig davon zu machen, wie die Dinge nun einmal sind oder geworden sind [...] ›Die siegreiche Sache gefiel den Göttern, die unterlegene aber gefällt Cato.‹« (2002: 212) Andererseits braucht man diese Alternativen nicht zu dramatisieren. Sieg und Niederlage sind in den meisten Fällen Interpretation. Und häufig transformieren sich Siege in Niederlagen und umgekehrt. Trotzdem wendet sich die Logik des Protests gegen eine Geschichte, die die Sieger schreiben. Wie bemerkt doch Benjamin in seinen *Geschichtsphilosophischen Thesen*: »Der Engel der Geschichte [...] möchte wohl verweilen, die Toten wecken und das Zerschlagene zusammenfügen.« (1965: 85)

Die Revolution will siegen und der Geschichte zu einer anderen Richtung verhelfen, genauer ein anderes Recht installieren. So ist die Revolution für Agamben zunächst antirechtlich, will sie schließlich eine Staatsgewalt stürzen, die Recht und Gesetz gerade noch durchsetzt. Ob diese gerecht oder ungerecht ist, spielt dabei zunächst keine Rolle. Vom revolutionären Standpunkt aus aber soll ein neues Recht in Kraft gesetzt werden. Man kann die Revolution daher als eine Bewegung verstehen, die Gewalt anwendet, die sie aber rechtlich zu legitimieren versucht (Agamben 2004: 38). Indem sie sich durchsetzt, legitimiert sie diese revolutionäre Gewalt als eine Politik unter der Devise des Ausnahmezustands, so dass Benjamin recht behält: Die Revolution schreibt eine Geschichte der Sieger.

Nichtrevolutionärer Widerstand der Bürger in den letzten Jahrzehnten kann sich im Grunde ebenfalls auf eine Politik des Ausnahmezustands berufen, ähnlich wie der revolutionäre von unten und nicht von oben, just indem dieser Widerstand geleistet wird, just indem protestiert wird gegen einen rechtlichen Zustand, in dem die Gerechtigkeit zu kurz kommt. Oder man protestiert gegen eine Politik, die ihrerseits mit dem Mittel des Ausnahmezustands oder unter dem Deckmantel der Sicherheitspolitik die Rechte der Bürger aufhebt. Gerade der Protest kann sich auf einen Ausnahmezustand, einen Notstand berufen, um sich derart eines Rechts zum Widerstand zu versichern.

Daher kann man davon ausgehen, dass gerade Protesthandlungen keineswegs folgenlos bleiben. Das zeigt sich vor allem dort, wo die Protestformen der letzten 50 Jahre das politische System verändern. Denn diese Widerstandkraft führt langfristig zu einer neuen Qualität von politischem Protest, von Widerständigkeit und damit von Partizipation ziemlich vieler Menschen längst nicht nur in den liberalen europäischen Demokratien, aber dort besonders. So kann es bei Protesten nicht um konkrete Effekte, also um Effizienz gehen. An sich wäre das ja ein pragmatisches Urteil. Doch dann würde man – und dieses Verständnis von Pragmatismus vertreten gemeinhin die Gegner der Protestierer, beispielsweise Helmut Schmidt als Kanzler gegen die Friedensbewegung – Proteste regelmäßig als ineffizient und sinnlos erachten. Nein, man muss umgekehrt Protest nicht nach seinen kurzfristigen, sondern nach langfristigen indirekten Wirkungen und vor allem auch unbeabsichtigten Nebenwirkungen beurteilen. Nur mit einem solchen Urteil wird man den Protesten wo auch immer auf der Welt gerecht. So sieht denn David Graeber als Effekt der *Occupy*-Besetzungen, dass sich daraus Gesprächsgruppen bildeten, die sich primär mit der Frage beschäftigen, wie man Demokratie betreibt (2012a: 12).

Zwar hat sich an den herrschenden Eliten im letzten halben Jahrhundert in der westlichen Welt wenig geändert, was Stéphane Hessel zu seinem Aufruf *Empört Euch!* motiviert. Aber seither sehen sich diese Eliten mit Bürgern konfrontiert, von denen sich mehr als in der ersten Hälfte des 20. Jahrhunderts nicht mehr brav unterordnen oder sich in gewisse ideologische oder religiöse Blöcke einreihen – was bei den Moslem-Brüdern, radikalen Hindus, den irischen Protestanten wie der Christian Coalition in den USA, den orthodoxen Juden nach wie vor anders ist. Daher lassen sich viele Bürger heute schwieriger als früher steuern. Immer wenn Großprojekte wie *Stuttgart 21* auf Widerstand in der Bevölkerung stoßen, ertönt denn auch die dramatische Warnung, dass man in Deutschland nichts Groß-Artiges mehr bauen kann, so dass der Wohlstand auf dem Spiel steht. Doch selbst wenn solche Warnungen Unkereien bleiben, ziehen solche Proteste diverse Wirkungen und Reaktionen nach sich: Politik und Wirtschaft bemühen sich um Zustimmung von kritischen Bürgern zu ihren Vorhaben beispielsweise durch Nebenleistungen. Oder gar eine alteingesessene Landesregierung wird abgewählt. Parteien greifen die Themen auf und versuchen sie selber umzusetzen.

Das mag man aus radikalmarxistischer oder fundamentalökologischer Perspektive als Peanuts betrachten. Doch deren radikale Kritik hat unmittelbar zumeist gar nichts bewegt – außer 1917, was sich indes hinterher als nicht

besonders erbaulich präsentierte – oder häufig höchstens Entwicklungen angestoßen, die nicht intendiert waren, z.B. statt einer kulturellen Wende immer mehr Öko-Technologie. Insofern brauchen sich die Protestierende, die keine radikalen Forderungen aufstellen, jedenfalls nicht vor solcher Kritik zu verstecken. Gerade was die Kritik angeht, ist weniger manchmal mehr, verändert eine gemäßigte Kritik einen Sachverhalt, während eine fundamentale diesen zementiert. Aber auch fundamentale Kritik bleibt nicht ohne Folgen, wiewohl zumeist ohne fundamentale. Nur dass der sogenannte Wutbürger häufig auf andere von ihm gar nicht intendierte Weise ernst genommen wird. Vor allem aber kommt es bei Protesten regelmäßig zu einem Zusammenspiel von politischen Institutionen und Bürgern, die nicht institutionell eingebunden sind. Letztere wirken auf die Politik und den Staat, zwingen ihn, auf sie zu reagieren und manchmal sogar dazu, dass er seine Pläne ändert. Daher ist die entscheidende Wirkung von Protesten, somit des Widerstandrechts, nicht unmittelbar, sondern indirekt, indem dadurch die Demokratie partizipatorischer wird. Die Bürger erzwingen ihre Beteiligung, mag diese auch immer ungenügend erscheinen. Just das ist auch eine Zielsetzung von *Occupy*.
Dabei stellen Politik, Staat, parlamentarische wie außerparlamentarische Opposition trotz oder gerade wegen der diversen Konflikte eine Einheit dar, wie sie Michel Foucault beschreibt: »Man mag die bürgerliche Gesellschaft dem Staat entgegensetzen, man mag die Bevölkerung dem Staat entgegensetzen, man mag die Nation dem Staat entgegensetzen, jedenfalls sind es diese Bestandteile, die bei der Entstehung des Staates, und zwar des modernen Staates, eine Rolle gespielt haben. Diese Bestandteile werden also eingesetzt werden und als Einsatz sowohl für den Staat dienen als auch für das, was sich ihm widersetzt. Und insofern können die Geschichte der Staatsräson, die Geschichte der gouvernementalen *ratio*, die Geschichte der gouvernementalen Vernunft und die Geschichte der Gegenbewegungen, die sich ihr widersetzt haben, nicht voneinander getrennt werden.« (2004: 512) Mit dem Wort der Gouvernementalität beschreibt Foucault eine Tendenz der modernen Staaten, weniger von der Höhe eines fernen Souverän über die Menschen hinweg zu regieren, als vielmehr sich um das Funktionieren sozialer Systeme und somit um die Bevölkerung zu kümmern, zu der selbstredend denn auch die außerinstitutionelle Opposition gehört.
In diesem Verwaltungshandeln sieht Giorgio Agamben eine Neigung, zunehmend mit Dekreten und Maßnahmen im Stile von Notständen zu regieren, um dabei eine parlamentarische Legislative genauso einzuschränken wie die Rechte der Bürger. Doch just im selben Stile des Notstands protestieren

Bürger und erzeugen dadurch ein außerordentliches Widerstandsrecht. Mit dem Ausnahmezustand als Widerstandsrecht bemächtigen sich Bürger wieder ihrer Rechte, die ihnen eine mit dem Ausnahmerecht operierende Politik nimmt. Wenn die Politik in den letzten Jahrzehnten partizipatorischer wird, dann verdankt sie das just diesen außerparlamentarischen Aktivitäten, was aber gerade nicht bedeutet, dass sich Staat und Bürger feindlich gegenüberstehen müssen: nein, sie kooperieren! Selbst wenn sie sich gegenseitig beschimpfen. Wahrscheinlich endet eine solche Kooperation erst in der militärischen Auseinandersetzung, erklärten sich die bundesdeutschen Terroristen ja sogar zu einer Teilarmee: ›Armee Fraktion‹.

Insofern bleiben die Sätze Herbert Marcuses ambivalent: »Wenn Demokratie Selbstregierung freier Menschen und Gerechtigkeit für alle bedeutet, dann würde die Verwirklichung der Demokratie die Abschaffung der bestehenden Pseudo-Demokratie voraussetzen. In der Dynamik des korporativen Kapitalismus tendiert daher der Kampf um Demokratie dazu, anti-demokratische Formen anzunehmen; und in dem Maße wie die demokratischen Entscheidungen auf allen Ebenen in ›Parlamenten‹ getroffen werden, neigt die Opposition dazu, außerparlamentarisch zu werden.« (1969: 99) Nicht nur dass Demokratie automatisch die Gerechtigkeit befördert, lässt sich bezweifeln, sondern auch, dass sie Selbstregierung bedeutet, höchstens im Fall von Partizipation, was weder zu Autonomie noch Gerechtigkeit führen muss. Deswegen braucht man die bestehende Demokratie nicht zunächst abzuschaffen. Auch institutionalisierte Demokratie kann demokratisch wirken. Aber Demokratie heißt Partizipation und diese kann sich gar nicht nur institutionell realisieren, sondern operiert außerinstitutionell.

Wenn heute die Kritik laut wird, die westliche Welt befände sich in einem Zustand der Postdemokratie, so ist das kaum die halbe Wahrheit. Dergleichen möchte einen Zustand des Zusammenspiels von Politik, Ökonomie und Medien beschreiben, das nicht besonders demokratisch erscheint. Doch die Demokratie im 19. oder in der ersten Hälfte des 20. Jahrhunderts war schwerlich demokratischer. Auch damals herrschte höchstens der Schein einer Elitenkonkurrenz. Daher lässt sich auch heute nicht von Postdemokratie reden, außer punktuell als Drohung im Italien Berlusconis oder als Faktum im Ungarn des Victor Orbán. Aber vorher gab es eine Gestalt à la Mussolini und den langjährigen Nazi-Kanzler und sogar noch solche älteren Herrschaften wie Franco, Papadopoulos, Videla, Pinochet. Wobei man den Postdemokraten immerhin einräumen kann, dass Kennedy erfreulicher als Bush Junior war. Daher sollte man von Prädemokratie sprechen, also von einer Demokratie, die sich im Entstehen befindet – selbstverständlich mit ungewissem Ausgang. Denn gerade durch die Widerstandskraft der Bürger und ihre Proteste ist letztlich eine partizipatorischere Demokratie entstanden, wobei Partizipation primär außerparlamentarisch, außerinstitutionell und außerparteilich stattfindet, während für die herrschenden Machteliten die postdemokratische Kritik als mediale Parteienherrschaft durchaus gelten könnte. Denn in einer repräsentativen Parteiendemokratie kann der einzelne Bürger als Amateurpolitiker ja höchstens sehr indirekt politisch aktiv werden, muss sich dabei vielmehr den politischen Institutionen unterordnen, die ihn zumeist zum klatschenden Volk reduzieren.

Aber seit den diversen Emanzipationsbewegungen werden die Bürger außerhalb der etablierten Institutionen aktiv. Dadurch beeinflussen sie die Politik in einem viel stärkeren Maße als innerhalb der Institutionen. Vielleicht erreichen die Wutbürger indirekt mehr als die Bundeskanzlerin, die ja in ihre ›alternativlosen‹ Strukturen massiv eingebunden ist. Sie konnte ihre Landesregierung in Baden-Württemberg nicht retten, die Bürger aber auch den Bahnhofsbau nicht verhindern.

Doch nicht nur die öffentlich Protestierenden haben die politische Welt im letzten halben Jahrhundert verändert, sondern auch jene Bürger, die einfach keinerlei untertänige oder gegenüber Staat und Politik achtungsvolle Haltung mehr einnehmen und die damit die Voraussetzung für den Protest und die Widerstandskraft geschaffen haben. So schreibt Herbert Marcuse: »Der neue Radikalismus widersetzt sich ebenso der zentralisierten bürokratisch-kommunistischen Organisation wie der halbdemokratischen liberalen. Ein starkes Element der Spontaneität, ja des Anarchismus ist in dieser Rebellion enthalten. Es drückt die neue Sensibilität, die Reizbarkeit gegenüber Herrschaft aus: das Gefühl und das Bewusstsein, dass die Freude an der Freiheit und das Bedürfnis frei zu sein, der Befreiung vorangehen müssen.« (1969: 130) Bereitwillige Untertänigkeit, gar der Stolz, ein Untertan zu sein, sind im letzten halben Jahrhundert doch erheblich weniger geworden. Seine Pflicht zu erfüllen, erscheint vielen als nicht mehr besonders ehrenwert oder gar als Perspektive der Selbstverwirklichung. Die Bewegung der Autonomen propagiert stattdessen ihre eigene Freiheit gegenüber dem Staat, was zwar eine rechtliche Illusion ist. Aber die Widerstandskraft begründet nun mal die Möglichkeit, jeglichem Staat quasi auf Augenhöhe zu begegnen. Insofern symbolisieren die Autonomen den Abschied von der Untertänigkeit, aber natürlich nicht nur diese allein, sondern Demonstranten überall auf der Welt im letzten halben Jahrhundert.

Schon der Begründer des Anarchismus Pierre Joseph Proudhon wollte primär die selbstherrliche politische Herrschaft abschaffen. Recht und Verwaltung aber nicht. So schreibt er 1849: »Die Politiker endlich, was auch ihr Banner sein mag, sträuben sich unüberwindlich gegen die An-archie, welche sie mit der Unordnung für identisch halten, als wenn die Demokratie sich anders als durch Verteilung der Autorität realisieren könnte und der wahre Sinn des Wortes Demokratie nicht Abschaffung der Regierung wäre.« (1973: 141) Heute muss man weder den Staat noch seine Repräsentanten mehr achten und schon gar nicht abschaffen, sondern eher zurechtstutzen und ihnen auf Augenhöhe begegnen.

Für den Neopragmatisten Richard Rorty trug zu dieser Haltung wesentlich die Psychoanalyse Sigmund Freuds bei, die wie keine andere Lehre das Bewusstsein der Menschen im 20. Jahrhundert geprägt hat. Sie eröffnet ständig neue Interpretationsmöglichkeiten der Welt auch und gerade in politischer Perspektive – man denke nur an den politischen Großmythos vom König Ödipus. Die Bürger lernen durch Freud ihre Vokabulare unterschiedlich zu benutzen, so dass die Welt ihren festen und einzigen Sinn für sie verliert, sich dezentriert und in ein ironisches Licht getaucht wird (Rorty 1988: 51). Zwar wehrten sich Menschen immer schon mit Witzen gegen die Übermacht der Mächtigen. Doch durch die strukturelle sprachliche Ironisierung verlieren die Mächtigen ihre Aura: Die Soldaten des Weltkriegs sprachen vom sogenannten ›Führer‹ in einem anderen Ton als die Fans von Ex-Bundeskanzler Gerhard Schröder, sofern er denn welche hat.

Durch solcherart Ironisierung verliert die Welt ihr Zentrum, das noch jede Form der Grausamkeit legitimierte, indem man von anderen glaubte verlangen zu dürfen, dass sie sich diesem Zentrum anpassen. Gegen solche Ansprüche kann man heute ohne Scheu protestieren, weil man sie prinzipiell als haltlos betrachten und daher auch nicht achten muss. Letztlich braucht man auf ein solches Gespräch nicht einzugehen. Höchstens muss man solche Ansprüche fürchten – man denke an die US-amerikanische Christian Coalition und die Tea-Party-Bewegung. Weder eine Gesellschaft noch ein Staat brauchen einen gemeinsamen Gott oder gemeinsame Grundsätze, die das Leben der Menschen strukturell regeln. Man braucht ein paar Prinzipien der Gerechtigkeit, die Ronald Dworkin folgendermaßen zusammenfasst: »Um legitim zu sein, muss eine Regierung sich an zwei übergeordnete Prinzipien halten. Sie muss zum einen das Schicksal aller ihr unterstehenden Personen gleichermaßen berücksichtigen und zum anderen der Verantwortung und dem Recht einer jeden Person, selbst zu entscheiden, wie sie ihrem Leben Wert verleihen will, höchste

Achtung zollen.« (2012: 15). Obwohl Dworkin diese Grundsätze auf über 800 Seiten ausführlich begründet, muss der Bürger diese Grundsätze nicht besonders wertschätzen, nicht für heilig erklären, sondern man darf sie auch in Frage stellen und über sie diskutieren. Ja, sie gewinnen ihr Renommee nur dadurch, dass man über sie diskutiert, was ihnen letztlich allein zu nachhaltiger Geltung verhilft.

Allemal muss man sich weder Verfassungsgrundsätzen noch Gesetzen blind unterwerfen: Wenn der Alkohol verboten wird, dann unterstützt man die Mafia. Wenn die Abtreibung illegalisiert wird, fährt man ins Ausland. Wenn Internet-Verbindungen gekappt werden, sucht man nach Umwegen. Bürger befolgen Gesetze nicht mehr, weil es Gesetze sind, gar aus Achtung vor dem Gesetz, wie es Kant fordert, oder weil hinter ihnen jene letztlich schwächliche Autorität mit den Gewehrläufen steht, sondern sie befolgen Gesetze, wenn sie ihnen sinnvoll erscheinen.

Daher lassen sich solche zentrierenden Ansprüche welcher Couleur auch immer ironisieren – staatlicherseits oder von Ideologien und Religionen –, was am ehesten solchen Anmaßungen und den mit der Zentrierung verbundenen Grausamkeiten widerstreitet. So widerspricht man auch grinsend Marx' berühmter *11. These über Feuerbach*: »Die Philosophen haben die Welt nur verschieden interpretiert, es kömmt drauf an, sie zu verändern.« (1969: 7) Die Widerstandskraft kann sich gegen vieles richten.

Wollen die Protestierenden denn die Welt etwa nicht verändern? Doch. Aber zuerst müssen die Bürger – wie Marx selbst – die Welt neu und anders interpretieren, allerdings anders als dieser nicht allein unter den Gesetzen des Marktes, des Eigentums und der Herrschaft. Sie müssen die Macht und insbesondere den Markt ironisieren und am Ende natürlich auch sich selbst, was keinesfalls bedeutet, dass sie nicht entschlossen protestieren und vielleicht sogar ihr Leben riskieren. In ein ironisches Licht taucht denn auch David Graebers Buch *Schulden – die ersten 5000 Jahre* die moderne kapitalistische Ökonomie (2012c), ähnlich wie Prophezeiungen von deren Untergang angenehm gruseln lassen.

Gerade um nicht Sklave einer einzigen Weltanschauung zu werden, müssen die Bürger beherzigen, was Nietzsche als seine Objektivität bezeichnet, die Welt immer wieder auf verschiedene Weisen interpretieren, d.h. aus möglichst vielen verschiedenen Perspektiven betrachten. »Es gibt *nur* ein perspektivisches Sehen«, schreibt Nietzsche, »*nur* ein perspektivisches ›Erkennen‹; und je mehr Affekte wir über eine Sache zu Worte kommen lassen, je mehr Augen, verschiedene Augen wir uns für dieselbe Sache einzusetzen wissen, um so vollständiger wird unser ›Begriff‹ dieser Sache, unsere ›Objektivität‹ sein.« (1988: 365) So sollten die Protestierenden Flaneure zwischen den Weltanschauungen und Religionen werden, wenn sie es nicht fertig bringen, die Welt bloß als Welten, als einzelne, bruchstückhafte Ereignisse zu betrachten. Es hängt doch nicht alles mit allem einfach zusammen bzw. lassen sich solche Zusammenhänge häufig nicht gut genug, d.h. immer nur aus bestimmten Perspektiven begründen.

So kommt es wohl auch nicht von ungefähr, dass die Macher des neuen, nach Jahren 2012 wieder erscheinenden *Kursbuches*, das 1965, von Hans Magnus Enzensberger herausgegeben, die Heimat kritischer, linker Fragestellungen war, nicht mehr die Kritik als zentrale Aufgabe begreifen, sondern die Perspektivendifferenz, also ein Problem aus verschiedenen fachspezifischen Perspektiven beleuchten lassen möchten – so Armin Nassehi und Peter Felixberger. Denn wenn es keine gesellschaftliche oder politische ›Zentralperspektive‹ heute mehr gibt, kann man diese auch nicht mit einer einzigen kritischen, linken Gegenperspektive kritisieren (2012: 5).

Dadurch entsteht eine andere Demokratie als die ideale kommunikative oder auch sogenannte deliberative, die auf dem öffentlichen Vernunftgebrauch und dem zwanglosen Zwang des besseren Arguments beruht. Beides bleibt dabei sehr wichtig. Denn vor dem öffentlichen Protest steht das Gespräch unter den Bürgern, die mediale Information, Reflexion und das Nachfragen, gleichgültig unter welchen Zwängen dergleichen stattfindet. Daraus folgen dann die Proteste, die ja gerade mit der Öffentlichkeit, den Medien und der Information zu tun haben. Ahnungslose demonstrieren so wenig wie jene, die nicht nachdenken, nicht fragen oder die mit Fremden gar nicht kommunizieren, sondern nur mit ihrer eigenen Peergroup – also eine fundamentalistische Sekte – das sind die meisten –, ein Kreis von Neonazis oder ein Ring, der sich an Kinderpornographie vergnügt.

Denn der öffentliche Vernunftgebrauch reicht selten soweit, dass in der Öffentlichkeit Argumente vorgetragen und gründlich geprüft werden, wie sich Jürgen Habermas den Salon im 18. Jahrhundert vorstellt (Habermas 1976: 44). Das geschieht zumeist nur ansatzweise und führt dann eilig in Protest und Demagogie. Da wird sicher auch mal mit falschen, unaufgeklärten Intentionen protestiert oder in der Boulevard-Presse wie immer überzogen und marktschreierisch berichtet. Warum aber sollten die Protestierenden nicht auch gelegentlich auf dem Niveau der Boulevard-Presse argumentieren? Das ist zwar unter Niveau, aber erzeugt die größte Aufmerksamkeit. Warum sollten Protestierer also moralischer sein als die Medien oder Bundeskanzlerinnen, die sich gerne vom Boulevard helfen lassen? (vgl. Schönherr-Mann 2012b: 200)

Die moderne partizipatorische Demokratie ruht eher auf einem Pluralismus öffentlicher Meinungen, die sich ihre Veröffentlichung erkämpft haben, als auf einer kommunikativ vernünftigen Abwägung, die man von staatlicher oder universitärer Seite organisieren würde. Die modernen Massenmedien haben sogar erst durch das Internet einen partizipatorischen Drive erhalten, wenn jeder Bürger nicht nur Outputs von politischen Meinungsmachern entgegennimmt, sondern selber Inputs geben kann. Just durch solchen Bürgerprotest als politischen Input auf der Straße, im einstmals verräucherten Café, als der Protest noch dionysischen Charme besaß, wie im Netz hat sich in den letzten Jahrzehnten eine andere Demokratie entwickelt, nämlich eine auf der Straße bzw. im Internet. *Occupy* vereint alle diese Protestformen. Vielleicht ist durch die immer mal wieder aktiven Bürger die Demokratie in großen Staaten überhaupt erst partizipatorisch und somit eigentlich demokratisch geworden und nicht nur jene alte Variante der Elitenherrschaft aus den Zeiten Max Webers und der kalten Krieger wie Leo Strauss, Eric Voegelin oder Arnold Gehlen geblieben.

So will sich denn *Occupy* nach David Graeber auch nicht etwa an der Hamas oder der Hisbollah orientieren, da diese hierarchisch und somit militärisch organisiert sind, was zurück in einen autoritären Staat führen würde (2012 b: 30ff). Insofern unterscheidet sich der Protest in der arabischen Welt nicht selten von jenen Protestformen in der alten oder der neuen Welt. Seit den achtziger Jahren entwickeln diese Proteste häufig einen antiautoritären Charakter, was auch bedeutet, dass sie es den Autoritäten überlassen, darauf zu reagieren.

Man könnte sogar annehmen, dass sich durch das Widerstandsrecht die Demokratie auch in brutalen Diktaturen nicht gänzlich unterdrücken lässt. Sie findet dort statt, wo die Spitzel des Geheimdienstes gerade nicht mithören, einst im Pariser Salon des Barons d'Holbach, an den wohl Habermas dachte, im Kreis um die Geschwister Scholl, unter den Widerständigen im syrischen Homs oder auf dem Tahrir-Platz in Kairo, bei Studentenprotesten in Lissabon, vor dem Stuttgarter Hauptbahnhof, auf dem Istanbuler Taksim-Platz, dort wo Menschen sich aktiv oder passiv verweigern und gerade keine Höchstleistungen für das Regime erbringen, wo sie es nicht genau nehmen. Oder dort, wie es Arendt fomuliert, »wo Worte nicht leer und Taten nicht gewalttätig stumm sind, wo Worte nicht missbraucht werden, um Absichten zu verschleiern, sondern gesprochen sind, um Wirklichkeiten zu enthüllen, und wo Taten nicht missbraucht werden, um zu vergewaltigen und zu zerstören, sondern um neue Bezüge zu etablieren und zu festigen, und damit neue Realitäten zu schaffen.« (1981: 194)

So gab es im Nationalsozialismus gar nicht wenig derartigen Widerstand. Nur wurde darüber von jenen geschwiegen, die nach dessen Untergang schnell wieder die Lufthoheit über den Stammtischen gewannen und die die Herrschafts- und Disziplinierungstechniken der Nazis in der aus ihrer Sicht von den Alliierten verordneten Demokratie fortsetzen wollten. Just solche Zeitgenossen haben dem Regime treu gedient und durch ihr Genaunehmen dessen Mordmaschinerie perfektioniert. Den bekannten Widerstand des 20. Juli und der Weißen Rose hielt man für verrückt, den kommunistischen für hinterhältig und jenen des Alltags desavouierte man gerne dadurch, dass man Widerstand nur für vorgeschoben erklärte. Der Widerstand selbst war in sich zerstritten, so dass er sich auch nach der Befreiung gegen diese Diffamierungen nicht nachhaltig wehren konnte. Die deutsche Demokratie entsprang nicht dem Geist des Widerstands, sondern dem Geist der Anpassung und der Untertänigkeit. Es dauerte Jahrzehnte, bis der Geist des Widerstands eine gelenkte Demokratie in eine partizipatorische verwandelte. Wenn heute die deutschen Demokraten etwas verbindet, ist es das Gedenken an die nationalsozialistischen Verbrechen, nicht nur an den Holocaust, auch an die Verbrechen, die bereits ab 1933 begangen wurden. Denn dieses Andenken symbolisiert, dass man in einem Staat der Untertanen nicht leben will.

Dabei hat der Nationalsozialismus unmittelbar die Résistance provoziert, so dass das Bewusstsein der Freiheit als eine Kraft zum Widerstand in Frankreich und nicht in Deutschland aufging, ein Geist, der sich in den diversen Protesten in den letzten Jahren fortschreibt und offenbar nicht mehr so einfach in die Flasche zurückgedrückt werden kann, der er wohl im Laufe des 19. Jahrhunderts zu entweichen begann, als schon mal eine kleine Minderheit versuchte, sich dem sozialen und kulturellen Druck einer militarisierten Gesellschaft zu entziehen. Dessen Sprachrohr kam damals noch aus Deutschland, war es – so Charles Taylor – nämlich Nietzsche (Taylor 2009: 788).

Wie kommentierte Thomas Avenarius in der *Süddeutschen Zeitung* die damals bevorstehenden Präsidentschaftswahlen in Ägypten: »Der zweite Akt der Revolution beginnt. Das alte Regime, das nie zerschlagen wurde, fordert die Macht zurück: Omar Suleimans Kandidatur als Todeskuss für die Revolution. Das politische Spiel kann aber auch anders enden. Die Ägypter mögen sich den Islamisten an den Hals geworfen haben. Aber sie wissen inzwischen sehr gut, dass sie auf dem Tahrir-Platz Einfluss nehmen können.« (14./15.4.2012: 4) Aus der Widerstandskraft entspringt ein Widerstandsrecht als Grundlage der politischen Partizipation. Wohin das führt, bleibt jedoch offen und kontingent.

Entscheidend ist, dass sich die Bürger als einzelne nicht mehr lenken lassen müssen und dass sie zum Widerstand keine Sekte und keine Religion brauchen, die noch heute ihre Widerstandskraft in die eigenen Dienste nehmen. Daraus speist sich heute die Hoffnung auf einen sozialen Fortschritt, den Hessel noch von Hegel und seiner Idee des Fortschritts im Bewusstsein der Freiheit ableiten möchte, am Ende seines Aufrufs aber auf Sartres Text *Espoir maintenant* aus dem Jahr 1980 zurückgreift (Hessel 2011: 18), in dem Sartre trotz der Schrecknisse der Gegenwart an der Hoffnung auf die Zukunft festhält (Sartre/Lévy 1991: 79).

Teil 2: Protest, Solidarität, Verantwortung

TEIL 2: PROTEST, SOLIDARITÄT, VERANTWORTUNG

Dass sich Protestierende auf Solidarität stützen, das versteht sich beinahe von selber. Sie müssen zusammen solidarisch sein. Sie brauchen die Solidarität ihrer Bevölkerung und womöglich auch die der Weltöffentlichkeit bzw. der internationalen Institutionen.
Andererseits verblasst die Solidarität als einstmals großer moralischer Wert, als herausragende sittliche Tugend seit gut drei Jahrzehnten des Neoliberalismus, intensiviert durch den Fall des eisernen Vorhangs, hinter dem die sozialistische Solidarität fleißig beschworen wurde. Die Arbeiterbewegung des 19. Jahrhunderts erhob die Solidarität zu einer obersten ethischen Norm eines Gemeinschaftsgefühls, miteinander mitzuleiden, sich verbunden zu fühlen und füreinander einzutreten. Da es sich bei den Protesten der Jahre 2011, 2012 und 2013 kaum mehr um proletarische Demonstrationen handelt – nicht mal dort, wo gegen den Kapitalismus und gegen soziale Kürzungen wie in Griechenland, Italien, Spanien demonstriert wird, oder wie in Frankreich soziale Kälte Menschen auf die Straßen treibt – stellt sich die Frage, ob sich diese neueren Protestbewegungen nicht mehr auf die Solidarität stützen, vielleicht nicht mehr stützen können.

VON DER NÄCHSTENLIEBE ÜBER DIE BRÜDERLICHKEIT ZUR SOLIDARGEMEINSCHAFT

Heute demonstrieren Bürger und Bürgerkinder, die sich nicht etwa der Arbeiterklasse anschließen wollen, sondern die sich um ihre eigenen Karrierechancen oder beispielsweise um die Umwelt sorgen. Beschäftigte demonstrieren für höhere Löhne, bessere Arbeitsbedingungen, erweiterte Sozialleistungen, sichere Arbeitsplätze und geben sich damit zufrieden, denken gar nicht mehr daran, ihre Betriebe zu sozialisieren. Die Achtundsechziger Studenten dagegen wollten sich noch mit dem Proletariat solidarisieren und kämpften für den Sozialismus. Warum sollten aber heute Beschäftigte dafür demonstrieren, dass dann andere Leute sich an ihren Betrieben bereichern? Wichtiger ist ihnen der eigene Lebensstandard und ihre Chancen, die im real existierenden Sozialismus allemal nicht die besten waren.
Die proletarische Form der Solidarität des 19. Jahrhunderts verdankt sich der Forderung nach Brüderlichkeit während der Französischen Revolution, bei der man zunächst aber nicht an den vierten Stand dachte: der dritte Stand, das ist die Nation – und die Frauen werden dabei als Mütter ausgegrenzt

bzw. in Gebär-Dienst gestellt. Indirekt schließt die *Fraternité* aber an die berühmte alttestamentarische Forderung des Moses an: »Du sollst deinen Nächsten lieben wie dich selbst.« (3. Moses 19.18.2) Christus verschärft das jüdische Gebot der Nächstenliebe durch das Gebot der Feindesliebe: »Liebet eure Feinde; segnet, die euch fluchen; tut wohl denen, die euch hassen [...]« (Mat. 5.44)

In diesem Sinne forderte auch die sozialistische Weltanschauung die Zeitgenossen auf, die Arbeiterklasse zu unterstützen, in ihrem Sinn auf- und für ihre Interessen einzutreten. Wenn zudem Marx und Engels im berühmten ›Kommunistischen Manifest‹ von 1848 die Interessen des Proletariats mit den Interessen der Menschheit gleichsetzen, fordern sie eine universelle Solidarität. Sie schreiben: »Alle bisherigen Bewegungen waren Bewegungen von Minoritäten oder im Interesse von Minoritäten. Die proletarische Bewegung ist die selbständige Bewegung der ungeheuren Mehrzahl im Interesse der ungeheuren Mehrzahl. Das Proletariat, die unterste Schicht der jetzigen Gesellschaft, kann sich nicht erheben, nicht aufrichten, ohne dass der ganze Überbau der Schichten, die die offizielle Gesellschaft bilden, in die Luft gesprengt wird.« (1972: 472) Damit begründen Marx und Engels die Solidarität politisch und sozial, nicht aber ethisch. Allerdings zieht diese politische Solidarität nicht nur ethische Konsequenzen nach sich. Sie transformiert sich vielmehr in eine originär ethische Perspektive.

Marx und Engels beginnen und beenden ihr Manifest mit dem bekannten Aufruf: »Proletarier aller Länder vereinigt Euch!« (1972: 492) Sie gründen die Solidarität allerdings nicht ethisch, sondern auf die Interessensgemeinschaft der Proletarier, im Grunde auf deren Willen zur Macht: Wenn die Proletarier solidarisch handeln, werden sie die Macht übernehmen – Solidarität als politische Technik.

Doch dieser Ursprung geriet entweder schnell in Vergessenheit oder wurde von vielen gar nicht beachtet. Solidarität avancierte zur ethischen Tugend. Indem man sich mit den Armen identifiziert und sich für sie engagiert, entfaltet die Solidarität eine universelle Reichweite. Sie wird somit zur Kernnorm diverser gemeinschaftsorientierter Weltbilder, z.B. der Sozialdemokratie, des Kommunismus, des christlichen Sozialismus bis hin zur sozialen Marktwirtschaft mit ihrer sozialen Verpflichtung des Eigentums und der Solidargemeinschaft des Sozialstaates. Dadurch lässt sich Solidarität auch auf einzelne diskriminierte Gruppen beziehen – beispielsweise die Frauen, Fremde, Zuwanderer, Sinti und Roma, Kinder und Senioren – die stellvertretend die Humanität in einer solidarischen Menschheit verkörpern.

Trotzdem ist die Solidarität heute zu einem Lippenbekenntnis von Politikern verkommen, die immer dann beschworen wird, wenn diese um Zustimmung werben. Ansonsten fordern sie, die Abschaffung des »Soli«, des Solidaritätszuschlags auf die Einkommenssteuer, der 1991 eingeführt wurde, um die Kosten der deutschen Einheit zu finanzieren.
Das Sozialsystem beruht auf dem Solidarprinzip, jedenfalls in der gesetzlichen Krankenversicherung, in der jedes Mitglied dieselben Leistungen erhalten soll, unabhängig davon wie viel es einzahlt. Doch wenn dazu das Geld nicht mehr reicht, dann werden die Bürger in die sogenannte Eigenverantwortung entlassen, was nichts anderes bedeutet, dass für alle unabhängig von ihrem Einkommen, Krankheit teurer wird und was nun mal selbstredend primär die Armen trifft. Außerdem haben die solidarisch Versicherten gar keine Wahl, sondern werden gezwungen Teile ihres Einkommens an diverse Sozialkassen abzuführen. Aber beruhte die sozialistische Solidarität je auf dem Prinzip der Freiwilligkeit, der freien Wahl!
Trotzdem häufen sich denn die Klagen darüber, dass es heute an Solidarität überall genauso mangelt wie an anderen ethischen Orientierungen. Überall herrscht ein rabiater Egoismus, wenn alle nur noch auf ihre privaten Vorteile bedacht erscheinen. Das geht auch einher mit zunehmender Rücksichtslosigkeit im öffentlichen wie im privaten Leben. Die national Gesinnten beklagen mangelnde Opferbereitschaft der Jugend wie der Armen, die doch nur noch um höhere Löhne kämpfen, was dem Vaterland schadet. Die Linken beklagen den Geiz der Reichen, die es ablehnen höhere Steuern zu zahlen, die dadurch mit den Armen gerade nicht teilen wollen.
Solche Klagen über den Wertezerfall tauchen auch häufig bei den zeitgenössischen Protestbewegungen auf. Trotzdem kann man sich nicht mehr so selbstverständlich auf die soziale Solidarität berufen, wie sie sowohl religiös als auch vom Sozialstaat propagiert wird. Denn die Solidarität geriet aus drei Gründen in eine Krise, die wenig indes mit den Klagen über Wertezerfall, den Egoismus und schlechtes Benehmen zu tun haben:
Erstens haben die Weltbilder und Ideologien, auf die sich die ethischen Orientierungen der Solidarität stützen, massiv an Einfluss verloren, nachdem sie beinahe zwei Jahrhunderte lang einen manchmal heißen, manchmal kalten Krieg miteinander führten.
Zweitens erweisen sich ethische Normen im allgemeinen wie auch schon häufig zuvor in der Geschichte als vergleichsweise wirkungslos. Auch die relativ neue Idee der Solidarität hält nicht, was sie verspricht: Diverse sozialistische Strömungen bekämpfen sich bis aufs Messer, geschweige denn

dass sich global ein gemeinschaftliches Verständnis durchsetzen würde – man denke nur an die Klimapolitik.

Drittens benutzen alle Gemeinschaften – nationale, soziale, religiöse – die Ethik und mit ihr auch die Solidarität, um die Individuen unterzuordnen und sie in den ideologischen Kampf mit konkurrierenden Gruppen zu schicken. So fordert Bertolt Brechts ›Einheitsfrontlied‹ aus dem Jahr 1934: »Reih' dich ein in die Arbeitereinheitsfront, weil du auch ein Arbeiter bist!« Und im ›Solidaritätslied‹ heißt es 1931: »Vorwärts und nicht vergessen/Worin unsere Stärke besteht./Beim Hungern und beim Essen/Vorwärts, nicht vergessen/Die Solidarität!« (1969: 76)

Der einzelne soll bestimmten, ethischen Normen folgen, sich solidarisch fühlen und entsprechend verhalten. Ob das den gewünschten Erfolg erzielt, ob sich das als wirklich hilfreich erweist, bleibt dabei Nebensache. Hauptsache man tritt beispielsweise für die internationale Solidarität ein oder gehorcht, den Anführern oder Vorschriften. Dann lassen sich die Menschen von ihrer Gruppe bzw. ihrem Weltbild lenken. Sie gestehen im Vertrauen auf die Partei Taten, die sie niemals begangen haben – so in den stalinistischen Schauprozessen – und merken wohl zu spät, dass die Partei alles andere als Vertrauen verdient. Dann führen sie Befehle aus, obwohl sie ihnen selbst zum tödlichen Nachteil gereichen, stürmen sie im Ersten Weltkrieg bei Langemark auf Kommando mit dem Deutschlandlied auf den Lippen aus dem Schützengraben und rennen in das feindliche Maschinengewehrfeuer. Oder sie fahren Züge mit Juden nach Auschwitz und wollen trotzdem als ehrenwerte Lokführer betrachtet werden. So insistiert auch Max Weber noch im Revolutionswinter 1918/19 darauf, dass Untergebene Befehle im Grunde blind ausführen müssen. Das sei deren originäre Sittlichkeit (1971: 524), bei der es sich primär um Gehorsam und Treue handelt. Also steht die Ethik im Dienst der Unterordnung des Individuums unter eine Gemeinschaft (vgl. Schönherr-Mann 2010b: 10).

Diese Zusammenhänge, vor allem die Forderung nach Unterwürfigkeit, Dienst und Hingabe, aber auch, dass zwischenzeitlich diese Weltbilder des 19. und 20. Jahrhunderts fragwürdig erscheinen, haben bei den neuen Protestbewegungen das sozialistische oder christliche Konzept von Solidarität zweifelhaft werden lassen, das die Achtundsechziger noch hochhielten, während sie sich auch schon antiautoritär gegen Gehorsam wehrten. Manche von ihnen glaubten indes, zwischen dem richtigen und dem falschen Gehorsam zu unterscheiden. Aus christlicher Perspektive ist Gehorsam überhaupt eine positive Tugend: so lobt Benedikt von Nursia seinen gelehrigsten Schüler Maurus ob dessen Gehorsam. Auch bei den meisten anderen mittelalterlichen

Mönchsorden spielte der Gehorsam eine herausragende Rolle, und zwar ein blinder Gehorsam gegenüber dem Vorgesetzten.
Viele Zeitgenossen, besonders jene, die sich gegen Bevormundungen aller Art auflehnen und dagegen Widerstand leisten, würden auf dergleichen Lob gerne verzichten, sind sie vielmehr nicht mehr bereit, sich unterzuordnen, wollen sie ihr Leben selber gestalten und verantworten: Emanzipation anstatt christlichem Menschenbild, depraviert Gehorsam zu einer Untugend und tritt Emanzipation an die Stelle jener unterordnenden Solidarität. Natürlich möchte man von seinem Nachwuchs nicht ständig genervt werden. Aber ein gehorsames Kind gefällt höchstens biederen Eltern. Anderen erscheint es eher zurückgeblieben! Das müssen die christlichen Gemeinschaften berücksichtigen, wollen sie die Verbindung zu immer mehr Menschen nicht verlieren, beruhen nicht nur der Katholizismus, sondern selbst der individualistisch auftretende Protestantismus auf der Unterordnung ihrer Gläubigen unter einen Verhaltenscodex.

VON DER UMFASSENDEN ZUR WIRKSAMEN SOLIDARITÄT

Daher tritt an die Stelle der traditionellen Normenethik, zu der auch die Solidarität des 19. Jahrhunderts zählt, zunehmend die Verantwortungsethik. Der einzelne befolgt nicht mehr blind und gehorsam Normen, die ihm vorgegeben werden, sondern überlegt selbst, was er tun kann und welche Chancen bestehen, dass das Beabsichtigte auch herauskommt. Der einzelne möchte aktiv etwas tun und sich nicht bloß einer Maschine unterordnen, in der er nur Zuträger ist. Anstatt für die Caritas zu sammeln, treibt er selber Geld und Hilfsgüter auf und organisiert einen Lkw, der die Lieferung in den Kosovo bringt. Er rüstet seine Wohnung energiesparend aus. Er erzieht seine Kinder zu selbstbewussten kritischen Menschen. Er engagiert sich in einer Bürgerinitiative. Damit will er etwas erreichen, und nicht bloß einen immateriellen Wert erzeugen, wie jemand der für die Caritas sammelt, um dadurch auch etwas für sein Seelenheil zu tun. Insofern orientieren sich viele Bürger an den zu erwartenden wie möglichen Folgen ihres eigenen Handelns, nicht mehr allein an ethischen Normen, handeln sie somit verantwortlich. Wenn sich die Zeitgenossen Protestbewegungen anschließen und auf den Straßen und Plätzen demonstrieren, dann erscheint das auf den ersten Blick indes eher normenorientiert oder gesinnungsethisch, halten sie die Fahne des Protests hoch, der zumeist scheinbar folgenlos verhallt. Aber erstens marschieren sie eben nicht mehr im Dienst einer Partei auf. Dementsprechend verliert Solidarität ihren Sinn als Appell an die einzelnen, sich einzureihen. Zweitens nehmen sie stattdessen freiwillig an einer Peergroup teil, die sich mit bestimmten Themen beschäftigt und sich engagiert: für den Umweltschutz, die Abrüstung, eine gerechte Weltwirtschaftsordnung. Drittens demonstrieren sie häufig in Bezug auf konkrete einzelne Angelegenheiten: gegen den Anbau von Gen-Mais oder einen Flughafen. Sie hoffen viertens durchaus darauf, dass ihr Protest auch Erfolg hat, z.B. einen unterirdischen Stuttgarter Bahnhof verhindert, selbst wenn ihre Aussichten nicht besonders hoch eingeschätzt werden.

Aber Proteste wirken nicht nur direkt, sondern auch indirekt, wenn beispielsweise eine Fabrik trotz Protesten noch gebaut, auf eine zweite aber verzichtet wird, weil der Widerstand in der Bevölkerung dagegen zu groß ist. Fünftens führen Proteste vor, dass die Bürger selbstbewusst sind und politische oder ökonomische Entscheidungen nicht kommentarlos hinnehmen. Auch das hat eine nachhaltige Wirkung.

Doch Protestierende stürzen auch mal eine Regierung in Tunesien oder Ägypten. Sicher unterscheidet ihre Opferbereitschaft die Menschen im arabischen Frühling von den Demonstranten der *Occupy*-Bewegung. Dabei schwingt auch noch viel Gesinnungsethik mit, aus der sich das Wort vom Wutbürger speist. Aber die meisten Protestierenden der letzten Jahre und Jahrzehnte kämpfen nicht mehr für eine ferne Revolution, gar eine Weltrevolution, sondern eher für Nahziele. Selbst wenn diese nicht erreicht werden, gewinnt das verstärkt verantwortungsethische Züge. Derart entspringt Solidarität aus individuellen Handlungen, die jenen auch wirklich nützen sollen, mit denen man sich solidarisch fühlen möchte. Natürlich erreicht man damit aber nicht mehr die ganze Menschheit, sondern immer nur einen kleinen Teil. Es sei denn man baut eine Solaranlage auf das Dach seines Hauses. Dann nützt man sogar der ganzen Menschheit – der Grund für die Popularität der Energiewende!

Jedenfalls präsentiert sich Solidarität nicht mehr als Naturanlage des Menschen oder als Produkt eines Weltbildes. Vielmehr verdankt sie sich bestimmten Situationen, in denen sich der einzelne in die Verantwortung gerufen sieht, sich engagiert wie jener biblische Mann aus Samaria, der anders als der Priester und der Levit, zwei gesellschaftlich hochstehende Personen, dem am Boden liegenden Fremden hilft, der überfallen wurde. Doch zu solcher Solidarität aus Verantwortung motivieren den Samariter, der einer verachteten jüdischen Sekte angehört, nicht irgendwelche hehren religiösen oder rationalen Normen und Weltbilder, wie die beiden vorführen, die achtlos am Verletzten vorbeigehen. Der Samariter entwickelt Solidarität vielmehr selbst und zwar unmittelbar zwischenmenschlich, schlicht, weil er sieht, dass andere Menschen Hilfe brauchen, und weil er sich dafür verantwortlich fühlt, wie Oskar Schindler auf seiner berühmten Liste – *Schindlers Liste* – über tausend Juden vor der Ermordung in Auschwitz rettete: der zeitgenössische Samariter schlechthin, der seine Handlungsweise aber keiner Religion oder Weltanschauung verdankt, sondern schlicht sich selbst. Deshalb war Schindler auch gar nicht besonders populär, dauerte es mehrere Jahrzehnte bis durch Steven Spielbergs Film (USA 1993) Schindler weltweite Anerkennung erfuhr.

Dass es um wirksame Solidarität geht, mag ja für einen neuen Typus der Bürger gelten, der sich in den letzten Jahrzehnten entwickelte. Und mögen auch viele Demonstranten konkrete Ziele haben. Aber es gibt doch auch immer noch viele andere, die sich einfach solidarisch erklären, unabhängig davon ob das mehr als ein folgenloses Zeichen darstellt oder nicht. Ruht solcher Protest und Widerstand nicht nach wie vor auf der Solidarität des 19. Jahrhunderts? Brauchen sie nicht doch jene Marxsche Solidarität, die sich vor allem auch gemeinsamer Interessen verdankt?

Sicherlich reihen sich auch immer noch viele in eine Art Arbeitereinheitsfront ein. Aber die Initiative kommt seltener aus der Zugehörigkeit zu einer bestimmten sozialen Schicht und deren Standesorganisation. Das ist weiterhin der Fall, wenn die Gewerkschaften protestieren. Aber diese gaben in den letzten Jahrzehnten in der westlichen Welt kaum noch Anstöße, die darüber hinaus wirkten und Menschen in ihren Bann bzw. in eine Protestbewegung zogen – mag hier Griechenland unter Sparzwang eine Ausnahme darstellen. Zumeist handelt es sich indes um Bürger, die aus eigener Initiative aktiv werden, weil sie sich gegen diverse Zumutungen der Regierenden oder der Wirtschaft wehren. Insofern beseelt sie eher eine pragmatische Haltung, die sich um konkrete Probleme kümmert, weniger eine weltanschauliche Motivation.

Vielen geht es nicht primär um das richtige Weltbild. Sie wollen jene unendlichen Streite zwischen den verschiedenen Weltbildern vermeiden, die zumeist noch aus dem 19. Jahrhundert stammen. Denn solche fundamentalen Diskussionen lassen sich nicht beenden, schlicht weil dabei verschiedene Systeme mit unterschiedlichen Grundprinzipien, Grundannahmen und Vorstellungen vom Guten oder Wahren aufeinander stoßen. Stattdessen fragen sie pragmatisch, wie man konkrete Probleme lösen kann und nur dann nehmen sie auch die Diskussion auf. Daher werden Grundsatzdiskussionen, denen es nur um folgenlose Prinzipien geht, von Protestierenden heute eher gemieden. Dergleichen Debatten würden auch vom Zweck des Protests wegführen oder die Protestierenden spalten, während sie ohne solche Diskussionen Menschen mit unterschiedlichen Weltbildern zum Protest vereinen.

Wenn sich die heutigen Demonstranten zumeist nur auf solche Auseinandersetzungen einlassen, die überschaubar Folgen nach sich ziehen könnten, bedeutet das indes nicht, dass sie keine Grundsätze hätten. Sie reden nur nicht gerne darüber. Man könnte hier den Gemeinspruch erweitern: Über Geschmack lässt sich nicht streiten, über Grundsätze auch nicht. Nicht dass Debatten über Grundsätze niemanden interessieren würden. Im Gegenteil, sie sind häufig sehr spannend. Nur sind am Ende wie in der Kunst immer alle Fragen offen bzw. wird es keine Einigungen geben, gelangt man zu keinen Gemeinsamkeiten. Das kann fatale Folgen nach sich ziehen, wenn sich Menschen darüber uneins sind, die sich in anderer Hinsicht sehr wohl schätzen. Darüber können sogar Lieben und Freundschaften zerbrechen. Grundsatzdebatten sollte man pragmatisch betrachtet daher bei Protestbewegungen eher meiden. Sie führen nirgendwohin bzw. verstärken nicht den Protest, sondern schwächen ihn. Auf der Grundlage von Weltbildern mag man zwar zu einer bestimmten Vorstellung von Solidarität kommen. Doch diese erodiert mit den Weltbildern bzw. wird nur von jenen anerkannt, die dasselbe Weltbild teilen. Man gelangt derart zu keiner gemeinsamen Vorstellung von Solidarität, auch zu keiner interessenbasierten, die andere Menschen mit andern Weltvorstellungen überzeugen würde.

Verweigern sich dadurch aber die Protestierenden just jener Form der Solidarität, die sie doch gerade benötigen, wenn sie Erfolg haben wollen? Die anderen soll das solidarische Opfer eines einzelnen doch weiterbringen, könnte den Sieg im Krieg herbeiführen und das eigene Volk retten, so dass es ihm gut geht – man denke an Libyen, Jemen und Syrien. In der Tat erweist sich die islamische Welt stärker gemeinschaftsorientiert als die westliche. Die Menschen sind eher bereit, sich für ihr Volk, ihre Vorstellung von Demokratie oder für ihren Gott zu opfern vom Selbstmordattentäter über Mohammed Boazizi bis zu den Aufständischen von Homs. In der westlichen Welt hat man dagegen zu häufig gelernt, dass man jene großen Ideologien dazu missbraucht, um das Individuum dem Volk unterzuordnen, Ideologien mit denen viele der Protestierenden doch nicht mehr unbedingt etwas zu tun haben wollen, die zwar durchaus Überzeugungen entwickeln, diese sich aber möglichst nicht vorschreiben lassen wollen.

Musste sich Sokrates wirklich opfern? Musste sich Jesus opfern? Zweifellos beschleunigten beider Opfertode die Verbreitung ihrer Ideen. Aber hätten sich deren gute Ideen nicht auch auf anderen Wegen durchsetzen können? Nun, das weiß man nicht. Der historische Pragmatismus, die erste originär US-amerikanische Philosophie, die um 1900 herum entsteht, geht zwar noch von einem Primat des Individuums aus. So bemerkt John Dewey, der bedeutendste US-amerikanische Philosoph in der ersten Hälfte des 20. Jahrhunderts: »Die Gesellschaft besteht aus Individuen: Diese offensichtliche und grundsätzliche Tatsache kann keine Philosophie in Frage stellen oder ändern, mit welchen Ansprüchen auf Neuheit sie auch immer auftritt.« (1989: 231)

Doch diese Position muss man auch als pragmatisch orientierter Protestierender heute nicht unbedingt übernehmen, kennen sicher die wenigsten von ihnen überhaupt diese philosophische Strömung. Ob Staat und Gemeinschaft oder Individuum wichtiger sind, das hängt von den jeweiligen Prämissen ab: Es gibt auch in der katholischen Kirche Pragmatiker, obgleich der Katholizismus das Individuum einer absoluten Macht unterordnet. Sartre bemerkt dagegen die Freiheit des Individuums, das Mächte überhaupt erst anerkennen muss oder nicht, was zur Grundlage individueller Widerständigkeit avanciert. Darüber wird man indes keine Einigkeit erzielen können. Obwohl sich zwar aus den jeweiligen Prämissen erheblich andere Konsequenzen ergeben, erscheint eine Diskussion darüber sinnlos, weil eine Debatte über Grundprinzipien zu keiner Einigung führt. So lässt sich auch Solidarität von solchen gegensätzlichen Positionen aus schwerlich neu begründen. Dazu muss man einen Weg finden, welcher auf keine derartigen Grundsätze zurückgreift.

Auf die Wahrheit solcher Sätze sollte man sich nicht stützen, kann man daher auch keine besonders hohen Ansprüche an die Wahrheit stellen, um Solidarität neu zu denken. Für die absolute Wahrheit ihres Glaubens sterben gemeinhin Märtyrer und sie lassen nicht erst heute häufig viele andere mit sich sterben. Daher hat sich ja auch die damit einhergehende Aufforderung zur Solidarität bis heute weitgehend desavouiert. Man kann Solidarität nicht mehr von bestimmten Vorstellungen vom guten und richtigen Leben ableiten und auch nicht von einer Einsicht in eine angebliche Notwendigkeit, nämlich von gemeinsamen Interessen.

Das mag zwar für einen Protestierenden häufig etwas anders aussehen. Seine Kritik an den jeweiligen politischen oder sozialen Verhältnissen erlaubt ihm ja, dagegen auf die Straße zu gehen. Wenn protestiert wird, kämpfen immer zwei Wahrheitsverständnisse miteinander, behaupten Staaten ja gemeinhin,

dass ihre Gegner im Unrecht sind, genauso wie Demonstranten ihre Kritik an Institutionen und ihre Gegenvorschläge für richtig halten.
Trotzdem gibt es nicht zuletzt bei den Protesten der letzten zwei Dekaden auch einen pragmatischen Grundzug, wenn sich viele der Protestierenden nicht mehr auf eine Ideologie oder eine umgreifende Lehre berufen, sondern bestimmte Probleme und konkrete Verhältnisse anprangern, die sie ändern möchten. Wenn sie nicht mehr die ganze Welt aus den Angeln heben wollen, so soll ihre Kritik vielmehr bestimmte konkrete Ergebnisse erzielen. Wahrheit soll denn auch den Protestierenden schlicht weiterbringen. Absolut muss sie nicht sein. So formuliert der Begründer des Pragmatismus William James ein Prinzip, das durchaus die zeitgenössischen Proteste beseelt, ohne dass die Demonstranten davon unbedingt ahnen: »›Das Wahre‹ ist, [...] nichts anderes als das, was uns auf dem Wege des Denkens vorwärts bringt, so wie ›das Richtige‹ das ist, was uns in unserem Benehmen vorwärts bringt.« (1994: 140)
Doch das scheint die Solidarität nicht gerade zu befördern. Diese könnte sich allerdings auf anderen Wegen einschleichen. Wahrheiten besitzen in diesem Verständnis nämlich nur dann einen Sinn, wenn man sie auch anderen vermitteln kann. Es muss sich um eine kommunizierbare Wahrheit handeln. Wenn ich meine Zeitgenossen von der Weltrevolution und der proletarischen Solidarität nicht überzeugen kann, erweist sich eine solche Wahrheit, eine solche Solidarität als wenig nützlich. Sie nützt nur gegenüber denjenigen, die sie als Wahrheit ebenfalls anerkennen (vgl. Schönherr-Mann 2012c: 34ff).
Viele Protestierende würden die Welt gerne verändern, vornehmlich so, dass die soziale Gerechtigkeit verwirklicht werden kann. *Occupy* möchte direkte Demokratie umsetzen und die Macht der globalen Finanzmärkte beschränken. Es handelt sich trotzdem um keine Wahrheit, die sich einfach anwenden lässt. Dabei verlangt eine solche Wahrheit die völlige Hingabe von Protestierenden, die dazu wahrscheinlich in vielen Fällen sogar bereit sind, sich mit ganzer Kraft einzusetzen und dabei auch gelegentlich ihr Leben riskieren. Eine nützliche Wahrheit hätte dagegen eine solche Hingabe nicht nötig. Wenn sich der Protestierende lieber mit überschaubaren Zielen begnügt, dann wählt er im Grunde eine pragmatische Vorgehensweise, die allemal seltener das Selbstopfer verlangt. In Syrien und im Jemen kämpfen die Menschen dagegen opferbereit gegen ihre Regime – vermischen sich in Arabien pragmatische Solidarität und diejenige opferbereite des 19. und frühen 20. Jahrhunderts.

Dabei unterstellt *Occupy* euphemistisch, dass die Bewegung 99% der Bevölkerung vertritt: Provokation, Ironie oder Geschichtsphilosophie? Im letzteren Fall würde man die meisten Menschen schlicht bevormunden. Natürlich können Protestierer auch Holisten sein und ganzheitliche Vorstellungen von der Welt vertreten, die gerade im ökologischen und globalen Denken häufig vorkommen. Aber sie entwickeln dabei auch eine gewisse Distanz gegenüber der Ganzheitlichkeit, werden diese jedenfalls nicht zu massiv in den Vordergrund schieben, könnten sie ja auch mit anderen, die anders denken, kooperieren wollen. Natürlich wissen heute die meisten, dass alles mit allem zusammenhängt, zumindest dass eine bestimmte Theorie davon ausgeht, die heute eine große Zustimmung findet. Nur was man daraus jeweils folgern soll, das ist für Protestierer, die heute pragmatisch denken, nicht selbstverständlich, sondern ergibt sich immer erst in einer konkreten Situation, in der es um Wirkungen des entsprechenden Handelns geht, also um konkrete Zusammenhänge, nicht umfassende.

Daher hat auch eine umfassende Vorstellung der Solidarität mit der ganzen Menschheit gerade keinen weitreichenden Sinn. Anstatt möglichst viele Menschen solidarisch zu verbinden oder sie wenigstens eine ähnliche Form der Solidarität entwickeln zu lassen, schließen solche Formen nur ihre jeweiligen Anhänger ein und die Mehrheit gemeinhin aus. Umfassende Vorstellungen von Solidarität bewirken also das Gegenteil von dem, was sie vorgeben. Daher lässt sich Solidarität nur entwickeln, wenn man darauf achtet, dass sie eine möglichst weitreichende und konkrete Wirkung entfaltet.

Solidarität aus pragmatischer Perspektive

Trotzdem bemüht sich der Protestierende, der wirken will, auch um Solidarität. Doch er wird sie geschickter Weise nicht primär aus einem Weltbild ableiten, um gegenüber anderen für sie möglichst gut zu argumentieren. Vielmehr wird er versuchen, jenseits von Weltanschauungen zu operieren, diese zumindest in den Hintergrund wandern zu lassen. Die Protestierer ob bei *Attac, Occupy* oder *Stuttgart 21* beispielsweise kommen aus allen religiösen oder politischen Lagern. Ein Katholik wird nicht unbedingt die pluralistischen Vorstellungen über Kultur und Gesellschaft wie William James vertreten. Trotzdem wird er nicht versuchen, die Vielfalt von Ereignissen, unübersichtliche Lagen, diffuse Reaktionen bloß unter dem Blickwinkel der katholischen Ethik zu ordnen. Sonst kann er darauf nicht reagieren, wenn er sich an Effizienz und Verantwortung orientiert. Dabei wird er auf seine katholische Moral durchaus Rücksicht nehmen.

Der pragmatische Protestierende gegen *Stuttgart 21* wird am Ende den Volksentscheid anerkennen und sich mit den indirekten Wirkungen zufrieden geben, radikale werden das nicht. Der pragmatische Kritiker wird der verkleinerten Version des Bahnhofs zustimmen, die Heiner Geißler am Ende seiner Vermittlungsbemühungen vorlegte. Pragmatische Gegner der Atomenergie werden über den Ausstieg vom Ausstieg des Ausstiegs froh sein, auch wenn es ihnen immer noch nicht schnell genug geht. Sie wissen, dass sich keine Vorstellung ohne Abstriche durchsetzen lässt, da immer verschiedene Auffassungen miteinander konkurrieren. Nur jene, die davon ausgehen, dass es eine einzige richtige Lösung des Energieproblems für alle gibt, die man eigentlich nur durchsetzen müsste, werden nach dem Diktator rufen und die langsamen Kompromisse in der Demokratie als unverantwortlich kritisieren. In diesem Sinn warnt auch Hans Jonas die Demokratie (1993: 98). Dem hält Joachim Radkau hinsichtlich der Klimaprognosen entgegen: »Glaubte man ernsthaft an die bevorstehende Katastrophe, müsste man zu gigantischen wie überstürzten Gegenmaßnahmen schreiten, bei denen sich ähnlich wie bei dem ›friedlichen Atom‹ am Ende herausstellen könnte, dass sie selbst ein größeres Problem sind als der Klimawandel.« (Radkau 2011)

So vermeidet der geschickte Protestierende derart revolutionäres bzw. machiavellistisches Handeln, das eine Wirkung um jeden Preis erzielen möchte und daher auch unmoralische Mittel einsetzt. So schreibt Machiavelli: »Es kann und darf ein kluger Fürst sein Wort nicht halten, wenn es für ihn von Nachteil ist und wenn die Gründe wegfallen, die ihn zu seinem Versprechen bestimmt haben.« (1977: 71) Für die Mehrheit der heutigen Protestierenden in der EU und in den USA heiligt der Zweck die Mittel gerade nicht, für diejenige, die sich ihrer Erkenntnisse sicher ist, womöglich schon. Wenn der Zweck nur mit brutaler Gewalt durchgesetzt werden kann, wird ein pragmatischer Protest darauf verzichten. Eine Solidarität, die sich wie bei Robespierre als Tugend auf den Terror stützt, zerstört die Solidarität. Die Marxsche Solidarität aus dem 19. Jahrhundert führte sich ob der Orientierung an Interessen zumeist als Verpflichtung und als Zwang auf. Im 21. Jahrhundert wird zunehmend klar, dass sich Solidarität nur noch auf die Freiwilligkeit stützen kann, dass die sogenannte Solidargemeinschaft des Sozialstaates mit Solidarität nichts zu tun hat.

Trotzdem ist der Pragmatiker kein Pazifist, der Protestierende häufig schon, jedenfalls wenn er gegen einen Krieg demonstriert. Aber selbst ein Pragmatiker wird Gewalt nur in einer Notlage einsetzen. Insofern eröffnet Gewalt für ihn beispielsweise keine revolutionäre Hoffnung, auf die heute zumeist auch die Protestierenden nicht mehr setzen. Machiavelli empfiehlt grausame Mittel unter bestimmten Umständen durchaus, wenn der Fürst dadurch die Stabilität des Staates sichert (1977: 68). Dagegen betrachtet Richard Rorty Grausamkeit als nicht akzeptabel. Sie zu vermeiden, ist das oberste ethische Gebot (1992: 117). Das gilt für die meisten heutigen Protestierenden, und sei es nur, weil sie keine Macht ausüben, für die Grausamkeit daher kein Mittel sein kann. Zumeist wehren sich Protestierende gegen die Grausamkeit von Regierungen und Institutionen, geraten im gewaltsamen Konflikt dann aber auch schnell auf Abwege – man denke nur an den Mord an Muammar al-Gaddafi.

Solidarität bedeutet für Rorty, andere gemäß diesen Grundsatzes zu behandeln. Doch niemand kann sich darum kümmern, dass mit allen Menschen so umgegangen wird. Daher erfasst die pragmatische Solidarität zunächst nur die Menschen der eigenen Gesellschaft und vielleicht noch diejenigen, die dem eigenen Kulturkreis angehören. »Solidarität muss aus kleinen Stücken aufgebaut werden,« schreibt Rorty, »sie wartet nicht schon darauf, gefunden zu werden, in Form einer Ursprache, die wir alle wiedererkennen, sobald wir sie hören.« (1992: 161) Der Mensch besitzt eben kein natürlich vorgegebenes solidarisches Wesen, sondern jeder muss die Solidarität erst langsam entwickeln, indem er sich mit seinen Nächsten solidarisch fühlt, und dann diesen Kreis erweitern.

Als der libysche Diktator mit militärischen Mitteln gegen seine Kritiker vorging, sah sich die internationale Gemeinschaft gezwungen, militärisch zu intervenieren, um Grausamkeit auch dort zu verhindern, wohin bis dahin die eigene Solidarität nicht reichte. Man beklagt und kritisiert die Verstümmelung von Frauen vornehmlich in Ägypten, Sudan, Somalia etc. Aber man interveniert dort so wenig, wie in China, wo Menschenrechte verletzt werden. Bis zum Militäreinsatz in Libyen zählte man die Libyer zu den anderen. Heute sind das immer noch die Frauen, die gemäß grausamer Bräuche verstümmelt werden. Die ihnen gegenüber propagierte Solidarität ist höchstens ein wirkungsloser Protest, wie ihn früher Linksradikale propagierten, was bereits Lenin für eine Kinderkrankheit hielt – allerdings mit ganz anderen Hintergründen.

Deshalb erhebt Rorty den Anspruch, tendenziell den Kreis derjenigen zu erweitern, mit denen man sich solidarisch sieht, und gerade nicht zu unterstellen, dass man immer schon mit der ganzen Menschheit solidarisch sei. So beginnt Solidarität zunächst in der Gesellschaft, in der man lebt und in der es zumeist marginalisierte Gruppen gibt, denen man keine Beachtung schenkt. Diese Gruppen sollte man langsam zu dem ›Wir‹ hinzuzählen, das man jenen zuschreibt, mit denen man sich solidarisch fühlt. Man taxiere diese marginalisierten Gruppen nicht als Fremde, sondern suche nach Ähnlichkeiten. Derart geht es Rorty darum, das Verständnis der Solidarität ständig zu erweitern (1992: 317). Alles andere wäre unrealistisch. Man sollte nicht von Solidarität reden, wenn man sie nicht verwirklichen kann. Nicht nur dass ein hehres Ideal nicht weiterhilft, es stützt sich nun mal auf weltanschauliche Annahmen. Damit entwirft Rorty als einer der ersten ein pragmatisches Gegenmodell der Solidarität gegenüber den sozialistischen und religiösen Konzeptionen.

ABTREIBUNG UND SOLIDARITÄT

Wie aber lässt sich Solidarität nachhaltig umsetzen, d.h. strukturell erweitern, wenn sie sich nicht dem Wesen des Menschen verdankt, und man sie auch nicht zur Pflicht machen kann? Wie vermeidet man endlose Streits um Grundsätze, wenn diese unversöhnlich aufeinanderprallen?
Um die Perspektive zu wechseln, kann man einen Blick auf den deutschen Abtreibungskompromiss werfen. Dabei handelt es sich um keinen Abweg vom Thema »Solidarität und die neuen Protestbewegungen«. Rick Santorum, einer der republikanischen Präsidentschaftsbewerber 2012, hält die sexuelle Aktivität der Menschen für das größte Problem der USA und möchte am liebsten die Anti-Baby-Pille verbieten. Das Thema »Lust ohne Reue« ist nicht nur ein Thema der Emanzipation der Frauen, sondern reicht darüber weit hinaus. So bemerkt Jean-Claude Kaufmann: »1974 nahm die WHO zur Kenntnis, dass Sexualität zur Fortpflanzung und das Luststreben zwei verschiedene Dinge sind. Sie erkannte die Legitimität und Bedeutung der Lust als Quelle des Wohlbefindens und sogar der Gesundheit an. Die Forderung nach dem Orgasmus stand nun in den politischen Gleichungen.« (2011: 102)
Das Thema findet sich auf der Agenda von 1968 und heute auf derjenigen der Schwulen- und Lesbenbewegungen. Positionen wie die von Santorum, des Vatikans oder traditioneller Muslime werden dafür sorgen, dass es auch noch länger auf der politischen Agenda von Emanzipationsbewegungen stehen muss, zu denen man die neueren Protestbewegungen zweifellos zählen darf, auch wenn das Thema Abtreibung etc. für jene, die nicht zu den dis-

kriminierten Minderheiten gehören, just deshalb kein Thema mehr ist, weil viele Freiheitsrechte in den letzten Jahrzehnten erkämpft wurden. Das bedeutet indes nicht, dass diese Rechte nicht mehr bedroht wären. Der Vatikan, Santorum, radikale Muslime wollen diskriminieren, erkennen ein Diskriminierungsverbot schlicht nicht an, mischen sich bewusst in Angelegenheiten anderer Leute ein, die sie eigentlich nichts angeht.
In der Abtreibungsdebatte fordern die einen ein nicht einschränkbares Lebensrecht des ungeborenen Lebens, die anderen fordern ein Recht der Frau, Schwangerschaften abbrechen zu können. Beide ethischen Positionen lassen sich nicht miteinander vermitteln. Auch die grundsätzlichen Ziele sind unterschiedlich. Die Abtreibungsgegner gehen von einem Primat der Gattung gegenüber dem Individuum aus. Die Befürworter treten zumeist für die Emanzipation der Frauen ein. Wenn sie die Sexualität nicht mehr in den Dienst der Gattung oder des Volkes stellen, erheben sie implizit einen Anspruch darauf, dass das Individuum ein Primat gegenüber der Allgemeinheit bzw. der Gattung besitzt. Die Sexualität steht nämlich in diesem Fall im Dienst der Lust des Individuums, das sich nicht in den Dienst der Gattung nehmen lassen will und dass sich Ansprüchen zu widersetzen vermag, die es in den Dienst der Gattung nehmen wollen.
Doch beide Seiten – Abtreibungsbefürworter wie Abtreibungsgegner – sahen sich in der öffentlichen Debatte mit der Frage nach der Wirkung eines Gesetzes konfrontiert. Und beide mussten einräumen, dass es ihnen um eine Verringerung der Zahl der Abtreibungen in Deutschland gehe. Die einen wollten das durch ein Verbot und die anderen durch Beratung erreichen. Da das strikte Verbot Abtreibungen offenbar nicht verhindert, war der deutsche Kompromiss auch für viele Abtreibungsgegner akzeptabel. Die Beratungspflicht soll die Zahl der Abtreibungen senken. Der Kompromiss gelang also durch den Blick auf die konkreten Folgen eines Gesetzes. Das war nicht nur eine pragmatische Lösung eines fundamentalen ethischen Konfliktes. Damit erreicht man den größten Schutz des ungeborenen Lebens, was man auch als eine Form der Solidarität, vor allem der Verantwortung verstehen kann.
Auch Teile der katholischen Kirche reagierten zunächst positiv, schließlich gehören zu ihr auch viele aufgeklärt denkende, politisch und sozial engagierte Zeitgenossen, die im Gegensatz zum Vatikan andere Menschen nicht diskriminieren wollen. Man hoffte natürlich darauf, dass schwangere Frauen, die eine Abtreibung in Erwägung ziehen, sich von katholischen Beratungsstellen beraten lassen, um dadurch möglichst viele von ihnen von der Abtreibung abbringen zu können, was auch eine Zeitlang einen gewissen Erfolg hatte.

Doch damit beteiligte sich die Kirche zumindest indirekt an Abtreibungen, wenn Frauen sich nicht davon abbringen lassen. Die Beratungsstellen müssen ja einen Schein ausstellen, mit dem die Abtreibung legalisiert wird. Ansonsten würden viele Frauen gar nicht erst zur Beratung kommen.
Das aber widersprach der prinzipiellen Normenorientierung des Vatikans. Für diesen ist der Lebensschutz das höchste Gebot. Um trotzdem Abtreibungswillige in katholische Beratungsstellen zu locken und um der eigenen Normenorientierung gerecht zu werden, versah die deutsche Bischofskonferenz den Schein mit dem Hinweise, er legitimiere keine Abtreibung. Damit war trotzdem der Sachverhalt einer Beratung bestätigt, die wiederum die Voraussetzung für eine Abtreibung nach der deutschen Regelung ist – die pragmatische Lösung der deutschen katholischen Bischöfe, mit der sie ihrer Verantwortung gegenüber dem werdenden Leben gerecht werden wollten, sie also eine sehr pragmatische Solidarität übten.
Doch der Vatikan verbot diese Lösung. Katholische Beratungsstellen dürfen seither solche Scheine überhaupt nicht mehr ausstellen. Das führte natürlich dazu, dass an Abtreibung denkende Frauen diese Beratungsstellen nicht mehr aufsuchen. Dass dadurch die Zahl der Abtreibungen steigen würde, das nahm der Vatikan in Kauf. Verantwortung will der Vatikan dafür indes nicht übernehmen. Wer die höchsten ethischen Normen befolgt, der ist für etwaige negative Folgen nicht verantwortlich. Die Solidarität mit dem werdenden Leben beschränkt sich auf das Verbot der Abtreibung, auch wenn ein solches Verbot wenig ausrichtet und es somit das werdende Leben im Grunde nicht schützt, also keine Solidarität übt. Die Achtung höchster Normen rangiert somit deutlich vor der Achtung und dem Schutz des Lebens, ist ihr Seelenheil den Vertretern des Vatikans wichtiger als der Schutz des ungeborenen Lebens. Unterwürfigkeit ist somit wichtiger als Verantwortung.
Eine solche Einstellung bezeichnet Max Weber als Gesinnungsethik, von der er eine Verantwortungsethik unterscheidet. Dem Gesinnungsethiker geht es nur darum, seine höchsten Normen zu befolgen oder seine Ideale zu demonstrieren. Auf die damit verbundenen Folgen seiner Handlungen nimmt er keine Rücksicht. Diese können sogar seinen Intentionen grundsätzlich widersprechen. Wichtig ist dem Gesinnungsethiker nur, das Gute zu wollen, gleichgültig ob er es erreicht oder nicht. Max Weber kritisiert diese Gesinnungsethik vor allem in der Politik. Politikern geht es viel zu häufig nur darum, ihre hehren Ziele und Ideale zu proklamieren, ohne dass sie darauf achten würden, was dann konkret wirklich passiert, was sie also zumindest indirekt bewirken (Weber 1971: 552).

SOLIDARITÄT AUS VERANTWORTUNG

Daher fordert Max Weber vom führenden, d.h. verantwortlichen Politiker sich nicht nur an höchsten Normen oder Idealen zu orientieren. Er kann nicht mehr davon ausgehen, dass Gott die Welt durch die göttliche Vorsehung, durch die hintergründig und unsichtbar (ver)waltenden Engel lenkt – so Thomas von Aquin (vgl. Agamben 2010: 180) – und insofern darüber entscheidet, welche Folgen ein Handeln hat – eine Einstellung, die durchaus über Jahrtausende verbreitet war und im Katholizismus immer noch nachhallt: Man achtet die Normen und der heilige Geist wird es schon richten. Dagegen sollen nach Weber zumindest der führende Politiker und Manager ihr Handeln an den voraussehbaren Folgen orientieren; denn für diese tragen sie die Verantwortung (1971: 551). Das, was passiert, so Weber, ist allemal wichtiger als die Orientierung an höchsten Normen oder Idealen.

Damit überträgt Max Weber die Idee des Pragmatismus, prinzipielle Konflikte zu meiden und sich auf Diskussionen nur dann einzulassen, wenn es um die damit verbundenen Folgen geht, auf den Bereich der Ethik und konstituiert eine neue Variante. Denn über Verantwortung in dem Sinn, dass zum ethischen Kriterium des Handelns die voraussehbaren Folgen avancieren und nicht mehr primär die Orientierung an Normen, wird erst im 20. Jahrhundert gesprochen.

Im Mittelalter taucht das Wort als Antworten vor Gericht auf. David Hume erwähnt 1740 Verantwortung nicht als Orientierung an den konkreten Folgen, sondern als Absicht, Handlungen mit nützlichen Folgen zu vollbringen. Der Feuerwehrhauptmann wird für seinen Mut im Einsatz gelobt, auch wenn er erfolglos war (Hume 1996: 125). Nietzsche begreift Verantwortung als Privileg von Aristokraten, die ihr Handeln selber bestimmen und daher dafür auch Verantwortung übernehmen – eine Angelegenheit, die die Masse des Volks nicht berührt (Nietzsche 1988: 294).

Einerseits schließt Max Weber daran an. Denn verantwortlich sind ausschließlich führende Politiker und Manager der Wirtschaft, nicht aber Subalterne. Alle Weisungsgebundenen sind für das, was sie tun, nicht selbst verantwortlich, sondern ihre Vorgesetzten. Das führt dann in ein unterwürfiges Untertanenbewusstsein und eine Verantwortungslosigkeit, die man noch bei den Schergen der Nazi-Terrororganisationen SA und SS finden kann. Solidarität heißt dann Gehorsam und ist in dieser Hinsicht gescheitert.

Andererseits verbindet sich Verantwortung mit Freiheit oder Selbständigkeit der Aristokraten, der führenden Politiker – zu Zeiten Nietzsches zumeist

Aristokraten – und großer Unternehmer, die damals häufig in den Adel aufgenommen wurden. Diese Freiheit hat daher auch noch nichts mit der Solidarität zu tun, wiewohl dabei bereits die Verbindung von Freiheit und Verantwortung aufblitzt: führende Politiker haben einen gewissen Entscheidungsspielraum, der ihre Freiheit konstituiert, wofür sie dann aber auch die Verantwortung tragen.

Erst Sartre entdeckt unter deutscher Besatzung die prinzipielle Freiheit aller Menschen und verknüpft sie notwendig mit der Selbstverantwortung für das eigene Leben. Die Menschen können über ihr Leben selber entscheiden, vor allem können sie es verändern. Daraus ergibt sich eine Freiheit, die die Möglichkeit zur Abkehr von der Tradition bzw. der Unterdrückung eröffnet. Der derart freie Mensch wird dann aber auch für sein Leben selber verantwortlich. Sartre dehnt dabei die Verantwortung schier unendlich aus. Der Einzelne ist für den Krieg verantwortlich, in den er geworfen wurde, den er nicht begonnen hat, sondern andere. Wie sagt doch Sartre: »Man hat den Krieg, den man verdient.« (1994: 953)

Diese Verantwortung klinkt dann Simone de Beauvoir in die Prozesse der Emanzipation ein, speziell der Frauen. Während Frauen bis weit ins 20. Jahrhundert zumeist abhängig von Vätern, Brüdern und Ehemännern waren und ihr Leben als Hausfrauen verbringen mussten, fordert de Beauvoir, dass auch Frauen wie Männer ihr Leben selber gestalten, d.h. dass sie für ihr Leben selber verantwortlich werden und somit frei. Konkret bedeutete das für de Beauvoir, dass Frauen berufstätig ihr Geld selber verdienen, so dass sie nicht mehr von Männern abhängig sind. Dann können sie ihr Leben auch führen, wie sie es verantworten wollen. So prognostiziert de Beauvoir 1949: »Die Zukunft kann nur zu einer immer tiefgreifenderen Integration der Frau in die einst männliche Gesellschaft führen.« (2005: 179)

Indes relativiert sie Sartres weitreichende Verantwortung. Für sie ist man ähnlich wie bei Weber nicht für Folgen des Handelns verantwortlich, die man nicht übersehen konnte oder die außerhalb des eigenen Einflussbereiches liegen. Man kann die Folgen seines Handelns nicht bis ins Unendliche auf sich nehmen (de Beauvoir 1997: 231). Dergleichen würde jedes Handeln verunmöglichen, weil niemand weiß, was er sich damit aufbürdet.

Wenn Sartre den Menschen für seine historische Situation für verantwortlich erklärt, dann lässt er keine Ausreden zu. Unter extremen Umständen angesichts des Nazi-Terrors, mit dem sich in Frankreich jeder konfrontiert sah und mit dem manche sogar kollaborierten, mag ein solcher Anspruch der Verantwortung eine gewisse Berechtigung besitzen. Unter normalen Zuständen des Friedens und in demokratischen Verhältnissen kann man allerdings darüber streiten, ob man sich von allem betroffen fühlen muss, ob man die Verantwortung für alles annehmen muss, oder ob man selber entscheiden darf, wofür man sich interessiert. De Beauvoir legt ihrem Romanhelden mit Sartres Zügen denn auch die Feststellung in den Mund: »Ich empfinde meine Verantwortlichkeit begrenzter als früher, aber auch endgültiger und schwerwiegender.« (1965: 199)

Doch Sartre hat das auch spezifiziert. Die umgebenden Menschen beurteilen den einzelnen und teilen ihm dadurch seine Verantwortung zu. Denn der einzelne ist nicht nur vor sich selbst, sondern gegenüber den Mitmenschen verantwortlich, für das, was er tut mit allen auch unabsehbaren Folgen. Verantwortung ist somit an die anderen unmittelbar rückgebunden. Denn wenn man für den Krieg verantwortlich gegenüber anderen ist, dann übernimmt man dadurch für diese anderen gerade auch Verantwortung. Wenn Nietzsche und Weber die Verantwortung zu einer aristokratischen Angelegenheit reduzieren, folgt daraus nur eine pastorale oder patriarchalische Sorge um Untergebene, die nichts mit Solidarität zu tun hat. Wenn aber Sartre die Verantwortung auf alle gleichermaßen ausdehnt und gleichzeitig alle für alles verantwortlich macht, dann bin ich für meine Mitmenschen wie vor ihnen verantwortlich, wenn auch nicht unbedingt für die ganze Menschheit. Trotzdem entspringt daraus eine sehr starke Form der Solidarität, nämlich nicht bloß ein Lippenbekenntnis mitzuleiden oder zu protestieren, sondern etwas zu unternehmen, damit ich dieser Verantwortung für andere und gegenüber anderen gerecht werde.

Damit befreit Sartre die Solidarität aus dem Himmel abstrakter Ideale, die man bloß postuliert, und holt sie auf die Erde zurück: Von Solidarität zu sprechen, macht nur Sinn, wenn man dafür wirklich etwas tut, das konkrete Folgen nach sich zieht, die man verantworten muss. Solidarität, die nicht bloß beschworen werden soll, braucht somit die Verantwortung. Denn wenn jemand, der absolut nichts dazu tun kann, sich trotzdem solidarisch fühlt, dann unterscheidet sich das nicht wesentlich davon, für jemanden zu beten. Das ist nett, höflich, erschöpft sich aber in diesem Akt der Erklärung: Ich bete für dich. Vielleicht hat das christliche Gebetsbewusstsein jedoch den Weg in die Verantwortung und damit in die Solidarität geebnet.

Letztlich kann man auch nur solidarisch sein, wenn man frei und somit verantwortlich für sein Leben ist und man über entsprechende Mittel verfügt. Die unterwürfige Hausfrau aus dem 19. Jahrhundert konnte bestenfalls Vesperbrote mitgeben. Sie war nicht frei und verfügte auch nicht über entsprechende Mittel. Die Freiheit, die Voraussetzung der Verantwortung bei Sartre ist, avanciert damit auch zur Grundlage der Solidarität. Umgekehrt folgt daraus, dass, Solidarität kein Zwang sein darf. Wehrpflicht ist gerade nicht freiwillig und hat somit nichts mit Solidarität mit seinem Volk zu tun. Nur wenn ich die Übernahme der Verantwortung auch ablehnen kann, wenn ich mich ihr aus freien Stücken entziehen kann, dann gründet in der Verantwortung die Solidarität. Dann bin ich mit anderen solidarisch, wenn ich ihnen helfe. Ansonsten befolge ich ja nur Befehle oder Vorschriften. Doch die weitreichenden Folgen lassen bei Sartre die sich daraus ergebende Solidarität verschwimmen. Man ist solidarisch mit den anderen Menschen, weil man für die Welt verantwortlich zeichnet, mögen die Konsequenzen fragwürdig sein. Was die Solidarität konstituiert, stellt sie somit zugleich in Frage, weil niemand die Verantwortung für Angelegenheiten besitzt, die er nicht übersieht und die sich derart seinem Einfluss entziehen. Das bleibt Sartres Problematik.

Die enge Beziehung, die zwischen Solidarität und Verantwortung besteht, fokussiert sich stärker im Denken von Emmanuel Lévinas, dem bedeutendsten Ethiker des 20. Jahrhunderts, der ebenfalls von einer eminent weitreichenden Verantwortung des einzelnen ausgeht. Diese entspringt wie bei Sartre auf der individuellen zwischenmenschlichen Ebene, verdankt sich keinen großen Ideologien oder universellen Werten und allgemein menschlichen Normen. Es ist vielmehr der konkrete Andere, der den Menschen ob seiner Hilflosigkeit in die Verantwortung für ihn ruft. Gerade indem es ihn nichts anzugehen scheint, wenn es nicht seine Sache ist, dann sieht sich der Mensch plötzlich vom Anderen zur Verantwortung, also zur Solidarität aufgerufen. Das ist der Ort und der Augenblick, wenn eine ethische Beziehung entsteht (Lévinas 1992: 30). Damit denkt Lévinas den Ursprung von Verantwortung und ethischer Beziehung noch konkreter und individueller als Sartre.

Die Ethik hat daher ihren Ursprung nicht in der Unterordnung des einzelnen unter die Gemeinschaft, nicht in einer Sammlung von ethischen Regeln wie den Zehn Geboten jenes Moses, die eine solche Unterordnung doch nur umsetzen. Dabei geht es vielmehr um Machtfragen, wie es Nietzsche richtig diagnostiziert: Durch den Gehorsam wird die Gemeinschaft gestärkt, so dass sie Kriege und Konflikte mit anderen Gemeinschaften führen kann. Allein in der Begegnung mit dem Anderen geht es nicht um die Macht, sondern entsteht die Verantwortung. Sie begründet die Ethik und nicht die Norm. Denn sie stiftet die Solidarität, indem man sich aufgefordert sieht, dem Anderen zu helfen wie jener Mensch aus Samaria.

Man kann sich das am Beispiel von Oskar Schindlers verdeutlichen, wie dieser in Steven Spielbergs *Schindlers Liste* inszeniert wird. Es geht nicht um den realen Schindler, sondern um jenen des Drehbuchs. Schindler war kein moralischer Mensch. Er wollte in den besetzten polnischen Gebieten Geschäfte machen, übernahm eine von Juden enteignete Fabrik und ließ sich von der SS jüdische Häftlinge als Zwangsarbeiter liefern. So saß er häufig mit diesen SS-Schergen beim gemütlichen Plausch zusammen. Seine jüdischen Arbeiter waren ihm sicher fremd. Ihn beseelte kein christliches Liebesgebot, kein kantischer kategorischer Imperativ, keine goldene Regel. Aber als er zusehen musste, wie die Juden von der SS malträtiert wurden, da entdeckte er plötzlich seine Verantwortung für seine jüdischen Arbeiter. Auf seiner Liste rettete er über 1000 Juden vor der Ermordung in Auschwitz, indem er bei der SS durchsetzte, dass er bei der Verlegung seiner Munitionsfabrik angesichts der vorrückenden Roten Armee seine Arbeiter mitnehmen darf. Damit hat er sich zweifellos solidarisch gezeigt, gerade auch dann, wenn er sich von seinen jüdischen Mitarbeitern noch Namen ihm Unbekannter nennen ließ, um sie auf die Liste zu setzen. Er realisiert damit die höhere Form der Solidarität, sich nämlich auch verantwortlich zu verhalten, wenn man jemanden nicht kennt.

Wie Sartre verknüpft auch Lévinas die Verantwortung mit der Freiheit. Wenn man seine Verantwortung für die Anderen erkennt, entsteht die eigene Freiheit. Man hat die Wahl zu helfen oder nicht. Lévinas schreibt: »Indem der Andere die Freiheit zur Verantwortung ruft, setzt er sie ein und rechtfertigt sie.« (1987: 282) Ist bei Sartre die Freiheit die Bedingung für die Verantwortung, dreht sich dieses Verhältnis bei Lévinas um. Wenn man Verantwortung hat, dann entstehen erst Spielräume, die die Freiheit ausmachen. Freiheit und Verantwortung gehören in beiden Fällen unbedingt zusammen. Nur wer verantwortlich ist, ist auch frei. Und wer frei ist, der ist natürlich verantwortlich. Wer Verantwortung trägt, besitzt Entscheidungskompetenz. Wenn die Widerständigkeit die Freiheit begründet, dann führt auch sie zur Verantwortung für sich selbst wie für andere Menschen. Aber umgekehrt verdankt sich die Widerständigkeit just dieser Verantwortlichkeit. Weil der Andere den Menschen in die Verantwortung ruft, somit zur Solidarität auffordert, eröffnet sich ihm wie Oskar Schindler die Möglichkeit der Widerständigkeit, die seine Freiheit ausmacht.

So erwächst aus der Verantwortung zusammen mit Freiheit und Widerständigkeit die Solidarität mit anderen Menschen. Sie entsteht punktuell zunächst in der konkreten Begegnung. Aber sie steigert sich durch Erlebnisse und

Schilderungen, durch Berichte in den Medien, durch Kunstwerke, auch durch abstrakte Überlegungen. Für David Hume entwickelt der Mensch zunächst Gefühle für seine unmittelbare Umgebung, seine Familie, seine Freunde. Dieser Kreis erweitert sich langsam und kann auch die ganze Menschheit umfassen. Manchmal ist es sogar leichter sich mit fernen Menschen solidarisch zu fühlen, als mit nahen. Man kann sich auch für ferne Menschen engagieren (Hume 1996: 135). Doch je näher einem Menschen rücken, für die man sich verantwortlich fühlt, für die man sich einsetzt, mit denen man sich solidarisch zeigt, um so konkreter, folgenreicher, somit verantwortlicher werden die Handlungen, um so unmittelbarer, widerständiger drückt sich die eigene Freiheit aus. Bei bloßen Solidaritätsbekundungen bleibt sie dagegen eher blass. Deswegen wird bei Demonstrationen auch gerne geprügelt. Man drückt damit die eigene Empörung aus und will auf diese Weise seine aktive Solidarität just dort bekunden, wo sie gar nicht unmittelbar wirken kann, sondern höchstens indirekt und mittel- bis langfristig.
Allerdings dehnt auch Lévinas die Verantwortung übermäßig aus. Man ist noch für seine Verfolger verantwortlich (1992: 246). Das verdankt sich jedoch der Erfahrung des Holocaust, also einer Extremerfahrung. Lévinas verlor dabei seine gesamte Familie. Er überlebte in einem speziellen Kriegsgefangenenlager für jüdische Kriegsgefangene, die die Nazis wohl deswegen nicht ermordeten, weil sie Soldaten waren, die dem internationalen Kriegsrecht unterstanden. Er hat später verständlicherweise keinen Fuß mehr auf deutschen Boden gesetzt.

VERANTWORTUNG FÜR DIE BIOSPHÄRE

Eine pragmatische Solidarität stützt sich jedenfalls auf die Verantwortung, was sich gerade auch in einer der großen Debatten des 20. und noch des 21. Jahrhunderts zeigt, nämlich über die Umweltzerstörung und deren Bekämpfung, wird hier unter anderem nicht nur die Solidarität mit den entlegensten Inseln des Planeten, sondern auch noch mit zukünftigen Generationen gefordert. 1979 veröffentlicht der deutsch amerikanische Philosoph Hans Jonas sein Buch *Das Prinzip Verantwortung*, mit dem er die ökologische Ethik begründet. Die weitreichenden, noch gar nicht absehbaren Auswirkungen der modernen Technologien bedrohen die Biosphäre und dadurch den Bestand der Menschheit. Damit wird die Menschheit sowohl für die Biosphäre wie für ihren eigenen Bestand verantwortlich. »Dass eine

Menschheit sei!« (1984: 90) avanciert zum neuen kategorischen Imperativ. Dementsprechend müssen die Menschen ihr Leben ändern, auf Genuss verzichten, um einer fernen zukünftigen Menschheit willen. Das klingt zunächst nach Solidarität, von der Jonas vielleicht nur nicht spricht, weil sie in jenen Jahren vom Marxismus geprägt war.

Doch der Schein trügt. Jonas' Konzept der Verantwortung führt nicht zu einer solidarischen Haltung der Zeitgenossen wie bei Sartre und Lévinas, die mit ihren Konzepten zur Verantwortung auch der Solidarität eine neue Perspektive entwerfen. Weil viele nämlich nicht dazu bereit sind, ihr Leben zu ändern und auf Konsum zu verzichten, muss man sie zur Umkehr zwingen – deutet sich hier schon an, dass Jonas höchstens mit dem Solidaritätsbegriff des 19. Jahrhunderts in Verbindung gebracht werden kann.

Dazu entwickelt er ein Konzept, das an Machiavelli erinnert, der den Fürsten belehrt, dass er sein Volk nur mit Sicherheit das Fürchten lehren kann, während dessen Liebe zu gewinnen, immer mit ungewissen Aussichten verbunden bleibt. Da viele ökologische Gefahren wie die Endlagerung von Atommüll sehr langfristig wirken, müssen sich die Zeitgenossen davor im Grunde nicht unbedingt fürchten.

Just deshalb erhebt Jonas das Prinzip Furcht vor dem Untergang der Menschheit zur Pflicht jedes einzelnen, wenn er schreibt: »Es ist die Vorschrift, primitiv gesagt, dass der Unheilsprophezeiung mehr Gehör zu geben ist als der Heilsprophezeiung.« (1984: 70) Der einzelne wird zu verantwortlichem Handeln nur durch eine apokalyptische Drohung veranlasst, die sich, wenn sie nicht wirkt, dann in einen moralischen Imperativ umwandelt. Die Solidarität bei Marx gründet auf den gemeinsamen Klasseninteressen, die ebenfalls, wenn sie von sich aus nicht motivieren, zur moralischen Pflicht erhoben werden, auch wenn man das marxistisch so nicht nennen darf.

Indes so ohne weiteres lassen sich die Menschen denn doch nicht schrecken. Daraus folgt höchstens eine punktuelle Reaktion, die sofort endet, wenn die Drohung nachlässt. Wenn daraus gar eine solidarische Haltung erwachsen soll, muss sie immer schon als Anlage der Natur des Menschen eignen. Denn warum sollte jemand der Unheilsprophezeiung mehr Gehör als positiven Prognosen schenken, wenn er sich vom Unheil nicht unbedingt betroffen sieht?

Just eine Anlage zur Verantwortung sieht Jonas denn auch in der elterlichen Verantwortung. Während sich das Klasseninteresse bei Marx auf die gemeinsame ökonomische Lage gründet, fußt die Solidarität bei Jonas auf einer positiven Anthropologie. Eine solche Bestimmung kommt indes nicht nur nach dem Strukturalismus und funktionalen Anthropologien reichlich spät, haben inhaltliche anthropologische Charakterisierungen längst ihren ideologischen Charakter enthüllt.

Verantwortung als Solidarität ist aus einem anderen Grund bei Jonas noch erheblich schwächer als bei Marx konzipiert: Denn die elterliche Verantwortung hängt offensichtlich von den ökonomischen Bedingungen ab – man denke an die Straßenkinder überall auf der Welt – so dass man schwerlich von einer Naturanlage zu einer elterlichen Verantwortung sprechen kann. Solidarität wird daraus nicht entspringen, hat sich im globalen ökologischen Diskurs das Wort Solidarität auch noch nicht nachhaltig eingebürgert.

So bleibt der Ethik am Ende nur, an den einzelnen zu appellieren mit zweifelhafter Aussicht auf Erfolg. Daher hofft Jonas auf verantwortungsvolle Politiker, die die Menschen zur ökologischen Umkehr bewegen. Ähnlich wie bei Platon und Machiavelli darf der verantwortungsvolle Politiker die Menschen nicht nur das Fürchten lehren. Er darf sie auch belügen, wenn das nötig sein sollte, um den Bestand der Menschheit zu retten – man denke an gewisse Übertreibungen hinsichtlich der Prognosen bezüglich bevorstehender Klimaveränderungen.

Anstatt also auf die Verantwortungsbereitschaft der Bürger zu setzen, hofft Jonas auf verantwortungsvolle Politiker, entzieht damit den Bürgern ihre Verantwortlichkeit und legt sie in die Hände von Politikern. Solidarität lässt sich derart nicht entwickeln, nachdem die Verantwortung schon keine Naturanlage sein kann. Somit führt vom *Prinzip Verantwortung* des Hans Jonas kein Weg zur Solidarität, stellt es eher einen Abweg ähnlich wie bei Max Weber dar.

Denn zwischenzeitlich haben sich die Bürger häufig als aufgeklärter als Politiker erwiesen. Vor allem taugt die Konzeption von Jonas anders als diejenige von Sartre und Lévinas nicht, um eine nachhaltige Solidarität zu stärken, die die Protestierenden der letzten Jahre benötigen, wollen sie nicht in die Zeiten des Kriegs der Weltbilder zurückfallen. Solidarität hat jene proletarische Interessensorientierung verloren, die für die einzelnen einen Zwang darstellt. Derart kehrt sie auch nicht ökologisch wieder, weil die protestierenden Bürger heute mündig sind, die aus eigenem Urteil heraus sich solidarisieren und nicht weil es politische Führer, religiöse Prediger oder der Druck der Umwelt ihnen vorschreiben. Mag dergleichen Solidarität in Brechts Film *Kuhle Wampe* auch sehr viel Nestwärme versprechen, in der DDR trug sie nicht mehr weit. Dagegen eröffnet die Verantwortung als eigene Einsicht die Perspektive der Freiwilligkeit der Solidarität. Sie erzwingt sie nicht. Jeder kann die Verantwortung ablehnen,

die ihm seine Mitmenschen gerne übertragen würden. Niemand konnte gezwungen werden, in der *Résistance* mitzukämpfen.
Dem würden Kritiker entgegnen, dass Solidarität als Entscheidung des einzelnen eine Art Beliebigkeit erhält. Andererseits aber entwickelt die Solidarität aus Verantwortung, wie letztere von Sartre und Lévinas entworfen wird, durch ihren kontingenten Charakter die Würde der Freiwilligkeit, eines individuellen Interesses, einer zwischenmenschlichen Begegnung. Sie verdankt sich keiner Naturanlage, keiner objektiven Einsicht in die Wirklichkeit, keiner Erleuchtung eines Philosophen oder Königs. Sie wird individuell und somit menschlich, genauer zwischenmenschlich, da sie ja nachhaltige Verantwortung für andere übernimmt – gerade auch in der Ökologie – und dergleichen gegenüber anderen denn auch zu rechtfertigen hat.

SOLIDARITÄT OHNE WELTBILD

Der verantwortungsethischen Orientierung an den Folgen von Gesetzen oder Handlungen, die strukturell auch alle Menschen betreffen könnte und die in der zwischenmenschlichen Situation entspringt, verdankt sich eine Perspektive der Solidarität. Denjenigen gegenüber, denen man hilft, verhält man sich solidarisch, gehören diese Menschen zur jeweiligen Solidargemeinschaft, die Rorty gerne immer weiter ausdehnen würde.
Bloße Absichtserklärungen, dass man sich mit bestimmten bedrängten Menschen solidarisch fühle, aber nichts dafür tut, dass diese nicht so bedrängt werden, bleiben wirkungslose Lippenbekenntnisse, zumindest verglichen mit konkreten Handlungen. Allerdings wirken solche Solidaritätsbekundungen manchmal durchaus hintergründig – man denke an die Anti-Vietnamkriegsbewegungen der sechziger Jahre, die der US-Politik die Kriegführung erschwerte. Freilich lassen sich solche Wirkungen von Protesten nicht abschätzen. Sie kann man nicht in ein Verantwortungskalkül einbeziehen. Ohne ein solches Kalkül bleibt Solidarität indes verantwortungslos. Umgekehrt verbindet sich dadurch die Verantwortung mit der Solidarität.
Andererseits wird der Verantwortung, die sich an den Folgen des Handelns für andere Menschen orientiert, Prinzipienlosigkeit vorgeworfen. Sie fördere den Werteverlust, wenn man sich eben in der Abtreibungsdebatte nicht mehr prinzipiell an das Abtreibungsverbot hält. Man zerstöre also die Solidarität. Wenn man indes durch eine Art Legalisierung die Zahl der Abtreibungen senkt, dann mag man zwar das Verbot nicht hinlänglich beachten, aber mehr

Embryonen eine Entwicklung ermöglichen. Auf einem Verbot um des Verbotes willen zu insistieren, erhebt die Norm über den Menschen. Aber eine Norm steht nicht über den Menschen. Zudem ist jede Norm nicht viel mehr wert als das, was sie bewirkt. Man achtet das Gesetz nicht, weil es Gesetz ist, wie es sich Kant vorstellt. So verhält sich nur der gehorsame Untertan, Nietzsches letzter Mensch, der das Denken und das Urteilen der Obrigkeit überlässt. Der mündige Bürger befolgt manche Gesetze dagegen nur aus Angst vor Strafe und umgeht sie, wo diese nicht droht, ohne das geringste schlechte Gewissen, sondern sogar mit Stolz, weil das seine Freiheit, Verantwortlichkeit und womöglich auch Solidarität demonstriert. Überzeugt folgt er Gesetzen nur, weil sie gerecht sind, weil sie das Leben von anderen Menschen lebenswerter, leichter etc. machen, und man sich dadurch ebenfalls solidarisch zeigt. Jedes Gesetz, das wirken soll, braucht Anerkennung, die nur freiwillig geschehen kann. Erzwungene Anerkennung ist keine. Wie schreibt doch Max Stirner 1844: »Ich aber bin durch Mich berechtigt zu morden, wenn Ich Mir's nicht verbiete, wenn Ich selbst Mich nicht vorm Mord als ›Unrecht‹ fürchte.« (2009: 195)

Durch die Legalisierung der Abtreibung verhält man sich gleichzeitig auch gegenüber Frauen solidarisch, die keine Kinder wollen, also ihr Grundrecht auf individuelle Lebensgestaltung in Anspruch nehmen, das sich ja ihrer Widerstandskraft verdankt. Das Lebensrecht eines einzelnen darf nicht das Lebensrecht anderer massiv beeinträchtigen. Geburt und Elternschaft sind aber massive Eingriffe in das Lebensrecht der Betroffenen. Insofern setzt Verantwortung als Rücksicht auf die Folgen die Solidarität überhaupt erst in die Tat um.

Hans Jonas *Prinzip Verantwortung* wird diesem Anspruch gegen Ende des 20. Jahrhunderts merkwürdigerweise nicht ganz gerecht. Er erhebt die Erhaltung der Bio-Sphäre und den Bestand der Menschheit primär zu einer politischen Aufgabe, die sich einem traditionellen Verständnis des Politischen verdankt. Damit reduziert er die Verantwortung des einzelnen Bürgers, der wiederum untertänig und gehorsam nur den Vorgaben der Politik folgen soll, anstatt untereinander selbsttätig Formen der Solidarität zu entwickeln, nur weil es Jonas mit dem bürgerlichen bzw. demokratischen Umweltschutz nicht schnell genug geht.

Doch *Greenpeace* erklärt am 16. März 2012, dass der Umwelt- und Klimaschutz bei Firmen heute mehr Beachtung findet als in der Politik seit dem 2009 gescheiterten Klimagipfel von Kopenhagen. Firmen hätten nämlich Sorge um ihren Ruf, wenn sie zum Gegenstand von Kampagnen werden.

Und wer trennt denn fleißig den Müll? Der Politiker oder der Bürger? Aber der Politiker kann ja auch jederzeit, wenn es sich zu lohnen scheint, eine gedankliche Wende vollziehen: den Ausstieg aus dem Ausstieg vom Ausstieg wieder rückgängig machen.

Derart hat sich das ökologische Bewusstsein in den letzten Jahrzehnten weit verbreitet, so dass man sich in der Tat des Eindrucks nicht erwehren kann, als hinkten die Politiker eher den Bürgern hinterher. Weil Parteien schon vor Jahrzehnten entdeckten, dass Umweltschutz populär ist, schrieben zwar alle namhaften Parteien diesen in ihre Programme. Dass es andererseits in der Ökologie im Grunde nur um Verantwortung, damit um die Folgen und nicht um hehre Prinzipien geht, das versteht sich beinahe von selbst, wenn man nicht ein ideologisch begründetes ›Zurück zur Natur‹ oder eine religiös motivierte Bewahrung der Schöpfung propagiert. Ökologisches Handeln soll die Umwelt und die Ressourcen schonen, gefährliche, besonders langfristig irreversible Entwicklungen vermeiden, um gesündere, aber vor allem schmackhaftere Nahrungsmittel zu erzeugen und lebenswertere Verhältnisse nachhaltig herzustellen.

Deswegen verbreitet sich ja in den letzten Jahrzehnten eine sehr pragmatische, verantwortungsbewusste Ökologie, die sich der ökologischen Orientierung der Bürger verdankt und die Politik in ihr Schlepptau nimmt. Gerade Techniker haben sich viele nützliche Dinge ausgedacht, um diverse ökologische Entwicklungen zu befördern. Die Politik greift hier manchmal unterstützend, manchmal behindernd ein. Auf vielfältige Weise beteiligen sich die Bürger selbst an der Ökologisierung ihrer Umwelt, sei es durch Energiesparen, durch Biokost oder durch umweltfreundliche Produkte, und mag diese auch die Öko-Bank verkaufen. So ermöglicht die Ökologie ein eigenständiges individuelles Handeln und somit eine individuelle Verantwortung, die natürlich auch jene angeht, die nicht von einem Primat des Individuums gegenüber der Gemeinschaft ausgehen.

Man nützt sich dabei in vielfältiger Hinsicht selbst, indem man gesünder lebt, Geld spart und die Umwelt schont. Doch gleichzeitig verhält man sich konkret solidarisch gegenüber den Mitmenschen, denen die Natur genauso dient wie der geringere Energieverbrauch, sei es im Hinblick auf die CO_2-Emissionen oder durch eine geringere Nachfrage, die die Preise dämpft. Man verhält sich aus ähnlichen Gründen zudem gegenüber ärmeren Ländern solidarisch, wie auch gegenüber zukünftigen Generationen. Solche Ökologie stützt sich nicht unbedingt auf eine Ideologie der Natur oder der Menschheit. Das braucht sie nicht, auch wenn viele solchen Gedankenmodellen nachhängen.

Insofern muss man sich über die Popularität der Ökologie nicht wundern: Indem sie Eigen- und Allgemeinnutz verbindet, überwindet sie den Graben zwischen Nutzen und Moral. So entsteht aus der Verantwortung eine helfende Solidarität, die nicht nur propagiert wird, die keine bloße Symbolpolitik ist. Mag die Wirkung auch noch so klein sein, die vom Individuum ausgeht, mehr ist ihm normalerweise als einzelnem gar nicht möglich, während die politische Lenkung ganzer Gesellschaften in der Regel nie das hält, was sie verspricht. Aber weil das ökologische Handeln letztlich so pragmatisch und nützlich erscheint, wagt man kaum von Solidarität zu sprechen, von der viele noch den Marxschen Heiligenschein erwarten.

Zwar ist die ökologische Ethik – darauf hat schon Jonas hingewiesen – keine allein zwischenmenschliche, wie alle traditionelle Ethik. Die Zwischenmenschlichkeit wird durch ein Handeln in Bezug auf Natur und Technik vermittelt. Verantwortung realisiert sich indes auch in der unmittelbaren Zwischenmenschlichkeit, bleibt die Ökologie doch nur ein Subsystem oder Teilbereich, realisiert sich in ihr nicht irgendein vermeintlich Ganzes. Jedenfalls lässt sich dergleichen empirisch nicht hinlänglich bestimmen, während man konkrete Wirkungen durchaus absehen kann.

So behält die Ethik der Verantwortung und der sich daraus ableitenden konkreten Solidarität ihren Ort in der Zwischenmenschlichkeit. Als ein Zug mit einem Teil von Oskar Schindlers Juden nach Auschwitz umgeleitet wurde, fuhr er umgehend dorthin und bestach den Kommandanten des Vernichtungslagers mit Edelsteinen. Um das Hausmädchen, dass ein SS-Oberer behalten wollte, pokerte er. Ob er gewann oder bestach, lässt der Film offen. Ganz zweifellos ließ sich Schindler, wie es Lévinas beschreibt, von seinen jüdischen Arbeitern in die Verantwortung rufen. Er übte damit lebendige und vor allem wirksame, somit konkrete Solidarität aus, und zwar pragmatisch aus der reinen Zwischenmenschlichkeit heraus ohne Berufung auf ein Weltbild, auf höhere Normen oder Werte. Die waren dazu auch gar nicht nötig, sah Schindler das Elend der gequälten Juden, während genügend gute Kirchgänger oder säkulare Anhänger rationaler Ethik zusahen, wie ihre Nachbarn, die Juden, die Zigeuner, die Homosexuellen deportiert wurden. So bemerkt Hannah Arendt, dass sich jene, die die Moral hochhielten, recht schnell in die Arme der Nazis begaben, während sich vornehmlich diejenigen gegen die Nazis wehrten, die von der Moral nie so viel hielten.

Verantwortung und Solidarität verdanken sich insgesamt ja keinen allgemeinen Normen, Werten oder Vorstellungen, die der Vernunft, dem Gefühl oder religiösen Motiven entspringen, sondern der unmittelbaren Begegnung mit dem Anderen und der Orientierung an den möglichen Folgen des Handelns. Es geht Lévinas nicht um Symbole der Solidarität, sondern um konkrete Hilfe. In diesem Sinne interpretiert die US-amerikanische Philosophin Judith Butler Lévinas in einem solidarischen Sinn: »Die Einzigartigkeit des Anderen ist mir ausgesetzt, aber meine ist auch ihm ausgesetzt, und das heißt nicht, dass wir gleich sind, das heißt nur, dass wir durch unsere Unterschiede, d.h. durch unsere Singularität, aneinander gebunden sind.« (2003: 47)

Damit gleitet der Begriff der Solidarität von der Höhe der Ideen herab in den Alltag der Menschen, auch und gerade in ihren Protestalltag. Der allgemeine Charakter der Solidarität seit Marx heißt bloße Ein- und Unterordnung unter abgewirtschaftete Weltbilder, im Grunde etwas Ähnliches wie das, was Papst Benedikt XVI. in seiner im Bundestag am 22. September 2011 gehaltenen Rede verlangt: Freiheit, die sich einem Absoluten unterwirft, oder mit Marx die Notwendigkeit einsieht und sich dem mächtigen Proletariat anschließt. Die Kämpfe um die Mündigkeit und die freie Wahl der Lebensformen werden daher noch lange weitergehen. Ob sich wieder mehr Menschen einem Absoluten oder Notwendigen unterstellen, dessen absoluter Charakter genauso fragwürdig wie jene Notwendigkeit erscheint, das bleibt abzuwarten. Voraussagen lässt sich das nicht. Mündige Solidarität braucht weder ein Absolutes noch etwas Notwendiges, wiewohl beide dazu auch beizutragen vermögen. Solidarität braucht kein Weltbild, schließt aber auch Menschen mit festen Weltbildern nicht aus. Es gibt durchaus ein Bündnis zwischen engagierten Kommunisten, Katholiken, Spaßvögeln und Käuzen. Erstere nehmen das Leben zu schwer, letztere zu leicht. Aber kann man das Leben überhaupt zu leicht nehmen?

Alle vier aber können heute Solidarität im zwischenmenschlichen, verantwortungsethischen Sinn verstehen, und nicht im organisierten eines gewerkschaftlichen Streiks oder im religiösen einer Gottesfurcht. Allerdings wächst die Verantwortung auch für Lévinas über diesen unmittelbaren zwischenmenschlichen Nahbereich hinaus. Man trägt auch Verantwortung für sein Volk – was man heute wohl besser mit Mitmenschen übersetzt, die mit dem Volk schon gar nichts mehr zu tun haben und mit einem Staat eher in zufälliger Verbindung stehen. Trotzdem bleibt die Grundlage individuell, so dass Lévinas die Perspektive der Ethik wendet, weg von der Allgemeinheit der Vernunft oder der Gemeinschaft, hin zu den zwischenmenschlichen Beziehungen. Dadurch eröffnet er eine neue Perspektive für die Solidarität.

Auch Sartres Verantwortung entwickelt einen Bezug zur Solidarität, der auf der individuellen Ebene ansetzt, indes einen etwas allgemeineren Rahmen entfaltet. Die Verantwortung verdankt sich der eigenen Freiheit. Verantwortlich ist man für sein Leben und damit für die Welt, in die man geworfen ist, gegenüber den Mitmenschen, deren Urteil man braucht, um sich selber nicht nur subjektiv zu verstehen, sondern um seiner Verantwortung überhaupt gerecht zu werden. Wenn man in diesem Sinne für sein Leben und die Welt verantwortlich zeichnet, führt man sein Leben mit Rücksicht auf die Urteile anderer Menschen, d.h. man verhält sich ihnen gegenüber solidarisch. Auch hierzu braucht man kein festes Weltbild, wiewohl Weltbilder sich in einen solchen Zusammenhang von Verantwortung und Solidarität durchaus einzuklinken vermögen.

Aber Solidarität zu üben, das ist kein einfacher Akt wie sich in die Arbeitereinheitsfront einzureihen oder an den katholischen Gott zu glauben, und dann ist man solidarisch. Der solidarische Arbeiter erfüllt gegenüber seinen Genossen faktisch eine Pflicht, obgleich sich die Solidarität den gemeinsamen Interessen, der gemeinsamen Praxis, der gemeinsame Lage verdanken soll. Der Gläubige unterwirft sich den kirchlichen Gesetzen. Solcherart Solidarität beruht nicht auf der individuellen Mündigkeit, die niemanden über sich als Autorität zulässt, die Gott nur als Freund versteht, für den man eventuell Verantwortung übernehmen muss. Stattdessen gilt es, die Solidarität engagiert selber zu realisieren, bleibt heute weder den Gläubigen noch den Kommunisten letztlich als Individuen etwas anderes, als dergleichen auch selber zu verantworten. Viele Menschen handeln nicht mehr gemäß einer vorgeschriebenen Pflicht, befolgen nicht mehr blind einen Code moralischer Regeln, sondern sie engagieren sich mit Leidenschaft, innovativ und inspiriert, was auch für Kommunisten wie Katholiken gilt.

Engagement avanciert zu einem zentralen Begriff seit den fünfziger Jahren, erwartet man heute vom Politiker aber auch von anderen Menschen überhaupt, dass sie nicht nur ihre Pflicht erfüllen, sondern sich persönlich engagieren. Wer protestiert, der betreibt das aus freien Stucken, muss sich somit aus sich selbst heraus um politische oder soziale Probleme kümmern. Damit hat die Solidarität ein individuelles Fundament, liegt sie in der Entscheidung des einzelnen, der sich aber dem Urteil seiner Mitmenschen ausgesetzt sieht, die ihn entweder loben oder tadeln. Aber auch dabei handelt es sich um die einzelnen Mitmenschen und um deren konkretes Urteil, nicht um eine allgemeine Theorie oder Moral.

In diesem Sinn stellt sich denn auch *Occupy Germany* auf ihrer Website als eine vor allem über das Internet verbundene Bewegung ohne Hierarchien oder Anführer dar, was den Unterschied etwa zu einer Partei oder sonstigen

Organisation ausmache. Zwar brauche man auch gewisse Organisationsstrukturen, will man im öffentlichen Raum agieren. Doch das machen ihre Sympathisanten aus freien Stücken und denken sich selber die diversen Aktionen aus – man erinnere sich an die Résistance in der frühen Phase, in der sich jeder selber überlegen musste, was er konkret tun will. *Occupy* möchte über grundlegende Probleme im wirtschaftlichen, politischen und gesellschaftlichen System informieren und diskutieren. Das stelle das untereinander verbindende Moment dar: aus Engagement übernimmt man Verantwortung und realisiert dadurch konkrete Solidarität. *Occupy Germany* möchte einerseits derart Aufklärung betreiben und andererseits durch die Mobilisierung von Menschen einen politischen Druck entwickeln, der zu Veränderungen drängt.

Dagegen haben allgemeine moralische Ansprüche der Solidarität die Menschen nur für fremde Zwecke missbraucht. So insistiert die US-amerikanische liberale Feministin Martha Nussbaum darauf: »Der Liberalismus macht geltend, jeder Mensch solle nicht als Mittel zur Erfüllung der Zwecke anderer, sondern selbst als Zweck angesehen werden. Nach meinem Dafürhalten ist es für die Frauen sehr ratsam, sich diesen Standpunkt zu eigen zu machen, wenn man bedenkt, dass sie allzu oft nicht als handlungsfähige Urheber ihres Tuns und Wesen mit eigenem Wert galten.« (2002: 10) Viele der Protestierenden der letzten Jahrzehnte folgen genau diesem Prinzip, andere nicht mehr zum Mittel zu machen und sich selber verweigern, wenn man zum Mittel gemacht werden soll: die Kriegsdienstverweigerung.

Auch Simone de Beauvoir verbindet die Verantwortung mit der Emanzipation der Frauen, die ihr Leben selber gestalten wollen und nicht nach Vorstellungen des Mannes bzw. vorgegebenen Strukturen leben. Emanzipation heißt damit, ihr Leben auch selber zu verantworten. Von Frauensolidarität hält sie zwar 1949 nicht viel. Aber das Vorbild emanzipierter Frauen wirkt inspirierend auf andere. Sie selber bewunderte ihre Lehrerinnen und wurde dann auch selber Lehrerin. »Schon in meiner Kindheit«, schreibt sie, »schien mir eine Lehrerin eine wesentlich bedeutendere Persönlichkeit als eine Herzogin oder Millionärin zu sein, und diese Hierarchie hat sich kaum verändert.« (2005: 179)

Sein Leben selber zu verantworten, nimmt auch eine Last von anderen Menschen. Frauen werden zu Tätigkeiten fähig, mit denen sie zudem anderen Menschen nützen. Es handelt sich nicht mehr um das unterwürfige Opfer, das eigene Leben in den Dienst der Familie zu stellen, was eher noch eine Solidaritätsform aus der Zeit der Ideologien wäre. Dafür verlangt sie denn, vom Mann auch versorgt zu werden, wie dieser umgekehrt von ihr die Dienste der Ehefrau erwartet. Diese Art der Arbeitsteilung festigt hierarchische Beziehungen und verurteilt Frauen zu niederen Tätigkeiten und Männer zu partriarchalischen Versorgungsleistungen.

Die frühere Hausfrau und Mutter, die womöglich kaum aus dem Haus kommt, konnte schwerlich solidarisch sein. Zwischenzeitlich aber haben auch die traditionellen Hausfrauen vor allem in Arabien entdeckt, dass sie auf der Straße protestieren können. Anderen solidarisch zu helfen, entspringt jedoch vor allem den individuellen Verantwortlichkeiten, Spielräumen, Freiheiten. Je mehr man davon hat, umso weiter reicht die Solidarität. Die Hausfrau mit drei kleinen Kindern und einem Mann, der als Soldat gerade Krieg führt, konnte sich kaum am Widerstand gegen die Nazis beteiligen. Ihr Lebensraum war zu beschränkt. Eine Heldin war sie trotzdem nicht, höchstens eine Heldin der Familie, was nicht mehr so viel zählt, wenn die Familie sozial nicht mehr so viel zählt, sind doch zwischenzeitlich zahlreiche Konkurrenzinstitutionen entstanden, erscheint die mütterliche Hingabe auch als ein Wille zur Macht der Schwachen. Andererseits konnte sich eine solche Hausfrau der angeblichen nationalen Begeisterung und der Hingabe für den Krieg wie jeder andere und wie viele entziehen. Und sollte sie in diesem Fall mit ihrem Mann Krach kriegen, so hätte sich der Ehestreit wirklich gelohnt.

Zudem gibt es noch eine andere Beziehung zwischen Verantwortung, Emanzipation und Solidarität. Emanzipationsprozesse besitzen immer ein doppeltes Gesicht. Einerseits emanzipieren sich einzelne, indem sie aus dem traditionellen Verhalten ausbrechen, Frauen, die berufstätig ihr eigenes Geld verdienen. Aber von Emanzipation spricht man doch erst, wenn das nicht nur einzelne tun, sondern wenn sich daraus eine breite Bewegung entwickelt. Gemeinhin streben Menschen dann ihre Emanzipation nicht nur parallel, sondern auch gemeinsam an – man denke an die Frauen-, Schwulen- und Lesbengruppen und an die weltweit protestierenden Zeitgenossen. Sie entwickeln nicht nur ein solidarisches Verhältnis zueinander, sondern diese Solidarität wirkt auch auf die Emanzipationsprozesse zurück, wenn sie gemeinsam lernen, ihr Leben selber zu gestalten.

Und solcherart konkrete Solidarität fördert wiederum ein eigenverantwortliches Leben jenseits der Weltbilder. Wie schreibt doch de Beauvoir: »Ich verlange für die Menschen Gesundheit, Bildung, Wohlbefinden, Muße, auf dass ihre Freiheit nicht im Kampf gegen Krankheit, Unwissenheit, Not aufgezehrt werde.« (1997: 259)

Teil 3: Utopie, Freiheit, Unordnung

Teil 3: Utopie, Freiheit, Unordnung

»And so even though we face the difficulties of today and tomorrow, I still have a dream. It is a dream deeply rooted in the American dream. I have a dream that one day this nation will rise up and live out the true meaning of its creed: ›We hold these truths to be self-evident, that all men are created equal.‹ I have a dream that one day on the red hills of Georgia, the sons of former slaves and the sons of former slave owners will be able to sit down together at the table of brotherhood. […] I have a *dream* today!«
Haben sich diese Worte, die Martin Luther King am 28. August 1963 proklamierte, in der Karriere von Barack Obama verwirklicht? Oder sind sie selbst in den USA Utopie geblieben, wo noch heute Schwarze von der Justiz häufiger und härter bestraft werden als Weiße, die Schwarzen überdurchschnittlich zu den Armen gehören? US-Präsident Barack Obama, der US-General Colin Powell und George Bushs Außenministerin Condolezza Rice bleiben die Ausnahmen. Wenn man andererseits die Erfolge der US-amerikanischen Bürgerrechtsbewegung auf dem Weg zur Gleichberechtigung seit jener Zeit bedenkt, erscheint die Emanzipation der Schwarzen in den USA nicht mehr als Utopie!

Aber war damals der Traum von der Überwindung der Rassentrennung nicht doch eine Utopie? Eine Utopie eben, von der sich zumindest einiges realisierte? Oder handelt es sich nur um eine religiöse Vision eines Baptistenpredigers? Richard Saage, der bedeutendste politische Theoretiker des utopischen Denkens in Deutschland, unterscheidet zwischen Traum, Vision und Utopie. Visionen mangelt es gemeinhin an Rationalität. Sie verdanken sich häufig religiösen Erfahrungen oder Vorstellungen vom Paradies oder der Apokalypse beispielsweise. Der Begriff der Utopie, den Thomas Morus einführt, heißt aus dem Griechischen übersetzt Nicht-Ort: u topos (vgl. Schönherr-Mann 2008: Fn 11).

Die klassischen Utopien entstehen in der Renaissance und führen vor, was zwar nicht ist, was aber sein könnte und zwar auf der Grundlage der Rationalität, nicht auf religiöser Grundlage. Bis heute stellen sie Wunschbilder des besseren Lebens dar. Oder als Dystopien, die im letzten Jahrhundert zunahmen, zeigen sie Schreckensvisionen möglicher sozialer oder technologischer Entwicklungen. Dabei stellen sie keine bloßen Träume dar, die sich der subjektiven Imagination verdanken, sondern schließen an politische, soziale und wissenschaftliche Diskurse an, versuchen also eine durchaus objektive Perspektive einzunehmen.

UTOPISCHE PERSPEKTIVEN DER ZEITGENÖSSISCHEN PROTESTBEWEGUNGEN

Der Traum von der Überwindung der Rassentrennung birgt ein Wunschbild, das nicht nur eine individuelle, sondern eine allgemeine Hoffnung ausdrückt und eine ethische Orientierung vermittelt, der viele Menschen weltweit folgen. Gibt es heute noch ähnliche Utopien, die *Occupy* oder *Attac* beseelen? Der Wahlspruch von *Attac* lautet: »Globalisierung ist kein Schicksal – Eine andere Welt ist möglich! – wenn Sie mitmachen!« Die Aktivisten von *Occupy* halten es dringend für geboten, Dinge zu verändern, um ›miteinander eine bessere Gesellschaft aufzubauen‹. Beseelten die Aufständischen in Arabien Utopien? Oder hatten sie nicht eher konkrete Ziele, nämlich den Sturz ihrer Regierungen und manche den Aufbau einer demokratischen, andere einer islamischen Gesellschaft? Werden Utopien nicht mehr gebraucht, weil man sich heute pragmatisch verantwortungsethisch primär um das kümmert, was sich in überschaubarer Zeit auch umsetzen und verwirklichen lässt? Vielleicht gilt das für den arabischen Frühling, bei dem auch der Islam eine wichtige Rolle spielt. *Attac* und *Occupy* erscheinen dagegen durchaus vom utopischen Geist beseelt. Es fragt sich nur, von welchem!

Ist Martin Luther Kings Traum ausgeträumt, einerseits weil man einiges davon verwirklichte, andererseits weil man das, was sich nicht verwirklichen ließ, längst aufgegeben hat? Harry Belafonte unterstützte 1959 ein Programm, das Afrikanern das Studium in den USA ermöglichte: Einer der ersten, der dadurch in die USA kam, war Obamas Vater. 2012 zeigt sich der 85 jährige Belafonte, der damals auch zwischen dem Martin Luther King Clan und dem Kennedy Clan vermittelte, von Obama tief enttäuscht, weil er weder Guantanamo aufgelöst noch Bushs Homeland-Security-Gesetze zurückgenommen hat, mit denen praktisch jeder ohne Anklage und ohne Anwalt festgenommen, in ein fremdes Land gebracht und dort gefoltert werden kann. Trotzdem wollte Belafonte bei der Präsidentschaftswahl 2012 wieder für Obama stimmen, allein schon um Schlimmeres zu verhindern. Das klingt eher pragmatisch als utopisch und doch hat sich nun mal manches einstmals Utopisches realisiert. Die Bürgerrechtsbewegung und die diversen Emanzipationsbestrebungen drängten den latenten Faschismus in den USA von Leuten wie McCarthy, dem Ku Klux Clan und christlichen Fanatikern zurück, ringen aber mit Rassismus, religiösem und antiemanzipatorischem Dogmatismus bis heute.

In der Tat gehört Gleichheit einerseits zu den herausragenden Elementen utopischen Denkens. Als formale Gleichheit vor dem Gesetz hat sie sich andererseits in der westlichen Welt weitgehend durchgesetzt. Der Rechtstaat muss sie garantieren. Andererseits tauchen immer wieder politische oder religiöse Gruppen wie die Nazis oder Fundamentalisten auf, die Menschen ob ihrer Herkunft, ihres Denkens oder ihres Unglaubens brutal bekämpfen. Auch weltweit hat sich die Idee der rechtlichen Gleichheit noch längst nicht überall durchgesetzt. Insofern darf man auch die rechtliche Gleichheit noch als eine Utopie bezeichnen, die auch weiterhin auf der Agenda von *Occupy* steht. *Occupy Germany* propagiert auf ihrer Internetseite just solche Werte wie »Gleichheit, Fortschritt, Solidarität, kulturelle Freiheit, Nachhaltigkeit und Entwicklung, sowie das Wohl und Glück der Menschen«. In diesem Sinne fordert *Occupy* Grundrechte: »das Recht auf Wohnung, Arbeit, Kultur, Gesundheit, Bildung, politische Teilhabe, freie persönliche Entwicklung und das Recht auf Konsum von Gütern, die notwendig sind um ein gesundes und glückliches Leben zu führen.« Und man hofft, dass sich das verwirklichen lässt. Ist das dann keine Utopie?

Allemal zielt das utopische Denken weit über die bloß rechtliche Gleichheit hinaus auf die soziale Gleichheit. Doch ob beim Untergang der Sowjetunion oder wenn der Sozialstaat nicht verhindern kann, dass sich die Schere zwischen Arm und Reich immer weiter öffnet: soziale Gleichheit scheitert nachhaltig. Bleiben damit Martin Luther Kings Worte sogar so utopisch, dass sich heute niemand mehr für sie interessiert, hat man sich im Zeitalter von Neoliberalismus und Pragmatismus doch längst mit der sozialen Ungleichheit arrangiert? Braucht man folglich das utopische Denken nicht mehr? Und stellt dann der Kampf gegen den verbleibenden Rassismus höchstens noch eine Ersatzhandlung dar?

Slavoj Zizek weist Ende der neunziger Jahre darauf hin, dass weltweit die Linke es weitgehend aufgegeben hat, den Kapitalismus in Frage zu stellen, ihn gar überwinden zu wollen. Marx spricht noch von einer politischen Ökonomie, d.h. dass man politisch in die Ökonomie eingreifen kann. Diese Perspektive ist heute aufgegeben, erweist sich die Ökonomie als entpolitisiert. Nicht mal ein evidentes Versagen der Banken führte zu nachhaltigen staatlichen Regulierungen. So beschäftigen sich Linke und Alternative mit anderen Angelegenheiten: mit der Emanzipation, dem Feminismus, dem Antifaschismus, der Ökologie. Und Intellektuelle diskutieren entweder Konsenstheorien oder Dekonstruktivismus. Das stellen für Zizek indes nur unauthentische Ersatzhandlungen dar, da man im entscheidenden Bereich, dem ökonomischen, machtlos bleibt (vgl. Schönherr-Mann 2008: Fn 4).

Doch *Attac* geht es um eine bessere Reichtumsverteilung und ein gerechteres Wirtschaftssystem und bedient sich dabei auch utopischer Elemente: So soll

›der gigantische Reichtum dieser Welt‹ ›gerecht verteilt werden‹. Attac engagiert sich für »eine ökologische, solidarische und friedliche Weltwirtschaftsordnung«. Für *Occupy* ist der Kapitalismus ein veraltetes Wirtschaftssystem, das nur wenigen nützt und den meisten schadet. Daher geht es *Occupy* nicht nur um Kritik am Finanzsystem, sondern konkret um die Umverteilung von Oben nach Unten. Sind das alte, aber just daher utopische Forderungen?
Wenn man Joachim Gauck glauben darf, schon! Denn er bezweifelt nicht nur, dass Politiker mit dem Geld der Bürger besser als die Banker umgehen und spielte dabei auf die staatlichen Banken in der DDR an. Vielmehr äußerte er in diesem Zusammenhang das häufig zitierte Wort, dass für ihn die rings um *Occupy* geführte Antikapitalismus-Debatte ›unsäglich albern‹ sei. Aber vielleicht ist sie nicht albern, sondern eben nur utopisch. Dann fragt sich natürlich, was mit einer utopischen Perspektive gemeint sein könnte. Kehrt hierbei der Marxismus wieder? Doch wenn es wirklich um Utopie geht, ist das schwerlich möglich.

DIE KLASSISCHE UTOPIE ALS KRITIK AN DER WIRKLICHKEIT

Denn bereits Marx grenzt sich gerade gegenüber dem utopischen Denken ab, obwohl die Utopien seit der frühen Neuzeit sich auch mit dem Verhältnis von Ökonomie und Politik auseinander setzen und zum ersten Mal politische Ökonomien entwickeln. Von Rechts bis Links wird längst nicht erst seit den neunziger Jahren die Utopie für beendet erklärt. Selbst Kommunisten interessieren sich kaum noch dafür. Die Sowjetgesellschaft erfüllte so wenig von utopischen Anforderungen, so dass man sich nach ihrem Untergang nicht mehr allzu sehr nach neuen Experimenten sehnt. So bemerkt der Dichter Hans Magnus Enzensberger sogar: »Die oft gehörte Behauptung, ohne Utopie könne man nicht leben, ist bestenfalls eine Viertelswahrheit [...] Ihr Export in die entlegensten Teile der Welt gehört zu den verheerendsten Erfolgen der europäischen Kultur.« (1990: 4) Auch der Kulturwissenschaftler Thomas Macho konstatiert, dass Gesellschaftsutopien momentan gar keine Konjunktur haben, höchstens technische Zukunftsvisionen, die häufig dystopischen Charakter besitzen (zit. Schönherr-Mann 2008: Fn 10).
Kehrt mit *Attac* und *Occupy* die Zeit des utopischen Denkens etwa wieder? Oder zielen die diversen neueren Protestbewegungen nicht doch pragmatisch auf das ab, was man verwirklichen kann – eine Regierung stürzen oder die Banken zu mehr Moral ermahnen – und nicht auf visionäre Wunschvorstel-

lungen? Doch es geht *Attac* um »eine ökologische, solidarische und friedliche Weltwirtschaftsordnung«, *Occupy* um die Umverteilung von Oben nach Unten. Ist das pragmatisch oder utopisch?

Um diese Frage zu beantworten, ist ein Blick in die Geschichte der politischen Utopie vonnöten. Bereits Platon entwirft in seiner Schrift *Politeia* in der ersten Hälfte des 4. Jahrhunderts vor Christus einen ständisch fest gegliederten Staat, in dem jeder Mensch eine bestimmte Funktion auszuüben hat. Geleitet wird dieser ideale Staat durch die Weisen, die Philosophenkönige. Eine solche Ordnung, der sich der Einzelne zu unterwerfen hat, so schreibt Platon, »würde also Gerechtigkeit sein und die Stadt gerecht machen [...] Und ein solches schien uns der Staat zu sein, und so haben wir denn einen so trefflich als möglich eingerichtet [...]« (1958: 434c-e) Platons Modell zielt auf das Wohl des Ganzen, das Gemeinwohl, das für ihn oberste Priorität entfaltet. Egoistische Interessen des einzelnen, Ansprüche auf eigene Freiheiten schließt Platons Idealstaat aus.

Allerdings sollte man diesen nicht als Utopie im engeren Sinn bezeichnen. Es handelt sich um einen Staatsentwurf in einer Zeit, in der durchaus verschiedene Modelle in den antiken griechischen Stadtstaaten ausprobiert wurden. Im Fall von Platon wird somit eine Möglichkeit bis in die letzte Konsequenz durchdacht, um die Vorteile dieses Modells herauszuarbeiten, wie man es ansatzweise in Sparta entwickelte. Es geht um die Einheit eines Stadtstaates, der allein von einer kleinen Elite der Weisen beherrscht wird. Dieser Staat soll dadurch gestärkt werden, dass jeder das dazu beiträgt, was er am besten kann, wozu aber bereits eine gewisse Form von Bildung gehört, wie umgekehrt ein sich Schicken der Menschen in ihre Position.

Daran knüpft Thomas Morus an, der 1516 mit seiner kleinen Schrift *Utopia* die neuzeitliche und damit die eigentliche Utopie-Diskussion eröffnet. Zunächst schildert er die ungerechten Verhältnisse im zeitgenössischen England, in dem die Armen immer ärmer werden. Im zweiten Teil berichtet ein Reisender von einer fernen Insel irgendwo im Meer, auf der die Menschen nach vernünftigen Prinzipien im Einklang mit der Natur, zudem in weitgehender Gütergleichheit, mit wenig Arbeit glücklich leben. Morus beschreibt derart ein Staatswesen, »das nach meiner festen Überzeugung nicht nur das beste, sondern auch das einzige ist, das mit Recht den Namen eines ›Gemeinwesens‹ für sich beanspruchen kann. Denn wo man sonst von Gemeinwohl spricht, haben es alle nur auf den eigenen Nutzen abgesehen; hier, wo es nichts Eigenes gibt, berücksichtigt man ernstlich die Belange der Allgemeinheit.« (1960: 106)

Diese antiindividualistische Tendenz des utopischen Denkens, die der Gemeinschaft ein klares Primat gegenüber dem Einzelnen einräumt, verschärft gut 100 Jahre nach Morus 1637 auch der süditalienische Dominikaner Tommaso Campanella mit seinem *Sonnenstaat*. Auf Ceylon situiert schafft dieser Armut und Reichtum ab und minimiert die Arbeit. Eine straffe hierarchische Ordnung beruht auf einem kosmisch göttlichen Willen. Ein Oberpriester lenkt den *Sonnenstaat*, dessen Macht ähnlich wie bei Platon bis in die Familienplanung hineinreicht. Dem *Sonnenstaat*, so berichtet Campanellas Reisender von der fernen Insel, »obliegt vor allem die Sorge für die Fortpflanzung, damit Männer und Frauen so miteinander verbunden werden, dass sie den besten Nachwuchs hervorbringen. Sie [die Insulaner] spotten über uns, weil wir der Fortpflanzung der Hunde und Pferde unsere eifrige Sorge widmen, die der Menschen aber vernachlässigen.« (1960: 119) Da bereits Platon ähnliche Elemente der Menschenzüchtung entwirft, verwundert es wenig, wenn die Kritiker von Eugenik und Genetik eine biopolitische Linie von diesen Utopien über die nationalsozialistische Züchtungsinstitution Lebensborn, in der arische SSler, nach Arendt biedere Familienväter, unbekannten Damen deren entweder vom Patriarchat oder von der Nazi-Propaganda implantierten Kinderwunsch erfüllten, bis zu heutigen genetischen Eingriffen in das Erbgut ziehen.

Allerdings fragt man in diesen klassischen politischen Utopien nicht danach, wie man denn nun diesen Idealstaat konkret umsetzen könnte. Die Utopien von Morus, Campanella und auch Francis Bacon halten ihren Gesellschaften den Spiegel vor und liefern ihnen Maßstäbe, um deren Defekte zu beurteilen. Kann man sich damit zufrieden geben? Wozu braucht man Utopien, wenn man sich nicht darum bemüht, diese umzusetzen?

Um 1800 herum beginnt man dergleichen zu fragen, wenn das frühe sozialistische Denken seine ersten Utopien entwickelt. Der Neomarxist Ernst Bloch stellt fest: »Die Utopien des 16. und 17. Jahrhunderts und alle früheren haben das glückliche Reich als vorhanden betrachtet, irgendwo fern in der Südsee, man muss nur hinkommen. Mit dem Ausbruch der industriellen Revolution im 18. Jahrhundert verwandelt sich auch das in Utopien, ganz dem gesellschaftlichen Fahrplan gehorchend, indem die seligen Inseln gar keine Inseln im Raum mehr sind, sondern in der Zukunft liegen. Die Kategorie Zukunftsgesellschaft taucht auf, Gesellschaft vorbereitet durch die Industrie. L'industrie ist das Zauberwort bei Saint-Simon zu Anfang des 19. Jahrhunderts. Utopien sind also nicht nur abstraktes wishful thinking, sondern sie haben einen Fahrplan.« (1980: 70)

Die Frühsozialisten beseelt zwar schon ein Bedürfnis nach Umsetzung ihrer visionären Ideen. Indes blieben die genauen Wege dorthin zunächst noch weitgehend im Dunklen. Claude Henri de Saint-Simon entwirft im ersten Viertel des 19. Jahrhunderts eine vorsozialistische Vision der Industriegesellschaft, die von einer geschlossenen arbeitenden Klasse vom Bankdirektor bis zum Arbeiter gemeinsam angeführt wird.

Der englische Frühsozialist Robert Owen propagiert 1814 *Eine neue Auffassung von der Gesellschaft*, in der er die Verbesserung der Lage der Arbeiter genauso fordert wie die Hebung von deren Moral durch die Veränderung ihrer Lebensumstände. In den zwanziger und dreißiger Jahren des 19. Jahrhunderts gründete er genossenschaftlich organisierte Musterkolonien in den USA, die allerdings weitgehend scheiterten.

Charles Fourier propagierte die Aufhebung der sexuellen Unterdrückung, die Reduktion der Arbeit auf ein Minimum, die Erfüllung eines lustvollen Lebens, so dass er durchaus als ein Wegbereiter des Freudomarxismus betrachtet werden kann. Riesige genossenschaftliche Vereinigungen schaffen am Ende ein glückliches Zeitalter, in dem die Polkappen abschmelzen, die Raubtiere verschwinden und das Meer limonadenartigen Geschmack annimmt – und niemand kann das heute als unmöglich diffamieren; denn die beiden ersteren Entwicklungen sind bereits eingetreten. Nur der letztere harrt noch darauf, angegangen zu werden. Momentan schmeckt das Meerwasser wahrscheinlich eher noch nach Rohöl und Plastik.

Während es sich bei den klassischen Utopien um normative Ideale handelt, die der Kritik des Bestehenden dienen, die aber nicht umgesetzt werden sollten, dachten die Frühsozialisten durchaus an Umsetzung, wussten aber nicht wie: Eine Zukunftsgesellschaft soll irgendwann doch an der Zeit sein. Trotzdem können sie nicht angeben, wie diese Utopien realisiert werden sollen, wie man also den Zeitpunkt erreicht, die Bedingungen schafft, um aus einer Zukunft eine Gegenwart werden zu lassen. In beiden Fällen bleiben Utopien indes Utopien und werden nicht Wirklichkeit.

Lassen sich die Entwürfe und Zielvorstellungen von *Attac* und *Occupy* in diesem Sinn als Utopien bezeichnen und wenn ja, eher im klassischen von Morus oder im frühsozialistischen von Saint-Simon?

MARX' ABSCHIED VON DER UTOPIE

Entschieden distanzieren sich dagegen Marx und Engels von allen utopischen Vorstellungen. Sie wollten keine Utopisten sein. Vielmehr geht es ihnen um die konkreten Umsetzungsmöglichkeiten. Dazu wollen beide dem Sozialismus eine wissenschaftliche Grundlage geben, die einerseits aus einem Blick auf die geschichtliche Entwicklung der bürgerlichen Gesellschaft und andererseits aus einer ökonomischen Analyse des Kapitalismus besteht. »Dies änderte sich durch Marx«, schreibt Ernst Bloch, »und Engels in einer Schrift mit dem Titel *Der Fortschritt des Sozialismus von der Utopie zur Wissenschaft* formuliert das [...] Man hat nicht Ideale zu verwirklichen, sondern man hat dieses Wesen, womit die gegenwärtige Gesellschaft schwanger ist, in Freiheit zu setzen. Utopie ist also zwar die Geburtshelferin, aber nicht die Erzeugerin des Kindes [...] Und das Wort Utopie wird am Schluss vermieden [...] Aber: es kommt nun das andere große Medium [...] der Vermittlung mit der gesellschaftlichen Tendenz. Wo diese fehlt, haben wir Utopie und keine Wissenschaft.« (1980: 71)

Statt utopische Visionen zu entwickeln, muss man den Gesetzen der Geschichte, dem Klassenkampf nachspüren und die Profitinteressen der Kapitalisten entlarven. Daraus aber sei abzuleiten, was konkret zu tun ist, um den Sozialismus einzuführen. Im von Bloch erwähnten programmatischen Text *Die Entwicklung des Sozialismus von der Utopie zur Wissenschaft* schreibt denn Engels 1880: »Der bisherige Sozialismus kritisierte zwar die bestehende kapitalistische Produktionsweise und ihre Folgen, konnte sie aber nicht erklären, also auch nicht mit ihr fertig werden; [...] die materialistische Geschichtsauffassung und die Enthüllung des Geheimnisses der kapitalistischen Produktion vermittels des Mehrwerts verdanken wir Marx. Mit ihnen wurde der Sozialismus eine Wissenschaft [...]« (1972: 209)

So sollte für Marx und Engels der Kommunismus erst das Stadium nach vollendetem Sozialismus sein, der selbst noch keine utopischen Züge besitzt, vielmehr konkrete Ziele realisiert. Im Sozialismus geht es zunächst nur um die Vergesellschaftung der Ökonomie. Solange die Bourgeoisie noch Widerstand leistet, herrscht im Sozialismus die Diktatur des Proletariats. Im Kommunismus wird der Staat als solcher überflüssig und stirbt langsam ab. Merkwürdigerweise fürchteten sich die Antikommunisten mehr vor dem Kommunismus als vor dem Sozialismus. Zudem darf man annehmen, dass bis heute der Sozialismus einen besseren Klang bei einer Mehrheit der Zeitgenossen hat als der Kommunismus. Viele fürchten sich anscheinend mehr vor der Freiheit dieses Kommunismus als vor der Unfreiheit des Sozialismus, die sich im Sozialstaat kapitalistisch spiegelt, während politische Partizipation des Bürgerprotests und die diversen Emanzipationsbewegungen im Grunde die Freiheit jenes Kommunismus antizipieren. Und das durchaus mit Erfolg, so dass dieser Aspekt des Kommunismus gar nicht so fern, gar nicht so utopisch erscheint. Denn *Attac* und *Occupy* wollen mehr Demokratie, vor allem mehr Basisdemokratie, also mehr Partizipation. *Occupisten* versuchen aus ihren Camps, die sie in Frankfurt oder New York monatelang unterhielten, einen »Ort der Wärme, der Zuwendung, der Ideen, der Solidarität, der Schönheit, der Utopie, der Kunst« zu machen. Ob sich Marx den Kommunismus so vorgestellt hätte, lässt sich nicht sagen. Aber dergleichen müsste ihm nicht notwendig unsympathisch vorkommen … vielleicht nur etwas ›albern‹. Aber solche Fehleinschätzungen unterlaufen auch anderen.

Denn Marx und Engels haben sich auch nur an wenigen Stellen und höchstens vage über den Kommunismus geäußert: sie wollten keine Utopisten sein. Im *Manifest der Kommunistischen Partei* heißt es 1848: »An die Stelle der alten bürgerlichen Gesellschaft mit ihren Klassen und Klassengegensätzen tritt eine Assoziation, worin die freie Entwicklung eines jeden die Bedingung für die freie Entwicklung aller ist.« (Marx/Engels 1972: 482) Doch Marx und Engels wollen die Gesellschaft umwandeln, sie nicht nur kritisieren. Sie wollen dem Kapitalismus auch mit utopischen Szenarien gerade keine ethischen Werte und moralischen Normen vorhalten – die Idee des Gemeinsinns oder der gerechten Güterverteilung –, an denen sich die Menschen orientieren können. Das aber sehen die klassischen Utopien als ihre Aufgabe an. An die Stelle der Kritik als Waffe wird irgendwann die Waffe als Kritik treten, was in der Regel ein schmutziges Geschäft darstellt, das sich mit ethischen Normen und Zielen, somit auch mit Utopischem wenig verträgt.

So geht es nicht um ethische Orientierungen, bezeichnet Marx die Moral als die Moral der Herrschenden. Sowenig wie er Utopist sein wollte, wollte er Moralist sein. Es geht ihm auch nicht um bloß ideale Gesellschaften, sondern um eine historisch politische Perspektive, die Marx aus den ökonomischen Verhältnissen und der historischen Erfahrung ableitet, allemal wie die Solidarität nicht aus der Ethik.

Die Revolutionäre richten ihre Blicke darauf, wie sich politische Zielvorstellungen konkret umsetzen lassen. Sie lernen nicht erst von Machiavelli, dass es in der Politik um Macht und Gewalt geht, nicht um Moral. Daher schrecken sie auch nicht vor der revolutionären Gewalt zurück, die Marx offen propagiert. Aber im 19. Jahrhundert glaubten die meisten Denker wie Politiker an den

Krieg als Mittel der Politik. Was man von konservativer Seite Bismarck und Friedrich II. von Preußen zugesteht, muss man Marx und Lenin auch zugestehen, nämlich dass Gewalt legitim ist.

Dabei braucht es für Marx auch gar keinen guten Zweck mehr, den die Revolutionäre anstreben, und der die schlechten Mittel heiligen würde. Die soziale Revolution folgt zwangsläufig aus der Entwicklung des Kapitalismus heraus. Die bösen Taten geschehen quasi unvermeidlich und führen aber beinahe wie durch eine unsichtbare Hand gelenkt, nämlich durch ökonomisch historische Gesetzmäßigkeiten in die gute Gesellschaft. Nietzsche wird derartige Zusammenhänge genealogisch begreifen, wenn sich das Gute aus dem Bösen heraus entwickelt.

In der dann umgekehrt allzu blutig ausartenden Realität dreht sich der Spieß um, verdankt sich das Böse dem Guten. Doch im Hintergrund heiligt schließlich weniger der gute Zweck die bösen Mittel, als dass vielmehr ein Regime mit allen brutalen Mitteln ums Überleben kämpft, sei es bei Lenin und noch grausamer bei Stalin, heute noch in Nord-Korea und irgendwie auch in China, mögen das just die Ökonomen und mit ihnen die Neoliberalen beinahe schon vergessen haben. Dieser blutige Überlebenskampf wird mit der wahren Religion oder der richtigen Theorie letztlich nur noch legitimiert, was vor allem dann dieser Theorie, also dem Denken von Marx schadete. Der Marxismus will auch im 20. Jahrhundert nicht als Utopie erscheinen und lehnt utopisches Denken sogar als bürgerlich ideologisch oder affirmativ, wenn nicht gar als reaktionär ab. So ebnet Marx indirekt dem Pragmatismus schon den Weg, nur dass sich Marx vielleicht nicht zu ferne, aber zu große Ziele vornimmt: die Weltrevolution, während aber überall kleinere Revolutionsversuche stattfinden. Umgekehrt kritisieren seine Gegner Marx als utopisch, also als nicht zu verwirklichen, und diskreditieren damit zugleich das utopische Denken, als ginge es diesem wie dem Marxismus darum, ein Ideal, das man nicht verwirklichen kann, partout, d.h. mit allen Mitteln, vor allem mit Gewalt, in die Tat umzusetzen. Und um daran zu erinnern: die Gewalt dürfte man Marx von konservativer wie auch katholischer Seite eigentlich nicht vorhalten.

Trotzdem kann man den Antiindividualismus sowohl der klassischen Utopien als auch der antiutopischen Marxschen Vorstellungen als gescheitert betrachten. Werden die Menschenrechte unterdrückt, werden die Entfaltungsmöglichkeiten der Individuen eingeschränkt, verkümmern – so Richard Saage – nicht nur die individuellen Fähigkeiten, sondern auch die gesellschaftlichen Perspektiven – was man in der Sowjetunion, in Cuba, in Nordkorea und in Iran beobachten kann (zit. Schönherr-Mann 2008: Fn 14).

DIE KONKRETE UTOPIE IM 20. JAHRHUNDERT

Es verwundert daher nicht, dass der Marxismus genau im Augenblick seiner historischen Umsetzung in eine tiefe Krise geriet. Denn das, was er umsetzte, erfüllte nicht die in ihn gesetzten Hoffnungen. Darauf reagiert der Neomarxismus. Ernst Bloch bemerkt: »Gibt es nicht auch einen etwas zu großen Fortschritt des Sozialismus von der Utopie zur Wissenschaft? Sind hier nicht große emotionale Antriebe, die doch da sind, aber nicht ausgesprochen werden, bedroht, wenn alles zur Wissenschaft wird und zur Tabelle, alles ausgerechnet werden kann, wenn kein Enthusiasmus und auch kein Glaube in schwierigen Situationen mehr lebt?« (1980: 71)

Ernst Bloch kritisiert nicht nur die Dogmatisierung und Verwissenschaftlichung des Marxismus. Um ihn zu beleben, greift Bloch auf das utopische Denken zurück. Dabei orientiert er sich am technischen Fortschritt und skizziert technisch utopische Szenarien. So schreibt er in seinem Hauptwerk *Das Prinzip Hoffnung*: »Wie die Kettenreaktionen auf der Sonne uns Wärme, Licht und Leben bringen, so schafft die Atomenergie, in anderer Maschinerie als der der Bombe, in der blauen Atmosphäre des Friedens, aus Wüste Fruchtland, aus Eis Frühling. Einige hundert Pfund Uranium und Thorium würden ausreichen, die Sahara und die Wüste Gobi verschwinden zu lassen, Sibirien und Nordkanada, Grönland und die Antarktis zur Riviera zu verwandeln. Sie würden ausreichen, um der Menschheit die Energie, die sonst in Millionen von Arbeitsstunden gewonnen werden musste, in schmalen Büchsen, höchstkonzentriert, zum Gebrauch fertig darzubieten.« (1959: 775)

Diese heute ironisch anmutenden Worte – aber man erinnere sich wieder an Fouriers Limonadenmeer – schreibt Ernst Bloch in den vierziger Jahren und damit in der dunkelsten, aber etwa zur gleichen Zeit, als Georges Orwell mit seinem Roman *1984* ein zukünftiges technisches Schreckensszenario malt und Max Horkheimer und Theodor Adorno in der technischen Entwicklung die Wiederkehr der Barbarei diagnostizieren – man denke an Auschwitz und Hiroshima. »Seit je hat Aufklärung im umfassenden Sinn fortschreitenden Denkens das Ziel verfolgt, von den Menschen die Furcht zu nehmen und sie als Herren einzusetzen. Aber die vollends aufgeklärte Erde strahlt im Zeichen triumphalen Unheils«, heißt es 1947 in der *Dialektik der Aufklärung* (1971: 7).

Doch Bloch steht mit seinen Hoffnungen auf die Technik unter den Neomarxisten keineswegs allein. Auch Herbert Marcuse kann sich den Weg in eine sozialistische Gesellschaft nur durch technischen Fortschritt vorstellen. Gerade die sogenannte Überflussgesellschaft, die sich in der westlichen Welt seit den fünfziger Jahren ausbreitet, schafft die Bedingung für eine bessere Welt. Denn anstatt den Konsum immer weiter zu steigern, erlaubt die hohe Produktivität die Arbeitszeit immer stärker zu senken, so dass die Menschen schließlich nur noch ein zwei Stunden am Tag arbeiten müssen, eine Arbeit, die schon ob ihrer Kürze an entfremdendem Charakter einbüßt. So schreibt Marcuse bereits 1955: »Jenseits des Leistungsprinzips verlieren sowohl seine Produktivität als [auch] seine kulturellen Werte ihre Gültigkeit. Der Kampf ums Dasein geht dort auf neuem Boden und mit neuen Zielen weiter: er wandelt sich in einen konkreten Kampf gegen jede Beschränkung des freien Spiels der menschlichen Fähigkeiten, gegen Mühsal, Krankheit und Tod. Mehr als das: während die Herrschaft des Leistungsprinzips mit einer entsprechenden Kontrolle der Triebdynamik Hand in Hand ging, würde die Umorientierung des Kampfs ums Dasein eine entscheidende Wandlung dieser Dynamik mit sich bringen.« (1967: 156)

Dann verbringen die Menschen die meiste Zeit kreativ und lustorientiert, so dass auch die von Sigmund Freud diagnostizierte kulturell unvermeidbare sexuelle Unterdrückung massiv nachlassen kann, ohne dass die Kultur niedergeht. Wenn dabei an steigenden Konsum gedacht wird, dann präsentiert sich eine solche Perspektive im Zeitalter der ökologischen Krise als reine Utopie, genauer als die schiere Dystopie vom Ende der Ressourcen, der Zerstörung der Umwelt. Wenn der Konsum dadurch dagegen gesenkt würde, wenn weniger produziert wird und somit auch weniger konsumiert werden kann, dann antizipiert Marcuses Modell sogar die Öko-Utopien, zumindest auf eine etwas ironische Weise. Wenn es der *Occupy*-Bewegung in ihren Camps um Kreativität und Sensibilität geht, wenn es vor allem um gemeinsame Aktionen und um die kulturelle Gestaltung des öffentlichen Raumes geht, dann hallt dabei etwas von Marcuses Ideen nach.

Doch während er diese Perspektive in marxistischer Manier nicht als Utopie bezeichnen möchte, scheut sich Bloch nicht, der Utopie mittels technischer Visionen wieder eine Heimstatt im Horizont des Marxismus bauen. Denn der Marxismus selbst stützt sich primär auch auf den wissenschaftlich technischen Fortschritt: Während – so Marx – im Kapitalismus unvermeidliche Wirtschaftskrisen die industrielle Entwicklung behindern, wird der Sozialismus die moderne Industrie aus den kapitalistischen Fesseln befreien und dadurch die Produktivität unendlich steigern.

Daran anknüpfend möchte Bloch mit der utopischen Perspektive dem vertrockneten marxistischen Dogmatismus wieder Lebendigkeit einhauchen.

1968, während an vielen Orten der Ruf nach Sozialismus erschallt, glaubt Bloch feststellen zu können: »Wenn wir nicht die Weichen stellen, dann wird das, was objektiv-real möglich ist und als solches utopisch vorgedacht werden kann, nie realisiert werden [...] Auf diesen Begriff, den utopisch-prinzipiellen Begriff, kommt es an, ihn zu entwickeln ist das sogenannte Gebot der Zeit. Die Zeit ist voll davon, sie selber ist schwanger von diesem Begriff. Er ist fast mit Händen zu greifen.« (1980: 75)

Doch die Utopie, die den autoritären und bürokratischen Sozialismus wieder auffrischen und erneuern will, darf nicht wie zuvor bei Morus, Campanella oder den Frühsozialisten im Idealen liegen, darf sich nicht in Träumen verlieren, darf nicht als moralische Norm oder ethische Orientierung erscheinen. So etwas widerspricht der marxistischen Forderung, dass man den Sozialismus realisieren muss. Die Utopie Ernst Blochs soll sich aus den sozialen Tendenzen vielmehr ablesen und auch umsetzen lassen: Bloch entwickelt dazu den Begriff *konkrete Utopie*, um die Differenz zwischen dem wissenschaftlich orientierten Marxismus, der keine Utopie sein will, und den lebendigen, wiewohl häufig utopischen Hoffnungen der Menschen zu überbrücken. Die blanke Utopie im Sinne von Morus lehnt er weiterhin ab: »Und was nun die Utopie als Bewahrerin eines Fernziels [...] angeht, so ist das Fernziel selbstverständlich, wenn es nicht vermittelt ist – theoretisch durch Nahziele und praktisch durch Arbeit in des Teufels Wirtshaus unserer Umgebung – null und nichtig, ein bloßer Schmarrn.« (1980: 71)

Wenn es *Attac* um »die Verbesserung der Lebensbedingungen der Menschen, die Förderung von Selbstbestimmung und Demokratie und den Schutz der Umwelt« geht, dann ähnelt das dieser Blochschen Konzeption einer konkreten Utopie, die zwar momentan verstellt erscheint, aber mit großen Anstrengungen sich doch verwirklichen lässt. Ähnlich heißt es in einer Art Glaubensbekenntnis von *Occupy*: »Ich glaube, dass ich etwas ändern kann. Ich glaube, dass ich helfen kann. Ich weiß, dass wir es gemeinsam schaffen können. Geh mit uns auf die Straße. Es ist dein Recht.« Religiös erscheint dergleichen, weil Glaube offenbar motiviert. Damit klingt aber auch etwas Utopisches an. Denn Glauben heißt schlicht, es nicht zu wissen, sich den möglichen Erfolg einzubilden, davon zu träumen. Glauben stellt eine Art Motivationstraining dar, um etwas zu tun, was höchst unsicher ist. Es ohne den Glauben zu tun, schlicht etwas probieren, zu experimentieren und gespannt zu sein, was am Ende passiert, das wäre rationaler. Soweit muss Aufklärung sich verbreiten, dass man den Glauben nicht mehr braucht und trotzdem handelt. Das muss gar nicht im Sinne von Albert Camus' *Mythos von Sisyphos* sein, dass man den Stein im Bewusstsein der Aussichtslosigkeit auf die Berge rollt, sondern wohl wissend, dass häufig auch kleine Aktionen Spuren hinterlassen, Zeichen setzen und dadurch womöglich spätere Auswirkungen nach sich ziehen. Nur kann man nicht voraussagen welche.

Es ist Bloch dabei durchaus bewusst, dass zur Durchsetzung utopischer Gehalte zu recht profanen, also gewaltsamen Mitteln gegriffen werden muss. Dabei tritt zwar die nicht sehr absehbare soziale Revolution in den Hintergrund. Aber der revolutionäre Geist von 1968 beseelt viele Menschen und bietet offenbar neue Entwicklungschancen – eher im gerade skizzierten ungewissen perspektivischen Sinn. So wurde Tübingen, wo Bloch zuletzt lehrte, zu einer Hochburg der Partei *Die Grünen*.

Daran, dass Utopien den Bürgern ethische Ideale und moralische Normen als Orientierungen präsentieren, daran denken weder die Neomarxisten noch viele, die wie Zizek im Sinn von Bloch etwas von der Utopie retten möchten. So schreibt Zizek 40 Jahre danach über den Mai 1968: »Das einzig wahre Erbe von '68 wird am besten in der Formel auf den Punkt gebracht: [...] Seien wir Realisten – und fordern wir das Unmögliche! Die wahre Utopie ist der Glaube daran, dass es zum existierenden Weltsystem keine Alternativen gibt. Der einzige Weg realistisch zu sein besteht darin, sich etwas auszudenken, das innerhalb der Koordinaten des bestehenden Systems unmöglich erscheint.«(2008: 17) Das besticht höchstens ob seiner Schrägheit. Dass die Welt bleibt, wie sie ist, ist keine Utopie, höchstens eine Illusion. Dass man Realist ist, wenn man das Unmögliche fordert, ist schlicht Unsinn. Wenn man das Unmögliche fordert, ist man Utopist, der der Welt durchaus etwas zu sagen hat. Doch das scheint in den siebziger Jahren und erst recht in den neunziger längst vergessen und somit auch Martin Luther Kings Traum. Die Utopie bleibt entwertet, dieser Traum somit auch – hört man ja immer noch fleißig jene Bemerkungen, dass sich irgendwelche Vorstellungen doch nicht verwirklichen lassen. So lehnt Zizek in marxistischer Tradition die Utopie als Utopie ab.

Oder der Traum erfährt eine pragmatische Verwirklichung und bald denkt niemand mehr daran, dass die Realität mal Traum war. Denn welche Französin aus der Mittelschicht stellt sich noch vor, dass sich vor einem Jahrhundert ihre Aussichten darauf beschränkten, entweder zu heiraten, ins Kloster zu gehen, oder als alte Jungfer im Haus des Bruders stickend ihr Leben zu fristen.

UTOPIE ALS REFLEXION

Braucht man also keine Utopien mehr? Kann man gar von Glück reden, dass sich gegen Ende des letzten Jahrhunderts die Einsicht vom Ende der Utopien verbreitete? Oder kehrt in den neueren Protestbewegungen die Utopie doch wieder? Das utopische Denken gibt sich mit dem, was ist, nicht zufrieden. Es setzt der schlechten Realität eine ideale Gegenwelt entgegen. Insofern besitzt es Quellen bei den alttestamentarischen Propheten bzw. in der jüdischen Hoffnung auf den Messias und das gelobte Land. Seit es in der Renaissance sich jenseits der Religion konstituierte, entwickelt es rein innerweltliche und keine religiösen Gegenmodelle zur Realität, die dieser nicht nur einen Spiegel vorhalten, sondern zugleich eine Richtung angeben, in der diese Realität verändert werden müsste. Das Denken gewinnt durch die utopische Dimension für Richard Saage die Fähigkeit, Alternativen zur Realität zu entwickeln, sich nicht vor Alternativlosigkeit stellen zu lassen, wie es heute in der Politik durchaus gerne propagiert wird. Wer dergleichen alternative Konzeptionen als totalitär disqualifiziert, verzichtet auf eine wesentliche Perspektive des Denkens, schränkt das Denken ein (zit Schönherr-Mann 2008: Fn 30).

In diesem utopischen Sinn fordert *Occupy* alternative Krisenlösungen: man lehnt den EU-Fiskalpakt ab und fordert stattdessen die Staatsschulden schlicht zu streichen, die Banken in öffentliche Dienstleister umzuwandeln und den gesellschaftlichen Reichtum durch ein neues Steuersystem anders zu verteilen. Das scheint wenig Chancen auf Realisierung zu haben. Aber *Attac* forderte als erste Organisation die Einführung einer Finanztransaktionssteuer, die heute sogar von vielen europäischen Regierungen bejaht wird. Derart geben utopische Forderungen Denkanstöße, suchen nach Alternativen dort, wo sich die Politik als denkfaul erweist.

Doch je mehr man vornehmlich aus sozialistischer Perspektive diese Gegenperspektiven einst zu konkretisieren versuchte, je mehr man sie unmittelbar umsetzen wollte, nämlich im real existierenden Sozialismus, umso mehr scheiterte das utopische Denken. Was muss es dann zunächst unternehmen, will es sich neu motivieren? Es muss dieses eigene Verfahren, Gegenmodelle zu entwerfen, auf sich selbst anwenden. Es muss also die Alternative zur Utopie mitdenken, d.h. die pragmatische, verantwortungsethische Perspektive entwickeln, die zunächst keine Utopie braucht: Wenn im Sinne von Jean-Francois Lyotard die großen Erzählungen scheitern, dann bleibt nichts anderes als die kleinen Erzählungen zu favorisieren. Sie berichten nicht mehr vom Großen und Ganzen, sondern von vielen Ereignissen. So muss das utopische Denken diese Ereignisse einholen. Viele bei *Attac* und *Occupy* und den diversen anderen Protestbewegungen sprechen zwar immer noch vom Ganzen. Aber jene, die sich darüber im Klaren sind, dass sich das Ganze doch nicht verändern lässt, die einfach auf die Kraft ihrer Stimmen und nicht ihrer Waffen vertrauen, ahnen zumindest, dass Veränderungen auf sehr verschlungenen Wegen am Ende mäandern und nur sehr selten präzise umgesetzt werden können.

Nicht die Sowjetunion stellt die Alternative zur Realität dar, wenn sie sich selbst realisierte, sondern das, worum sich Bürger konkret bemühen, wenn sie ihrer Verantwortung gerecht werden wollen und sich ihren Zeitgenossen gegenüber solidarisch zu verhalten versuchen. Dort wo sich Bürger nicht mit dem zufrieden geben, was sie vorfinden, wo sie sich darum bemühen, die Welt etwas besser zu machen, dort blitzt etwas von konkreter Utopie und konkreter Solidarität auf. Die utopische Alternative zur Utopie liegt in diesen individuellen Bemühungen, das eigene Leben zu gestalten, Bemühungen die häufig genug scheitern oder unrealisiert bleiben und um die sich viele doch immer wieder bemühen: Obamas individuelles Leben und als soziales Symbol. Insofern beginnt die Utopie im Kleinen, beim einzelnen, beim Ereignis. Um die Utopie müssen sich ja auch immer einzelne Bürger bemühen: im eigenen Leben und zusammen mit anderen, sei es bei *Greenpeace*, *Attac* oder *Occupy*.

Doch die Alternative muss sich auch noch auf eine andere Weise in das utopische Denken einbetten, nämlich als Kraft der Selbstreflexion, die ihre negative Dialektik bzw. ihre Genealogie mitdenkt. Das geschieht einerseits bereits intensiv durch die Dystopien, die im letzten Jahrhundert zahlreich wurden und zuletzt zumeist technischen Charakter annehmen. Sie warnen vor technischen Fehlentwicklungen, vor der Herrschaft der Maschinen, der Computer und der Roboter – man denke hier vor allem an Orwells *1984* oder an Filme wie *Metropolis*, *Odyssee 2000* oder *Künstliche Intelligenz*. Derart liefern negative Utopien ihre Selbstkritik mit, zeigen auf, wie sich das Intendierte in sein Gegenteil verwandelt.

Andererseits muss die utopische Perspektive selbstreflexiv erweitert werden. Denn die großen Utopien – auch jene, die wie die von Marx oder Marcuse keine Utopie sein wollen – stellen monokausale Ordnungsmodelle auf, die sich jeweils auf ein zentrales Prinzip stützen: beispielsweise bei Platon, das der sozialen Ungleichheit, bei Morus, Marx und Marcuse, das der sozialen Gleichheit. Damit lassen sich alle weiteren Probleme lösen, so die gängige

Unterstellung, und zwar in einem so weitreichenden Maße, dass die Gesellschaft in einen harmonisch idyllischen Zustand gelangt. Die ethnischen Konflikte beispielsweise Jugoslawiens würden sich durch den Sozialismus von selber lösen. Die Künstler würden von selber in den sozialistischen Realismus einschwenken, weil sie keinen Grund mehr hätten, die Welt kubistisch, abstrakt, surrealistisch und somit schwarz zu malen.

Doch solches monokausale utopische Denken wird keiner sozialen Realität gerecht, sondern unterwirft die Realität ihrem Prinzip mit regelmäßig dystopischen Folgen. Utopisches Denken muss also diese eigene Blindheit reflektieren und kritisieren. Es darf gar nicht mehr kausal denken, schon gar nicht monokausal. Es kommt darauf an, dass sich Utopien nicht in Dystopien verwandeln, wie man es für die sozialistischen Utopien angesichts des Scheiterns der Sowjetunion festhalten muss. Leider gilt das auch noch für die klassischen Utopien. Oder ist Campanellas *Sonnenstaat* heute noch etwas anderes als eine Dystopie? Wer möchte in Platons *Politeia* leben? Ob Francis Bacon oder Morus, die Frühsozialisten, ja selbst die wenigen Andeutungen von Marx und Engels zum Kommunismus, längst sind daraus Dystopien geworden.

Utopien können es sich nicht mehr so einfach machen, müssen sie vielmehr die Pluralität, die Widersprüchlichkeit, die Komplexität der Realitäten beachten und diesen Differenzen gerecht werden. Allerdings kann man bemerken, dass sich beispielsweise *Attac*, *Occupy* oder alternative Studentengruppen zumeist nicht mehr eines monokausalen Modells bedienen. Es geht ihnen gleichzeitig um ökologische, soziale, ökonomische, bildungspolitische Alternativen, die sie nicht mehr durch ein einziges Mittel erreichen wollen. Vielmehr erheben sie zumeist unterschiedliche Vorschläge für die einzelnen Bereiche, die manchmal unmittelbar umsetzbar wären, häufig aber auch etwas utopisch anmuten. Oder bestimmte Organisationen kümmern sich nur um einen Bereich – *Greenpeac* oder der BUND – erheben aber auch nicht den Anspruch, dadurch alle Probleme der Welt lösen zu wollen.

In diesem Sinn können Utopien zumindest das Nachdenken anregen, wenn auch nicht unbedingt konkrete Handlungsanweisungen erteilen, was sich aber als sowieso nicht so einfach herausgestellt hat, weil Morus *Utopia* noch keine negativen Folgen nach sich zog, der Marxsche Sozialismus schon. Aber angesichts dessen, dass seit ca. 250 Jahren die Menschen mit technischer und wissenschaftlicher Gewalt die Welt ungeheuer intensiv umgestalten und dabei immer wieder fatale Nebenwirkungen produzieren, kommt es heute womöglich wirklich mehr darauf an nachzudenken, als ein weiteres Mal eiligst zu handeln.

Hat Martin Heidegger mit seiner Mahnung also recht? »Was ist das Bedenklichste? Woran zeigt es sich in unserer bedenklichen Zeit? Das Bedenklichste zeigt sich daran, dass wir noch nicht denken. Immer noch nicht, obgleich der Weltzustand fortgesetzt bedenklicher wird. Dieser Vorgang scheint freilich eher zu fordern, dass der Mensch handelt, statt in Konferenzen und auf Kongressen zu reden und dabei sich im bloßen Vorstellen dessen zu bewegen, was sein sollte und wie es gemacht werden müsste. Demnach fehlt es am Handeln und keineswegs am Denken. Und dennoch – vielleicht hat der bisherige Mensch seit Jahrhunderten bereits zu viel gehandelt und zu wenig gedacht.« (1954: 130)

Gemäß Heidegger nimmt das utopische Denken mit sozialistischem Hintergrund an diesem Handeln teil. Damit aber kehren sich Utopien von ihren Ursprüngen ab, als Thomas Morus und Campanella noch gar nicht an die Umsetzung ihrer Utopien dachten. Gilt es dahin zurückzukehren? Müssen Utopien uns heute zum Nachdenken anregen, ohne dass darauf unmittelbar ein Handeln folgt? So wollen *Occupy* und *Attac* auf langfristige Veränderungen hinwirken. Die Utopie verwirklicht sich immer auf leisen Sohlen, ohne dass man es bemerkt. Erst Hegels Eule der Minerva, die ihren Flug in der Abenddämmerung beginnt, kann historisch erkennen, was sich verändert hat, was sich von utopischen Träumen verwirklichte (Hegel 1970: 27). Dann sind es aber keine Utopien mehr, sondern Wirklichkeiten, mit denen man notorisch unzufrieden ist: Die verwirklichte Utopie ist keine mehr und hat somit ihren Glanz wie ihre Zugkraft verloren. Hat dann aber Ingeborg Bachmann recht, wenn sie die Literatur als eine Utopie bezeichnet, die mit ihrer literarischen Sprachkraft den Menschen Hoffnung gibt und sie träumen lässt? »Die Literatur aber, die selber nicht zu sagen weiß, was sie ist, die sich nur zu erkennen gibt als ein tausendfacher und mehrtausendjähriger Verstoß gegen die schlechte Sprache – denn das Leben hat nur eine schlechte Sprache – und die ihm darum ein Utopia der Sprache gegenübersetzt, diese Literatur also, wie eng sie sich auch an die Zeit und ihre schlechte Sprache halten mag, ist ob ihres verzweiflungsvollen Unterwegsseins zu dieser Sprache zu rühmen und nur darum ein Ruhm und eine Hoffnung der Menschen. Ihre vulgärsten und preziösesten Sprachen haben noch Teil an einem Sprachtraum. Jede Vokabel, jede Syntax, jede Periode, Interpunktion, Metapher und Symbol erfüllen etwas von unserem nie ganz zu verwirklichenden Ausdruckstraum […] Es gilt weiter zu schreiben.« (zit. Schönherr-Mann 2008: Fn 34)

Wenn man der Realität eine Alternative entgegensetzen will, dann muss man sich literarisch mit ihr auseinander setzen, gleichgültig ob man sie nur schildert, sie reflektiert, sie kritisiert oder versucht, Wege woandershin zu skizzieren. Insofern beherbergt die Kunst insgesamt ein utopisches Element, eben eine Alternative zur Realität, die mindestens zu denken gibt, obwohl sie das Handeln eher indirekt und hintergründig motiviert. Derart regt denn auch nach Adorno die Kunst eine Reflexion an, weil sie dem gesellschaftlich verursachten Leiden Ausdruck verleiht. Daran wird auch in den Camps von *Occupy* gedacht, wenn es den Teilnehmern um kreative Protestformen geht. Kämpfen folglich *Greenpeac*, *Occupy* und *Attac* gegen die schlechte Sprache des Lebens?

UTOPIE ALS ETHIK

Aber hat man damit nicht trotzdem aufgegeben, die Welt tatkräftig anders, humaner zu gestalten? Wenn sich die Utopie heute weniger konkret präsentiert, wenn es ihr nicht mehr unmittelbar um das Handeln, um ihre Umsetzung geht, wenn zu ihr die Selbstreflexion, das Denken und das Schreiben gehören, hat sie dann alle konkreten Gehalte verloren? Beherbergt sie gar keine großen Ideale mehr? Im Gegenteil, denn man kann sicher nicht behaupten, dass das Ideal der sozialen Gerechtigkeit verblasst sei, wie ja gerade die Forderungen von *Attac* und *Occupy* belegen, aber auch die sozialen Proteste der Gewerkschaften z.B. in Griechenland, Spanien und Italien während der Krisen.

Indes dieses Ideal der sozialen Gerechtigkeit hat doch Konkurrenz bekommen, bzw. alte und neue Ideen, die es einige Zeit dominierte, treten aus seinem Schatten wieder heraus. In einer modernen Utopie kann es nicht mehr primär um die soziale Gleichheit gehen, sondern um Ökologie, politische Partizipation, Technologien, Bildung, Kommunikation und Kultur. Damit taucht auch ein alter Begriff wieder auf, nämlich Freiheit. Davon ahnt bereits Ernst Bloch: »Diesen Gegensatz sehen wir wieder [...] zwischen Bakunin und Marx. Bakunin: Freiheit, und der Anfang ist Abschaffung des Staats – der Anfang! [...] dann gibt es wirtschaftliche und gesellschaftliche Veränderungen ohne Gefahr. Bei Marx stirbt der Staat zuletzt ab [...] Der echt verstandene Marxismus hat zwar ein Prius von Ordnung, aber ein Primat von Freiheit. Ordnung ist da um der Freiheit willen.« (1980: 72)

Der Anarchist Bakunin will zuerst die Freiheit und dann die soziale Gerechtigkeit realisieren und in nicht wenigen Kreisen ist der Anarchismus heute erheblich populärer als der Marxismus. Dem Sozialisten Marx geht es primär um ein Ende der Ausbeutung, was nicht zwangsläufig die Verbesserung der materiellen Situation der Armen nach sich ziehen muss, und erst recht nicht sekundär die Aufhebung der Unterdrückung, was dann in die Freiheit führen soll. Dagegen schreibt Bakunin 1873: »Auf dem pangermanischen Banner steht geschrieben: Erhaltung und Stärkung des Staats um jeden Preis; aber auf dem der Sozialrevolutionäre, auf unserem Banner, steht mit flammenden, mit blutigen Lettern: Zerstörung aller Staaten, Vernichtung der bourgeoisen Zivilisation, freie Organisation von unten nach oben durch freie Bündnisse, Organisation des von den Fesseln befreiten einfachen Arbeitervolkes, der ganzen befreiten Menschheit, und Aufbau einer neuen Welt für die ganze Menschheit.« (2007: 363) Man denke an die militarisierte Gesellschaft des 19. Jahrhunderts. Doch nicht erst im Laufe des 20. Jahrhunderts nimmt dieses Thema Freiheit – auch jenseits der sozialen Frage – unter dem Stichwort ›Menschenrechte‹ utopische Fahrt auf.

Bereits in der Aufklärung tritt es neben das andere große utopische Thema des Friedens. Und dabei behalten beide angesichts der bis heute wütenden Kriege und der überall immer wieder herrschenden Unterdrückung, der unendlichen Verstöße gegen die Menschenrechte, ihren utopischen Grundzug. So beginnt Immanuel Kant seine berühmte Schrift *Zum ewigen Frieden* aus dem Jahr 1795 mit den folgenden Worten über deren Titel: »Ob diese satirische Überschrift auf dem Schilde jenes holländischen Gastwirts [Zum ewigen Frieden], worauf ein Kirchhof gemalt war, die Menschen überhaupt, oder besonders die Staatsoberhäupter, die des Krieges nie satt werden können, oder wohl gar nur die Philosophen gelte, die jenen süßen Traum träumen, mag dahin gestellt sein.« (1968: 343) Kant propagiert einen Bund der freien Staaten, der den Naturzustand, der notorisch zwischen ihnen herrscht, wenigstens tendenziell in eine friedliche Ordnung transformiert. Einen Weltstaat lehnt er ausdrücklich ab, weil die Staaten ihre Souveränität niemals völlig aufgeben werden.

Allerdings hat sich zwischenzeitlich die staatliche Souveränität als weitgehende Illusion erwiesen. Aber es gibt längst einen Bund der Staaten, nämlich die UN, hat sich eine Utopie verwirklicht, die dadurch alles andere als utopisch erscheint. Trotzdem werden ständig Kriege geführt. Doch es dürften die Anstrengungen größer geworden sein, Kriege zu verhindern oder zu beenden, aber vielleicht auch nur deshalb, weil die Kriege mit immer verheerenderen Ausmaßen drohen. Der Weltfriede bleibt eine Utopie, allein schon eine Welt ohne Atomwaffen. Aber es gibt Menschen, die weiterhin dafür kämpfen, für eine Utopie, der ein ähnliches Schicksal wie der UN droht.

Karl Jaspers, der Philosoph der frühen Bundesrepublik, stellt 1958 angesichts des härter werdenden kalten Krieges und noch vielfältiger Demokratie- und Freiheitsdefizite in Westdeutschland fest: »Wollen wir Freiheit und Frieden, so müssen wir in einem Raum der Wahrheit uns begegnen, der vor allen Parteiungen und Standpunkten liegt, vor unseren Entscheidungen und Entschlüssen. Wenn wir frei und wahrhaftig werden, kehren wir ständig zurück in diesen gemeinsamen Raum, in dem wir verbunden bleiben auch dann, wenn wir Gegner sind. Wahrheit liegt nicht zuerst im Inhalt, sondern in der Weise, wie dieser gedacht, aufgezeigt und diskutiert wird: in der Denkungsart der Vernunft. Diese Wahrheit hört auf in der Vereinzelung trotzigen Soseins und Sowollens, mit der Blindheit der Seele und der Taubheit des Geistes, mit dem Abbruch der Kommunikation.« (1965: 533)

Einerseits scheint hier noch etwas von jener Ablehnung von Parteien nachzuhallen, wie sie in der Weimarer Republik ihre Blüten trieb und dabei auch den Nazis zuarbeitete. Dass eventuell gerade auch der Streit als harte Auseinandersetzung zur Wahrheit beizutragen vermag, das scheint sich Jaspers Ende der fünfziger Jahre noch nicht vorstellen zu können. Dass man wirklich eine fundierende Gemeinsamkeit braucht, das darf man heute jedenfalls genauso in Frage stellen, wie die Vertreter eines integrierenden sozialen Bandes darauf weiterhin insistieren.

Andererseits sind Dogmatiker und Fundamentalisten, die für sich die alleinige Wahrheit reklamieren, zumeist zu keiner vorbehaltlosen Prüfung der Wahrheit bereit, sei es im Konsens oder im Dissens. Für sie gibt es feste Wahrheiten, die sie nicht erschüttern lassen möchten, keinen Raum, in dem man Aussagen überprüft und diskutiert und anderen vor allem auch die Möglichkeit von Wahrheit einräumt. Hans Küng hat indes nachgewiesen, dass Wahrhaftigkeit in allen Weltreligionen eine ethische Grundorientierung darstellt. Ein Bündel fundamentaler Werte und Normen fasst er zu einem Weltethos zusammen, das überall auf der Welt schon Anerkennung findet, um dadurch zu einer friedlicheren Welt beizutragen (2004: 81). Das *Projekt Weltethos* versteht sich dabei selbst nicht als Utopie, da es ja von der Gemeinsamkeit bestimmter ethischer Grundwerte ausgeht. Andererseits stellt die Idee eines Weltfriedens und eines globalen Religionsfriedens momentan eine ähnliche Utopie dar, wie 1963 Martin Luther Kings Traum oder Virginia Woolfs Traum von der Emanzipation. Insofern avancieren diese Zielvorstellung als utopische Visionen zu ethischen Orientierungen, die durch ihre utopische Formulierung begründet werden (vgl. Schönherr-Mann 2010d: 61). Das gilt insbesondere für die Zielvorstellungen der neueren Protestbewegungen, die diese Zielvorstellungen weitgehend nicht durchsetzen werden. Trotzdem könnten sich diese aber langfristig und indirekt realisieren, wiewohl sie dann ihren Glanz verloren haben werden.

Für Karl Jaspers erhalten Freiheit und Frieden ihre utopische Dynamik, also ihre langfristig orientierende Kraft, aus der Kommunikation, die sich um Wahrheit bemüht, zu der mit Martin Heidegger das Denken und mit Ingeborg Bachmann die Literatur gehören. Auch Hannah Arendt erklärt die Freiheit im Anschluss an ihren Lehrer Karl Jaspers zum Sinn der Politik. Dabei beruht für Arendt die Freiheit auf der Gebürtlichkeit des Menschen. Denn mit jedem Menschen fängt etwas Neues in der Welt an (vgl. Schönherr-Mann 2006: 168). Sie bemerkt 1958 in ihrem Vortrag *Freiheit und Politik*: »Seine eigentlich philosophische Ausprägung hat dieser Freiheitsbegriff weder im Griechischen noch im eigentlich Altrömischen Bereich erfahren, sondern erst bei Augustin, sagen wir im christlich römischen Bereich, bei Augustin, der die römisch erfahrene Freiheit damit begründete, dass der Mensch selbst ein Anfang sei, ein initium, sofern er ja nicht immer existiert hat, sondern erst durch Geburt als etwas ganz und gar Neues, in eine Welt, die vor ihm war und nach ihm sein wird, hineingekommen ist. Weil er ein Anfang ist, meint Augustin, kann der Mensch etwas Neues anfangen, also frei sein und damit es so etwas wie einen Anfang in der Welt überhaupt gebe, hat Gott den Menschen erschaffen.« (2000: 220)

Freiheit heißt dann im Anschluss an Arendt nicht nur politische Kommunikation, also Partizipation, sondern auch aus sich heraus etwas Neues in die Welt zu bringen, das Leben selber nach eigenen Vorstellungen gestalten zu können. Wenn das jeder für sich nach eigenen Vorstellungen tun darf, dann entsteht eine pluralistische Gesellschaft, in der die Menschen emanzipiert leben können. Sie sind nicht primär Deutsche, Juden, Proletarier, Familienmitglieder und müssen sich dementsprechend einer Gemeinschaft unterordnen.

Die Utopie der Freiheit als Gebürtlichkeit liegt nicht in der Entfaltung eines vorgegebenen inneren Wesens, das es zu bekennen gilt, sondern in der Emanzipation von derartigen äußeren Zwängen, in der Kreativität, die Nietzsche vorgedacht hat und die Protestgenerationen nicht erst seit dem Dadaismus über die Pop-Art und die Achtundsechziger bis hin zu den Camps von *Occupy* beseelt.

Daher gilt es die eigenen Träume zu verwirklichen. Gianni Vattimo entwickelt daraus 1990 eine Art Utopie einer pluralistischen Gesellschaft: »Der emanzipatorische Effekt [...] besteht dennoch nicht darin, dass man einem jeden eine vollständige Erkennbarkeit und Authentizität, Eigentlichkeit zuspricht, so als bestünde die Emanzipation darin, endlich das offenbaren zu dürfen, was ein jeder wirklich ist, um eine noch metaphysische Terminologie zu verwenden, was ich wirklich bin, mein *Ontos On*, platonisch gesagt. Das wäre noch ein metaphysisches Emanzipationsideal, zum Beispiel offenbaren zu dürfen, dass man ein Schwarzer, eine Frau, ein Homosexueller, ein Protestant usw. ist. [...] Wenn ich mich in dieser Welt pluralistischer Kulturen zu meinem System religiöser, ästhetischer, politischer, ethischer Werte bekenne, dann werde ich ein ausgeprägtes Bewusstsein von der Geschichtlichkeit, Kontingenz, Begrenztheit aller dieser Systeme, bei meinem angefangen, entwickeln.« (1992: 22)

Die Utopie einer Freiheit in einer pluralistischen Gesellschaft verlangt vom einzelnen die anderen Menschen in ihrer Andersheit anzuerkennen und zu achten und nicht von ihnen zu verlangen, so zu leben, wie man es selbst für richtig hält, also keinesfalls sie zu zwingen, bestimmte Kleidung zu tragen und eine bestimmte Form der sexuellen Betätigung vorzuschreiben – man denke an Saudi-Arabien oder die Orthodoxen in Israel. Denn man muss einsehen, dass sich die eigenen Lebens- und Weltvorstellungen einer sozialen Situation verdanken, in der man zufälliger Weise lebt, mag man das auch für einen göttlichen Auftrag halten, den man aber für sich behalten sollte, mit dem man nicht andere belästigen oder ihnen gar Vorschriften machen darf. Hier herrscht sicher ein Konflikt zwischen Traditionalisten und Posttraditionalisten bzw. zwischen Gemeinschaftsorientierten und Vertretern einer Individualisierung.

Wer sich um Freiheit und Frieden bemüht, der muss politisch, sozial oder auch literarisch mit anderen Menschen kommunizieren und kooperieren. Was hat das mit Utopie zu tun? Aber hat sich Martin Luther Kings Traum aus dem Jahre 1963 bis heute etwa realisiert? Zumindest entfaltete diese Vision eine orientierende Kraft, von der manches durchaus realisiert wird. Allemal bleibt es ein regulatives Prinzip, das seine Bedeutung mit seiner Realisierung verliert. Aber die Vision der Gleichheit aller Menschen ist auch in den pluralistischen USA noch längst nicht verwirklicht, geschweige denn weltweit.

Die Bürger müssen die Utopie also wieder als Utopie verstehen, als Utopie der Freiheit, als Utopie des Friedens, die sich nicht unmittelbar verwirklichen lassen, die aber zu denken geben, an denen sie sich orientieren, auf die hin sie leben. Wollen sie die Utopie gerade nicht verabschieden, sondern ihre Wiederkehr, dann müssen die Bürger zum ursprünglichen Sinn der Utopie als ethischem Ideal zurückkehren.

Aber wie viele interessieren sich wirklich noch für eine solche Sozialutopie? Mag ja sein, dass eine Utopie, die man wieder als Utopie versteht, ethische Orientierungen verkörpert und moralische Normen anzeigt. Indes selbst Ernst Bloch verbindet den Marxismus mit der Technik, nicht mit der Ethik. Wenn die Sozialutopie als konkrete und zu verwirklichende verblasst, kehrt sie dann wirklich als ethische Orientierungskraft wieder? Geht sie nicht vielmehr in der technischen Utopie auf, bei der die Ethik zunehmend an Bedeutung verliert?

Der technische Fortschritt – das ist beinahe seit Jahrhunderten die Hoffnung – soll die Lebensprobleme der Menschen nachhaltig lösen, wiewohl deren Lösung häufig noch in weiter Ferne liegt. Gentechnologie und Medizin zielen längst und immer konkreter auf die Utopie der Unsterblichkeit. Dass der Arzt überhaupt das Leben verlängern kann, problematisiert zum ersten Mal um 1800 – so der Kulturphilosoph Hans-Dieter Bahr – das Märchen vom *Gevatter Tod* der Gebrüder Grimm. Der Arzt verlängert durch seinen Pakt mit dem Tod das Leben des Patienten, nicht mehr Gott, nicht mehr die Natur, nicht mehr das Schicksal (zit. Schönherr-Mann 2004: Fn 14).

Ersetzt also die technische die Sozialutopie? Tritt damit die Technik an die Stelle der Ethik? Das geschieht ja ständig, wenn z.B. der automatische Tierschließer das Schild an der Bibliothekstüre mit dem ethischen Appell ersetzt: Bitte Türe leise schließen! Doch in diesem Fall ist es umgekehrt. Nicht die Technik ersetzt die Ethik, sondern durch den medizinischen Fortschritt können Ärzte heute das Leben von Menschen erhalten, was zwischenzeitlich zur ethischen Norm avanciert, die sich mit einem utopischen Traum der Unsterblichkeit verknüpft, oder zumindest mit dem Traum immer älter zu werden.

Nur wird der ethische Wert der Lebensverlängerung primär medizinisch, sekundär aber auch ethisch umgesetzt. Denn längst existiert eine ethische Norm, dass das Leben verlängert werden muss. Daher hält man auch die Leute ständig zu einem gesunden Leben an, sieht sich der Zeitgenosse mit der Forderung konfrontiert, sein Leben so gesund zu führen, dass es sich von selbst verlängert. Sonst verstößt er gegen die Regeln der Solidargemeinschaft und an der teilzunehmen, viele, nicht nur abhängig Beschäftigte in Europa gezwungen sind. Wer jetzt erwartete, die Mehrheit der Zeitgenossen würde sich dem verweigern, sieht sich getäuscht. Denn die medizinisch-ethische Norm der Lebensverlängerung dringt in das Bewusstsein der Zeitgenossen so ein, dass sie selbst dieses gesunde Leben wollen, das Rauchen, das Trinken aufhören und ihre sexuelle Aktivität drosseln. Dem folgen

besonders die ökologisch eingestellten Protestgenerationen. Der disziplinierte Mensch wünscht sich seine Disziplinierung.
Technische Utopien reflektieren auch die Nebenwirkungen, die sie als ethische Orientierung entfalten – Steven Spielbergs Film aus dem Jahr 2001 *Künstliche Intelligenz* antizipiert beispielsweise eine Welt, in der Roboter menschliche Züge annehmen. Nicht selten warnen technische Utopien damit vor sich selbst. Angesichts von zu befürchtenden, unkalkulierbaren Nebenwirkungen erweisen sich auch technische Utopien als nicht realisierbar. Wie verhalten sich z.B. unsterbliche Menschen, die nur noch durch Unfälle bzw. Gewalt zu Tode kommen? Würde in einer solchen Gesellschaft nicht der totale Sicherheitswahn ausbrechen? Dadurch dass sie sich nicht verwirklichen lassen, avancieren auch technische Utopien zu Utopien im klassischen, eigentlichen Sinn. Sie erproben die Wechselwirkungen zwischen technischen Entwicklungen und den daraus sich ergebenden ethischen Problemen. Allerdings transformieren sie sich dabei zumeist in Dystopien. Das gilt denn gerade für Fouriers Utopie vom Abschmelzen der Polkappen und von den Ozeanen mit Limonadengeschmack.
Die Bürger entwickeln letztlich zu unterschiedliche Vorlieben und Abneigungen, Wertschätzungen und Ablehnungen. Zwar wird die Technik von vielen gefeiert, von vielen anderen aber immer auch abgelehnt. Eine technische Utopie vom Leben auf dem Mars mag manche erfreuen. Andere fänden die Vorstellung, in einer künstlichen Welt zu leben, unerträglich. Daher lassen sich technische Utopien schwer verallgemeinern. Wenn es dagegen um die utopische Darstellung formaler Prinzipien wie der Gleichheit geht, dann liegt die Verallgemeinerung näher. Zumindest sieht sich der Bürger leichter genötigt, dem formalen Prinzip zuzustimmen. Ähnlich hat Kant bemerkt, dass man moralische Maxime nicht auf private Vorlieben stützen kann, dass sie vielmehr einer bestimmten allgemeingültigen Form bedürfen.

Das utopische Faktum der sprachlichen Gleichheit

Im utopischen Sinn, der im Grunde ein Marxscher ist, nicht im dystopischen, schließt Herbert Marcuse vom technischen Fortschritt nicht nur auf ein besseres materielles Leben, sondern sogar auf eine neue Moral. Entmenschlichende Arbeit gilt es abzuschaffen, um das Leben genießen zu können, es nicht mehr als Opfer, als Kreuz, als Dienst und als Leiden zu verstehen. Die bürgerliche Familienmoral soll durch eine an der Sinnlichkeit und der erotischen Lust orientierte Moral ersetzt werden (vgl. Schönherr-Mann 2008: Fn 45). Hans Küng spricht 1990 von »den neuen Werten der Postmoderne«, die »Imagination, Sensibilität, Emotionalität, Wärme, Zärtlichkeit, Menschlichkeit« (2004: 42) heißen.

Offensichtlich hat sich von dieser neuen Moral zwischenzeitlich einiges durchgesetzt und vielleicht auch gerade daher manchen utopischen Glanz dabei verloren. Denn derlei konkrete Utopie büßt auf dem Weg der Realisierung nicht nur an Attraktivität ein, wenn sie zum Alltag gerinnt. Umso mehr avanciert sie zum Ärgernis ihrer Gegner, denen viel daran gelegen wäre, dass solche Utopie utopisch bliebe, die für sie nicht mehr als einen egoistischen Hedonismus transportiert. So hat das utopische Denken der neunzehnhundertsechziger Jahre viele Anstöße geliefert und sich erstaunlich erfolgreich durchgesetzt. Dabei wurde auch vieles einstmals Utopisches realisiert: vor allem verhalf das einer neuen Sexualmoral zum Durchbruch, von der frühere Generationen nur träumen konnten; die Emanzipation der Frau, die wohl größte Errungenschaft, die durch die sechziger Jahre offensiv und vor allem in der Öffentlichkeit beschleunigt wurde; die Emanzipation von Minderheiten; die Befreiung vieler von der Bevormundung durch die Familie, durch die Tradition und die Religion; den Anspruch auf Selbstverwirklichung und damit verbunden der Niedergang autoritärer Strukturen (vgl. Schönherr-Mann 2012a: 131).

Dagegen möchten fundamentalistische Christen wie der ehemalige Augsburger Bischof Walter Mixa Abtreibung und womöglich die Anti-Baby-Pille verbieten. Wahrscheinlich soll der Staat außerehelichen Sex verbieten, soll Sex wieder ein schlechtes Gewissen verursachen, das nur durch Gebären kompensiert werden kann. Fundamentalistische Moslems möchten die Scharia einführen, die auf ähnliche Weise den Menschen wieder die richtige Sexualmoral beibringt. Im Nordwesten Indiens gibt es ländliche Gebiete, in denen Ehen nur durch Familien geschlossen werden dürfen, die Liebesheirat mit dem Tod bestraft wird. Doch die Utopie einer sinnlichen und gefühls- und lustbetonten, einer erotischen Moral könnte der traditionellen Sexualmoral langfristig den Boden entziehen – ein Prozess des Hin und Her, des Auf und Ab, sind doch nicht mal die einzelnen Menschen immer von denselben erotischen wie ethischen Interessen beseelt, wandeln diese sich vielmehr mit den Lebensaltern.

Zweifellos misslang in den Achtundsechziger Jahren, eine sozialistische Gesellschaft durchzusetzen. Doch just dieses Scheitern stellt die Voraussetzung für eine neue utopische Gesellschaft dar, die sich indes erst langsam kristallisiert. Denn damit verabschiedeten sich die Bürger von jenen Gleichheitsmodellen von Morus bis zu Marx und Marcuse. Letzterer war weniger antiindividualistisch als die Grundtendenz des utopischen Denkens, von der man sich nolens volens befreien musste. So bemerkt Joachim Fest: »Bezeichnenderweise hat aber auch das unendliche, die Jahrhunderte begleitende Nachdenken über die ideale Gesellschaft nie ein wirklich offenes Gemeinwesen als System entworfen.« (1991: 95) Doch genau das trifft für die Ausläufer von 1968 nicht zu. Vielmehr darf man den konservativen Vordenker fragen, wie offen seine Vision einer modernen Gesellschaft ist, oder ob sie sich nicht einfach in einem geschlossenen nationalen und traditionellen Rahmen aufhält, der sich zu Recht von Achtundsechzig besonders betroffen fühlt, weil man in dieser Zeit zumindest anfing, andere offene Utopien zu entwerfen.

Trotzdem ist der Hinweis richtig. Die bisherigen Utopien sind geschlossene Gesellschaften, weil sie zumeist von einem einzigen Grundproblem ausgehen, das sie mit einer bestimmten Ordnungsvorstellung lösen wollen. Alle anderen Probleme werden untergeordnet und für nebensächlich erklärt. Just diese monokausale Perspektive verhindert die Offenheit der jeweiligen Utopie in Bezug auf andere Fragestellungen. Wie es Bloch Marx attestiert: Die Ordnung soll die Bedingung für die Freiheit schaffen!

Doch man darf gegen alle Ordnungsfetischisten einwenden, dass nicht die Ordnung die Freiheit sichert, sondern dass die Freiheit gerade im Sinne von Augustin und Arendt als Gebürtlichkeit, somit als Bedingung des Neuen die abgelagerten Ordnungsstrukturen immer wieder wegschwemmt. Anarchisten werden Leben und Kulturentwicklung eher gerecht, auch wenn sie niemals eine erfolgreiche Revolution durchführten. Ihre Erfolglosigkeit war wahrscheinlich ihr Glück. Sonst hätten sie als Staatsterroristen wahrscheinlich schreckliche Verbrechen begangen, die real existierende Staaten nun mal begehen. Allerdings ist deren Idee zumeist längst ruiniert, während der Anarchismus seine Ideen durch den mangelnden Erfolg aufrechterhalten konnte. Wie sagt doch der Anarchist Kaliajew in Albert Camus' Drama *Die Gerechten*: »Einem fernen Staat zuliebe, dessen ich nicht sicher bin, werde ich meinen Brüdern nicht ins Gesicht schlagen. Ich will nicht um einer toten Gerechtigkeit willen zur bestehenden Ungerechtigkeit beitragen. [...] Kinder töten, ist wider die Ehre. Und wenn sich eines Tages die Revolution von der Ehre abkehren sollte und ich noch lebe, dann werde ich mich von der Revolution abkehren.« (1959: 206)

Dann vermag das utopische Denken die Alternative auf sich selbst anzuwenden, das ureigene Prinzip in Frage zu stellen, um es zu öffnen und

zu ergänzen. Die Utopie bedenkt ihre Genealogie, also ihre Herkunft aus dem gar nicht Utopischen oder aus einem starren monokausalen Denken heraus. Sie wird reflexiv. Der Staat steht nicht mehr im Zentrum utopischen Denkens. Stattdessen geht es um die Schwächung des Staates, um einen Übergangsstaat, in dem der Staat zunehmend dienende Funktionen einnimmt (vgl. Schönherr-Mann 2010c: 96). Die Utopie einer modernen Gesellschaft darf daher auch nicht vom Primat einer bestimmten Vorstellung von Gerechtigkeit – der sozialen Gleichheit – ausgehen. Zu unerfreuliche Effekte zieht die soziale Gleichheit nach sich, wenn man nun mal erkennen muss, dass sie aus sich selbst heraus keine Legitimation entfaltet, um allen oktroyiert zu werden. Soziale Gleichheit versteht sich nur aus einer bestimmten islamischen, christlichen und der marxistischen Perspektive von selbst und natürlich taucht sie auch in den neueren Protestbewegungen immer wieder auf. Doch wenn sie sich darauf beschränkt, dass niemand mehr als 100.000 Dollar verdienen müsse, dann hat sie den Charakter, ein selbstverständliches soziales und ethisches Ziel zu sein, längst verloren.
Wenn es um Gleichheit geht, dann nicht um die soziale Gleichheit der Bürger, auch nicht darum, dass in einem metaphysischen oder religiösen Sinn alle Menschen gleich wären – das schaltet sie nämlich gleich –, sondern nur in einer linguistischen Hinsicht: es müssen nämlich alle Interessen, Vokabulare, Ansprüche, soziale Subsysteme, Tätigkeiten etc. sprachlich als gleichwertig betrachtet werden: das, was der Präsident eines Staates oder einer Großbank sagt, hat sprachlich denselben Status wie das, was ein Camper von *Occupy* sagt. Da niemand in der Sprache der anderen deren Ansprüche disqualifizieren kann, sondern immer nur in der eigenen Sprache, die aber anderen Sprachen nicht gerecht zu werden vermag und ihnen schon gar nichts vorschreiben kann, gibt es keine ausgezeichneten, hervorgehobenen bzw. besonders wegweisenden Sprachen oder vergleichbare Ansprüche, leider auch nicht diejenigen von *Anoymous*, *Attac*, *Occupy* oder *Greenpeace* – zweifellos für viele eine ambivalente Einsicht der Sprachphilosophie des 20. Jahrhunderts, die den in dieser Zeit sich ausbreitenden Pluralismus begleitet. Denn jetzt kann niemand mehr – auch nicht die Ökonomen oder die Märkte – von sich behaupten, das, was sie zu sagen haben, hätte größeres Gewicht, als das, was andere sagen (vgl. Schönherr-Mann 2010a: 156).
Somit können Systeme oder Interessen nicht von einem absoluten Standpunkt aus hierarchisiert werden. Nur jene Interessen und Tätigkeiten, die andere Vokabulare und Ansprüche – natürlich in der eigenen Sprache – disqualifizieren, sie hierarchisieren, die andere Interessen also diskriminieren, können

kritisiert und dürfen als unfair oder hegemonial zurückgewiesen werden: Nur wer andere Interessen auch anerkennt, wird bei diesen Anerkennung finden, allerdings mit der Einschränkung, dass seine Tätigkeiten andere nicht beeinträchtigt: Ein Päderast mag ja andere sexuelle Praktiken anerkennen. Trotzdem wird er nicht anerkannt. Lieber akzeptieren die meisten Zeitgenossen die Ökonomie, wiewohl sie ständig hegemonial in fremde Bereiche eindringt. Gibt es trotzdem einen Unterschied zwischen Päderastie und Ökonomie?
Es kann jedenfalls keine qualifizierenden Hierarchisierungen von Ansprüchen und Interessen aus der Sprache heraus geben: die Monogamie ist der Promiskuität gleichwertig, die Heterosexualität der Homo- oder Bisexualität, die Moral der Kunst, die Wahrheit der Erfindung, der Islam dem Atheismus, die Religion dem Fußball, die Prostitution der Politik, die Physik dem Kabarett, die Naturwissenschaften der Dichtung, die Geisteswissenschaften der Statistik; die Weißen sind den Schwarzen gleichwertig (oder müssen die Weißen noch ihre Kolonialgeschichte bewältigen, wie die Deutschen die Nazizeit), die Zugereisten den Daheimgebliebenen, die Alten den Jungen, etc. Eine pluralistische Utopie der modernen Gesellschaft geht von der Gleichheit der vielen Sprachen und der damit verbundenen unterschiedlichen Ansprüche aus: Die Dummheit ist genauso verrückt wie die Klugheit.

DER UTOPISCHE ABSCHIED VON DER ÖKONOMIE ALS HEGEMONIALER MACHT

Dann ist auch klar, dass es keine guten Gründe mehr gibt, dass ein bestimmtes Prinzip – die soziale Gleichheit oder die Weisheit des Alters beispielsweise – in eine hegemoniale Position gelangen kann, was dann umgekehrt auch für die neoliberale Ungleichheit gilt. Die Utopie einer modernen Gesellschaft muss sich daher besonders gegenüber den hegemonialen Ansprüchen der Ökonomie schützen, die momentan weiter ausgreifen als die Diktatur der kommunistischen Partei in China. Schon gar nicht darf sich eine postmoderne soziale Utopie selbst auf die Ökonomie stützen. Die sozialen Utopien der Moderne sind sich dagegen mit dem Liberalismus darüber einig, dass der Ökonomie nicht nur ein Primat zugeschrieben wird, sondern dass die ökonomische Entwicklung aus sich selbst heraus zu einer Förderung des Allgemeinwohls führt, dass das Allgemeinwohl selbst eine Ökonomie darstellt, gleichgültig über die unsichtbare Hand des Adam Smith oder die Diktatur des Proletariats.

Man kann die *Occupy*-Bewegungen durchaus in diesem Sinn verstehen, dass sie sich nämlich von der Vor- und Übermacht der Ökonomie befreien möchten. So heißt es auf einer Internetseite von *Occupy*: »Wir brauchen eine ethische Revolution. Anstatt das Geld über Menschen zu stellen, sollten wir es wieder in unsere Dienste stellen. Wir sind Menschen, keine Produkte. Ich bin kein Produkt dessen, was ich kaufe, weshalb ich es kaufe oder von wem. Im Sinne all dieser Punkte, empöre ich mich.« Ähnliches gilt für *Greenpeace*, die die Umwelt und die Natur vor den Profitinteressen schützen will.

Bei *Attac* denkt man stärker ökonomisch, aber im Sinn einer Veränderung, die ebenfalls darauf hinausläuft, die Macht über die Menschen zumindest der kapitalistischen Ökonomie zu brechen. Die Frage ist nur, inwieweit man dann einer anderen Ökonomie eine ähnliche Macht zugesteht, wenn beispielsweise Christian Felber, ein Mitbegründer von *Attac* eine *Gemeinwohl-Ökonomie* propagiert. Felber möchte die kapitalistische Konkurrenz durch ein dem Gemeinwohl verpflichtetes Kooperationsmodell ersetzen, wenn er schreibt: »Wollten redliche ÖkonomInnen die Marktwirtschaft tatsächlich auf der effizientesten Methode aufbauen, die wir kennen, dann müssten sie sie auf struktureller Kooperation aufbauen.« (2010: 19) Eine Gemeinwohlbilanz stützt sich auf messbare Kriterien, nach denen die ökonomischen Beiträge bewertet und belohnt werden.

Das Eigentumsrecht soll massiv eingeschränkt werden. Denn, so Felber, »die Absolutstellung des Eigentumsrechts ist heute zur größten Gefahr für die Demokratie geworden.« (2010: 61) Einkommensunterschiede sollen daher höchsten um das Zwanzigfache variieren. Das maximale Privatvermögen eines einzelnen darf 10 Millionen Euro nicht übersteigen. Auch die Größe privater Unternehmen soll beschränkt werden. Ab 5000 Beschäftigen sollen sie diesen gehören.

Über die einzelnen Vorschläge lässt sich sicherlich streiten, klingen viele doch durchaus vernünftig, und utopisch leider in einer eingeschränkten Perspektive. Denn sie geraten in das Fahrwasser traditioneller Utopien, indem sich Felber auf das Prinzip der Kooperation und des Gemeinwohls stützt. Damit läuft er nicht nur Gefahr, aus monokausalen Zusammenhängen eine neue Gesellschaft bzw. Ökonomie aufzubauen. *Die Gemeinwohl-Ökonomie* unterstellt eine grundsätzliche, nicht bloß ökonomische Gemeinsamkeit, die man zunächst schlicht ablehnen kann, der man nicht folgen muss, wenn man ihre Prämissen nicht teilt. Denn sie setzt gewisse Annahmen über die Welt voraus, die üblicherweise umstritten sind und die zu teilen, man niemanden zwingen kann.

Rousseau hat Staat und Gesellschaft als einen organischen Körper begriffen, was einerseits in den Fürsorgestaat und andererseits zum individuellen Selbstopfer führt. Vor allem aber handelt es sich dabei nur um eine Metapher oder ein Gleichnis. Doch was den Menschen in einer Gesellschaft gemeinsam ist, das lässt sich nicht allgemein bestimmen. Das hängt von der Einschätzung der Zeitgenossen ab, die auch mehrheitlich indes abweichende Meinungen nicht bevormunden dürften.

Leider argumentieren auch weite Teile des Marxismus ähnlich wie Rousseau. Bei Marx führt die unsichtbare Hand bzw. die ökonomischen und historischen Gesetzmäßigkeiten – ergo wie bei Thomas von Aquin die verwaltenden Engel der trinitarischen Ökonomie – zur Revolution und in den Kommunismus, wiewohl die Kommunisten dabei mithelfen, dass der natürliche Wille der Geschichte geschehe – doch die Engel haben offenbar hintergründig nicht genug mitgeholfen. An die Stelle des Himmels ist für die kommunistische Partei das Naturgesetz getreten, womit sie insofern recht hat, dass nämlich das Naturgesetz dem Himmel gleichwertig ist bzw. auch der Himmel sprachlich keine herausgehobenere Position beanspruchen kann: jeder Gott kann auch nur wie ein Mensch die Sprache benutzen, die Götter wie Menschen gleichermaßen in überraschende Widersprüche sowie peinliche Mehrdeutigkeiten verwickelt und ihnen hinterrücks entlockt, was sie verbergen wollten. Als der Himmel noch eine Macht über die Sprache besaß, also vor Wittgenstein, durfte man seit dem Christentum mit diesem Argument die Religion anderen oktroyieren, was der Islam postwendend übernahm. Mit der Herrschaft über die Sprache erhob sich die Religion zu etwas Höherem, so dass sie dadurch auch zur Grundlage der Politik avancierte – mit den bekannten fatalen historischen Folgen von der Inquisition bis zum iranischen Wächterrat. So bleibt nichts anderes, als das göttliche Wort mit allen anderen Sprachen gleichzustellen, was die Sprache von selber erledigt. Von den säkular eingestellten Zeitgenossen würde es auch nicht als ausgezeichnet wahrgenommen. Denn wenn sich ein Gott in der Erfahrungswelt offenbaren wollte, würde er von nicht religiös empfindenden Menschen, also von Spaßvögeln und Käuzen, höchstens als absonderlich wahrgenommen, als schräger Bettler oder grausamer Tyrann. *Bibel*, *Koran* oder Nietzsches *Zarathustra* stehen sich linguistisch gleichwertig gegenüber, leider auch der Trivialroman wie auch die Sprache der Grausamkeit.

Zwar fokussieren sich ein Großteil der neueren Protestbewegungen wie *Attac* und *Occupy* ebenfalls ökonomisch, kritisieren sie vor allem den Finanzsektor, ist das weiterhin ihr Kernproblem. Doch sie teilen kaum den marxistischen noch gar den liberalen Glauben an die unsichtbare Hand. Das kann man durchaus als eines der besonderen Kennzeichen der Bürger-Bewegungen der letzten Jahrzehnte betrachten. Für viele Bürger ist die Ökonomie gerade keine passive Szene, die man nicht beeinflussen kann, wie es Zizek ja den meisten Linken unterstellt. Viele Bürger nicht nur in den Protestbewegungen bemühen sich um eine Domestizierung der Ökonomie, was die Gläubigen an deren Hegemonie – unter ihnen Zizek – als aussichtslos denunzieren, weil ja angeblich am Ende immer die Konzerne siegen – ein Glaube an Macht, an die Notwendigkeit und an einen Sinn der Geschichte, der längst naiver und alberner anmutet, als der Versuch der *Occupy*-Bewegungen, an die Ökonomie moralisch zu appellieren oder wie es Hans Küng programmatisch in seinem Buch fordert: *Anständig wirtschaften – Warum die Ökonomie Moral braucht* (2010: 225). Das ist allemal mehr, als sich der Ökonomie ob als Aktionär oder Revolutionär zu unterwerfen.

So versuchen viele Bürger die Ökonomie zu domestizieren: durch fairen Handel, durch soziale Hilfen, Minikredite, höhere Löhne, Bankenabgaben, Umweltschutz etc., also lauter Bemühungen, die den Kapitalismus nicht abschaffen werden, die ihn zähmen sollen, gleichgültig ob das am Ende klappt oder nicht. Die Staaten sind bei ähnlichen Bemühungen nicht sehr weit gekommen. Die Weltrevolution indes, also die vermeintliche Aufhebung des Kapitalismus, scheitert sowieso und kann daher weder ein Maßstab noch eine Alternative mehr sein: Die Abschaffung des Privateigentums an den Produktionsmitteln hält nicht, was sie verspricht. Daher bleibt nichts anderes, als die Auswüchse der ökonomischen Systeme – ob kapitalistische oder kommunistische – zu bekämpfen. Die Utopie der modernen Gesellschaft wäre dann eine gezähmte Ökonomie, die den Bürgern dient – Utopie deswegen, weil das viele für utopisch erklären. Wer utopisch denken will, kann sich die Ablehnung der Praktiker und der Macher, der Reaktionäre wie der Revolutionäre, der Vertreter des Laissez-faire wie der Bürokraten zum Maßstab nehmen.

Die Utopie der modernen Gesellschaft zielt folglich darauf ab, die Ökonomie zu einem Subsystem unter vielen zu machen, d.h. ihre hegemonialen Ansprüche zu bremsen, nicht mehr und nicht weniger. Natürlich muss auch der Staat dazu die Ökonomie, in die Schranken weisen, nicht nur die Bürger, die sich außerinstitutionell gegen die so beschworenen wie gefeierten Märkte engagieren. Märkte haben sich als gefährlich erwiesen, so dass selbst deren Vertreter fordern, man könne ihnen nur mit den größten Geschützen begegnen, denn der Euro-Rettungsschirm reiche mit 700 Mrd. nicht aus.

Es müsse eine Billion sein – so irgendwann irgendein Finanzfachmann in dieser unendlichen Geschichte. Was soll man da von der Ökonomie, besonders von Bankbeamten noch erhoffen?
Aber die Ökonomie staatlich verwalten zu lassen, das hat sich auch als unsinnig erwiesen. Die kapitalistische Ökonomie muss erhalten bleiben, schlicht weil Verantwortung und Mitbestimmung in ihr breiter verteilt werden als in einer Zentralverwaltungswirtschaft oder in einer anderen kollektivistischen Form. Zudem stellt die Ökonomie eine Macht dar, wenn auch eine bewusstlose, die ihrerseits den Staat im Sinne einer Gewaltenteilung in die Schranken weist. Denn der Staat ist gleichfalls nicht der Hort des Guten, wie es sich Platoniker wie Leo Strauss und Aristoteliker wie Marx erhoffen, nicht der Ort des sich selbst bewussten objektiven Geistes, sondern der Schauplatz des Kampfes unbewusster, begehrender Kräfte. Wobei man dritte Wege durchaus in Erwägung ziehen kann. Eine postmoderne Utopie fordert dazu auf, alle Alternativen zu durchdenken, sich mit angeblicher Alternativlosigkeit nicht zufrieden zu geben.
Doch die Utopie der modernen Gesellschaft orientiert sich weder an Aktienkursen noch an den Interessen des Proletariats. Sie begreift die Ökonomie als eines von vielen Systemen. Aber die Ökonomie macht sich immer wieder störend bemerkbar, so dass man gegen sie demonstrieren muss oder ihr anderweitig widerstreiten. Die Ökonomie schafft nicht die Welt, sondern stört sie – wenn auch gelegentlich mit durchaus positiven Effekten. Jedenfalls behandelt die Utopie der modernen Gesellschaft die Ökonomie nicht bevorzugt. Es dreht sich in ihr nicht alles um die Ökonomie, auf die sie sich nicht stützt wie Saint-Simon, Marx, Marcuse oder von Hajek. Daher kann sie es sich auch leisten, die Ökonomie nach jeweiliger Aktenlage zu behandeln und sich gelegentlich für etwas anderes zu interessieren.
Denn die postmoderne Utopie der modernen Gesellschaft bedient sich in diesem Sinne der Gewaltenteilung, die sich zwischen Justiz- und politischem System ja als durchaus effizient erwiesen hat. Sie gilt es auf diverse andere Bereiche auszudehnen, zunächst auf die Ökonomie, wo sie zwar funktioniert, allerdings nur einseitig, ist die Ökonomie sicherlich der Bereich, der sich dem staatlichen Einfluss am stärksten zu widersetzen versteht, dabei aber auch ihrerseits in andere Bereiche wie auch in den Staat eindringt, um die eigene Macht auszudehnen.
Wie es Michael Walzer diagnostiziert, müssen die verschiedenen sozialen Subsysteme ihren eigenen Logiken folgen, und nicht der Logik der Ökonomie (1992: 11). Anders lässt sich die Utopie der modernen Gesellschaft schwerlich

denken. Denn dann würde sie keine Alternative zur Hegemonie des ökonomischen Diskurses entwickeln. Dann würde sie ihre eigenen Bedingungen nicht mitreflektieren, sich nicht selbst in Frage stellen.

Auch Odo Marquard greift auf den Begriff der Gewaltenteilung zurück, die er nicht eng im Sinne einer rein staatlichen Gewaltenteilung versteht, sondern auf alle sozialen Kräfte bezieht: Sakralgewalten, Wirtschaftskräfte, politische und gesellschaftliche Mächte, Kulturkräfte – z.B. Kunst, Wissenschaft und Technologien. Sie determinieren die Bürger nicht homogen, sondern liegen dabei miteinander im Konflikt, so dass sie sich gegenseitig in ihren Einflussmöglichkeiten behindern. Jede Determination wird durch die anderen Determinationen begrenzt, was den Bürgern Freiheitsräume eröffnet (2004: 89). Dabei kann sich diese strukturelle Gewaltenteilung auf die Sprache stützen, die ja keine hegemonialen Strukturen zulässt und insofern den Hintergrund des Pluralismus und der vielfältigen Freiheiten schafft, können sich Religionen wie Ideologien immer nur mit Gewalt durchsetzen.

Soweit die Ökonomie in der Utopie der modernen Gesellschaft eine Rolle spielt, geht es um Arbeit, die für die Betroffenen interessant ist, die ob der Tätigkeit selbst einen erfüllenden und keinen deprimierenden Charakter besitzt, wobei die Ausbeutung – um mit Marx zu sprechen – oder die Entlohnung als sekundär betrachtet werden muss, obwohl der Niedriglohnsektor leider nicht nur von Philosophen und Literaten bevölkert wird, worüber diese denn auch nicht klagen sollten, die anderen das aber natürlich dürfen. Denn solange es primär um Lohn und Profit geht, stehen nur Tauschwerte im Vordergrund, die drohen, einen hegemonialen Charakter anzunehmen. Stattdessen gilt es, Arbeitsbedingungen und Produkte möglichst human und umweltfreundlich zu gestalten – sicher ein alter so lange wiederkehrender Traum, wie die Realität sich anders präsentiert.

Natürlich ist auch die Armutsfrage wichtig. Aber es kann nicht allein um die Armen gehen, sondern auch um jene, die nicht ganz so arm sind und durchaus ein Recht auf ein gutes Leben haben und die daran basteln, obwohl es immer noch Arme gibt. Eine Nischenökonomie erscheint als utopische Perspektive, jedenfalls eine, in der es möglichst viele Nischen gibt, gerade weil es logisch betrachtet nicht nur Nischen geben kann, sondern den Mainstream, der Nischen erst schafft. Doch beim so verwendeten Wort von der Nische handelt es sich um eine Metapher, die keine Logik zwangsläufig vorgibt, die man vielmehr konstruieren kann, wie man will. Also denken wir uns eine Welt, die fast nur aus Nischen besteht. Dann will keiner mehr Soldat werden. Ja, sorgen wir für eine Welt, in der Soldaten zur Nischenexistenz werden mit einer hohen Arbeitslosenrate und Sicherheitsfirmen reihenweise schließen. Nur in der Tat wissen wir nicht genau, wie man dorthin gelangen soll – eine richtige Utopie.

DIE UTOPIE DER UNORDNUNG

Derart entwickelt die Utopie der modernen Gesellschaft allemal keinen finalen Endzustand, in dem sich das menschliche Glück realisiert. Da es nicht zuletzt mit Lacan so aussieht, als treibe den Menschen notorisch ein Begehren an, wird er schwerlich in einem finalen Zustand sein Glück finden, höchstens im Zustand fortgeschrittenen Alters und des nahen Todes. Zudem ist fraglich, ob die Rede vom Glück sich selbst nur bestimmten metaphysischen Vorstellungen verdankt, die die Menschen in bestehende soziale Verhältnisse integriert.

Nietzsches Zarathustra strebt nicht mehr nach Glück. Nun, das ist sein Problem. Das müssen nicht alle Nietzsche nachmachen, der nun wirklich kein glückliches Leben führte. Aber es könnte der Fall eintreten, dass für viele das Glücksstreben wirklich an Bedeutung verliert, weil man damit traditionellerweise Zustände verbindet, die heute nicht mehr – eigentlich nie – das Glück bedeuten – z.B. die Hochzeit für die Jungfrau. Es erscheint in der Tat ziemlich sinnlos, einen Zustand der Stabilität und der Ruhe anzustreben, wenn man begriffen hat, dass man sich auf einem trudelnden Himmelskörper befindet und wahrscheinlich irgendein Zwischenprodukt der Evolution ist.

Sowenig kann es ein finales Ordnungsmuster geben, das den vielfältigen Problemen gerecht zu werden vermag. Utopie ist vielmehr die Bewegung selbst, an der alle Bürger partizipieren. Als Gebürtliche wie als Sterbliche sehen sie sich einem ständigen Kommen und Gehen ausgesetzt, d.h. sie sehen dabei eine Weile zu. Erstrebenswert im Sinn der unterschiedlichen Menschen wäre eine Unordnung, die niemanden zwingt, sich an bestimmte Lebensverhältnisse, bestimmte religiöse oder weltanschauliche Vorstellungen anzupassen. Für viele Bürger liegen daher ihre Entwicklungschancen gerade im ständigen Wandel.

Auch eine bestimmte Ordnung mag dazu taugen, wenn es ihr gelingt der Vielfalt gerecht zu werden. Allerdings muss eine solche Ordnung gegen den ständigen Wandel ankämpfen, was ihr faktisch zumeist nur eine Weile gelingt. Die Utopie der modernen Gesellschaft kann sich somit nicht Ordnung, Ruhe und Stabilität zum Ziel setzen wie in den klassischen und sozialistischen

Utopien bis hin zum Kommunismus. Just das ist das Ende der Utopie, wie es sich ja schon nachdrücklich zeigt; wenn sich beinahe alle bisherigen Utopien in Dystopien transformieren, just weil sie die gerechte und finale Ordnung anstrebten, die zumeist nicht mal ihre Hauptprobleme zu lösen in der Lage ist, geschweige denn die als Randprobleme eingestuften.

So kann auch der utopische Staat sich nicht auf eine bestimmte Ordnung oder auf eine Einheit stützen, muss es ihm vielmehr um die gerechte Unordnung gehen, was nicht das Chaos ist, sondern die schwächste Form der Ordnung. Denn in jeder modernen Gesellschaft leben die Bürger nicht mehr als die Gleichen zusammen, sondern als die Anderen, Fremden, Unterschiedlichen, Besonderen, Außergewöhnlichen. Die meisten wollen anders sein als die Anderen. Anpassung, Biederkeit, Normalität hat an Anziehungskraft eingebüßt, verkörpert sich darin primär Untertänigkeit. Damit kann man sich noch durchs Leben mogeln, mehr aber auch nicht. Dergleichen beseelte die Nazis und ›Kommunisten an der Macht‹, natürlich heute noch viele fromme Menschen und solche mit einem autoritären Charakter.

Gegen den Normalisierungsdruck wehrten sich bereits viele Menschen im 19. Jahrhundert. Durchzusetzen begannen sie sich erst in der zweiten Hälfte des 20. Jahrhundert. »Allen Konfusionen und Ausflüchten zum Trotz«, so Charles Taylor, »wird jedoch deutlich, dass eine echte Werteverschiebung eingetreten ist. Man erkennt das daran, dass manche Dinge Jahrhunderte lang ertragen wurden, von denen es heute heißt, sie seien unerträglich. Ein Beispiel sind die eingeschränkten Optionen der Frauen.« (Taylor 2009: 799)

Die Utopie der modernen Gesellschaft stützt sich somit auf die Differenz und nicht auf die Gleichheit, jedenfalls in der Perspektive der sozialen Gerechtigkeit. Die moderne Gesellschaft gewinnt einen utopischen Charakter, wenn der Anpassungsdruck, den sie erzeugt, sein Gegenteil bewirkt, nämlich Unangepasstheit, wenn sie sich nicht mehr krampfhaft um Integration von Zugereisten bemüht, was nicht ausschließt, diesen Starthilfen zu geben. Aber Integration stellt nur eine Variante der Assimilierung dar, die mit der Utopie einer modernen Gesellschaft unvereinbar erscheint. Sie besteht aus Gruppen von Nischenexistenzen. Also muss es in ihr geradezu Parallelgesellschaften geben – ein Wort, über das man sich nur wundern kann, besteht jede Gesellschaft daraus: Der Tennisclub, die freiwillige Feuerwehr, der Alpenverein. In vielen dieser Vereine herrscht nicht unbedingt Demokratie, wird sie gelegentlich sogar abgelehnt.

Diesen Pluralismus, der noch durch die diversen Wanderungsbewegungen verstärkt wird, gilt es zu pflegen, muss die moderne Gesellschaft diesem gerecht werden. Ihre postmoderne Utopie schildert sie als Schutz der Vielfalt, unendlich unterschiedlicher Individuen, die sie nicht anzugleichen versucht, sondern denen sie geradezu umgekehrt Spielräume der individuellen Entfaltung genauso sichert wie politische Partizipationsmöglichkeiten. Diese finden nicht nur in den politischen Institutionen statt, da diese sich notorisch verengen.

Wesentliche politische Partizipationsperspektiven eröffnen sich vielmehr außerparlamentarisch und auch außerinstitutionell. Sie gründen im zivilen wie im militärischen Ungehorsam – man denke an Edward Snowden, Bradley Manning oder an Daniel Ellsberg, der die geheimen Pentagon-Dokumente des Vietnamkriegs der Presse zuspielte. Gehorsam ist jedenfalls keine Tugend in der Utopie der modernen Gesellschaft mehr, sondern nur noch eine Unfähigkeit über die Welt selber nachzudenken und ein eigenes Leben zu führen. Gehorsam in einer Utopie der modernen Gesellschaft ist jene glücklicherweise vorübergebende Untugend von Kindern, die man manchmal braucht, um diese vor Schaden zu bewahren. Sobald sie aber denken gelernt haben, stellt Gehorsam eine klassische Untugend dar. Denn für Denkende gibt es keinen Gehorsam mehr, weder gegenüber Eliten noch dem Gesetz.

Eliten wie Autoritäten sehen sich ständig der Kritik und der Hinterfragung ausgesetzt, was deren Ansprüche demoliert. Die Utopie des modernen Staates ist nicht elitär und schon gar nicht aristokratisch – weil es dafür keine prophylaktische Qualitätskontrolle gibt. Die Bürger sind auch nicht unbedingt klüger, aber eben auch nicht dümmer wie jeglicher Blutadel oder eine Expertokratie, so dass sich die Bürger Bevormundung nicht gefallen lassen müssen. Selbst zu denken, Mündigkeit, sich nicht bevormunden zu lassen, dass ist das Kernethos einer Utopie der modernen Gesellschaft: lieber Fehler begehen, als sich bemuttern zu lassen! Lieber früher sterben, als sich vom Gesundheitswesen am Leben erhalten lassen! Oder wie es auch hieß: Lieber mit Sartre irren, als mit Camus Recht behalten. Aber vielleicht behält letzterer mit dem Drama *Die Gerechten* doch Recht?

An der Demokratie partizipieren tendenziell alle, wiewohl es immer nur einige sein werden, die das konkret auch umsetzen. Jedenfalls braucht die Demokratie die Partizipation, ohne die sie ihren demokratischen Charakter verlöre – man denke an die frühe Bundesrepublik der fünfziger Jahre. Dass es dann doch anders kam, dass sich ein Schuss konkreter Utopie dazwischen mischte, das verdankt sich dem sozialen Wandel, der Ende der sechziger Jahre einsetzte. Sonst hätte ich 1970 beispielsweise nicht den Kriegsdienst verweigert. Man fing an, den Krieg nicht mehr als ein unabwendbares Schicksal zu verstehen, sondern sich gegen ihn zu wehren, sich ihm zu entziehen, auch zum Preis, dass man dann mit seiner Gesellschaft bricht, die allerdings zum damaligen Zeitpunkt kaum sympathische Züge besaß, mit der man so locker wie mit Eltern brechen konnte, die ihre Mithilfe bei den Nazis damit begründeten, dass man mit den Wölfen heulen müsse oder damit dass alle Antisemiten und für die Nazis gewesen wären. Was verdankte man denn einer solchen Gesellschaft? Den Drill, mit dem man in den Tod getrieben werden sollte! Nein, in der postmodernen Utopie der modernen Gesellschaft bekommt nicht der Leutnant der Reserve den guten Job, sondern die Pazifistin und der Kriegsdienstverweigerer, was in der Realität natürlich immer noch anders aussieht.

Partizipation, Widerstand und Verweigerung, darin liegt die politische Freiheit der Bürger als einzelne, nicht als Mitglieder einer Gruppe, also z.B. eines Volkes oder einer Klasse. Natürlich werden auch heute noch ganze Gruppen unterdrückt, die Palästinenser, Schiiten, Sunniten, Kommunisten und Katholiken – Spaßvögel und Käuze eher selten, stellen sie kaum eine solche Gruppe dar, was sie doch positiv auszeichnet. Der Kampf, der für die Freiheit einer Gruppe geführt wird, befreit indes noch lange nicht die einzelnen Bürger. Ohne deren Freiheit aber hat die Freiheit einer Gruppe wenig Sinn. Jede Freiheit erscheint unvollendet, die nicht in die individuelle Freiheit mündet, obwohl das Kommunitaristen, also an der Gemeinschaft Orientierte, gemeinhin anders sehen. Dafür kann man durchaus argumentieren, nicht aber dafür, dass das alle so sehen müssten.

Die Utopie der modernen Gesellschaft stützt sich auf einen Verfassungspatriotismus, wie ihn Dolf Sternberger und Jürgen Habermas propagieren, und die individuelle Aktivität, wie sie von de Beauvoirs Existentialismus beschrieben wird oder als Prozess der Individualisierung, der nach Ulrich Beck in den letzten Jahrzehnten durchaus partizipatorische Folgen nach sich zieht (Beck 1997: 20). Diese Entwicklungen setzen den modernen Staat zwar auch immer der Kritik aus, stärken ihn aber letztlich wie die Gewaltenteilung in ihren diversen Formen, wie es Hannah Arendt beschreibt: Wenn sich Politik demokratisch aus der Kommunikation der Bürger heraus entwickelt und nicht als Herrschaft weniger (Arendt 2003: 45). Insofern braucht die Utopie der modernen Gesellschaft die Protestbewegungen der letzten Jahrzehnte, braucht das Widerstandsrecht, ohne es selber gewährleisten zu können, dem sich der Staat vielmehr immer wieder ausgesetzt sieht.

Ohne Protest und Widerstand verlöre der Staat seine utopische Perspektive, die eben nicht nur darin liegt, eine entwicklungsfähige Ordnung anzustreben, sondern diese ständig in Frage stellen zu lassen, sie ständig zu schwächen und abzubauen: die so selbstreflexive wie konstruktive Utopie der sich dekonstruierenden modernen Gesellschaft. Ohne utopischen Protest gibt es keine Demokratie, wenn ihr Sinn die Partizipation, die Mündigkeit und die Emanzipation der Bürger sein soll, die sich politisch nichts vorschreiben lassen und ihre Lebensform selber wählen und sich diese schon gar nicht von der Familie oktroyieren lassen – der notorische Konflikt zwischen der modernen Gesellschaft und Vertretern von Traditionen, wie z.B. aus dem christlichen, dem jüdischen, dem islamischen und dem hinduistischen Bereich. Die individuelle Freiheit siedelt nicht nur in der politischen Partizipation und den ökonomischen Nischen, sondern in der Vielfalt von Lebensformen, die dem Bürger zur Auswahl und zur Verfügung stehen. Daher hat es in der Tat im Mittelalter oder im 19. Jahrhundert kaum individuelle Freiheiten gegeben. Spannend wird es immer dort, wo Bürger es wagen, andere Lebensformen als die vorgeschriebenen zu erproben, was in früheren Zeiten wie die politische Beteiligung den höheren und reicheren Gesellschaftsschichten vorbehalten war.

Im 19. Jahrhundert fangen aber auch Menschen aus niedrigeren sozialen Schichten an, sich dem Druck der Traditionen zu entziehen, der just zu jener Zeit wahrscheinlich am unerträglichsten ausuferte und daher Menschen motivierte, sich diesen zu widersetzen. Später gab es sogar unter den Nazis eine weit verbreitete Jugendkultur, die sich der politischen Unterdrückung zu entziehen versuchte und Ausdrucksformen individuellen Lebens realisierte. Die Nazis konnten diesem Widerstand durch ihren Krieg Herr werden, ließen sie diese rebellischen Jugendlichen einfach in ihre Armeen einziehen, was einer Ermordung gleichkam, zu der sehr viele Deutsche beigetragen haben. Die DDR wurde solchen Bestrebungen am Ende nicht mehr Herr. Sie führte ja auch keinen Krieg, was sie neben vielem anderen von Nazi-Deutschland deutlich abhebt. Der Iran hat damit immer wieder massive Probleme und antwortet darauf mit einer steigenden Zahl von Hinrichtungen. Wie anders kann also die Utopie einer modernen Gesellschaft aussehen, als sich an solchen Rebellionen zu orientieren.

Zwar ist an manchen Stellen dieser Erde die Utopie der modernen Gesellschaft durchaus auf dem Weg der Realisierung, so dass man sie mit Ernst Bloch als konkrete Utopie bezeichnen kann, sie also nicht mehr nur einen moralischen Maßstab ergibt, mit dem man die Realität beurteilen kann. Das bleibt trotzdem das Doppelgesicht der Utopie, sowohl zur Begründung von ethischen Orientierungen beizutragen und konkret die Freiheit der einzelnen zu realisieren. Ersteres wollten bereits die klassischen Utopien. Letzteres ist Kennzeichen der postmodernen Utopien der modernen Gesellschaft, ging es weder bei Platon, noch bei den klassischen Utopien, nicht bei den Frühsozialisten und auch nicht bei den Marxisten um die Freiheit des einzelnen. Diese ist längst das unerklärte Ziel der westlichen zwischenzeitlich weniger amerikanischen, als vielmehr der europäischen Lebensweise.

Allemal kämpft die Utopie heute nicht nur gegen schlechte Sprache, sondern vor allem gegen die schlechte Laune, gegen den Pessimismus, das laute Krisengeschrei, die Depression, gegen apokalyptisches Denken, gegen die Angst, gegen das notorische Krankheitsbewusstsein, aber für die Lust, für gute Gestimmtheit, für den dionysischen Rausch, der längst das *Principium individuationis* darstellt, für die Träume, dafür, dass sich das Leben lohnt und es nicht nur der Mühen lohnt – obwohl gelegentlich manches davon auf Abwege gerät. Aber auch die Utopie heute ist keine reine Utopie mehr, sondern eine unordentliche mit einer eigenen negativen Dialektik. So kann sich die Utopie in vielen Formen präsentieren, für Ingeborg Bachmann vor allem als Literatur: »Literatur als Utopie, der Schriftsteller als utopische Existenz, die utopischen Voraussetzungen der Werke [...] Lassen sie mich [...] schließen mit dem Wort [...] von dem französischen Dichter René Char: Auf den Zusammenbruch aller Beweise antwortet der Dichter mit einer Salve Zukunft.« (zit. Schönherr-Mann 2008: Fn 46)

Literaturverzeichnis

- *Agamben, Giorgio* (2004), Ausnahmezustand (Homo sacer II.1) (2003), Frankfurt/M.
- Ders. (2010), Herrschaft und Herrlichkeit – Zur theologischen Genealogie von Ökonomie und Regierung (Homo sacer II.2) (2007), Frankfurt/M.
- *Arendt, Hannah* (1963), Über die Revolution, München.
- (1981), Vita activa oder Vom tätigen Leben (1958), München, Zürich.
- Dies. (2000), Zwischen Vergangenheit und Zukunft – Übungen im politischen Denken I, 2. Aufl., München.
- Dies. (2002), Vom Leben des Geistes (1977/8), 2. Aufl. München.
- Dies. (2003), Macht und Gewalt (1970), 15. Aufl. München, Zürich.
- *Avenarius, Tomas* (2012), Das Ende der Revolution; in: Süddeutsche Zeitung Nr. 87, 14./15. April.
- *Bakunin, Michail* (2007), Staatlichkeit und Anarchie (1873), 2. Aufl., Berlin.
- *Beauvoir, Simone de* (1965), Die Mandarins von Paris (1954), Reinbek.
- Dies. (1997), Pyrrhus und Cineas (1944); in: dies., Soll man de Sade verbrennen – Drei Essays zur Moral des Existentialismus, Reinbek.
- Dies. (2005), Das andere Geschlecht – Sitte und Sexus der Frau (1949), 5. Aufl. Reinbek.
- *Beck, Ulrich* (Hrsg.) (1997), Kinder der Freiheit, Frankfurt/M.
- *Benjamin, Walter* (1965), Geschichtsphilosophische Thesen (ca. 1940), Zur Kritik der Gewalt und andere Aufsätze, Frankfurt/M.
- *Bloch, Ernst* (1959), Das Prinzip Hoffnung (1938-1947), Frankfurt/M.
- Ders. (1968), Widerstand und Friede (1967), Frankfurt/M.
- Ders. (1980), Ideologie und Utopie; in: ders., Abschied von der Utopie – Vorträge, Frankfurt/M.
- *Bodin, Jean* (1981), Sechs Bücher über den Staat (1576), München.
- *Brecht, Bertolt* (1969), Kuhle Wampe – Protokoll des Films und Materialien (1932), Frankfurt/M.
- Ders., (1975), Hauspostille (1927), Reinbek.
- *Brieskorn, Norbert* (1997), Menschenrechte – Eine historisch-philosophische Grundlegung, Stuttgart, Berlin, Köln.
- *Büchner, Georg* (1965), Der Hessische Landbote (1834), Werke und Briefe, München.
- *Butler, Judith* (1991), Das Unbehagen der Geschlechter, Frankfurt/M.
- Dies. (2003), Kritik der ethischen Gewalt, Frankfurt/M.
- *Campanella, Tommaso* (1960), Sonnenstaat (1637); in: Der utopische Staat, hg. v. Klaus J. Heinisch, Hamburg.
- *Camus, Albert* (1959), Die Gerechten (1949); in: ders., Dramen, Hamburg.
- Ders. (1970), Der Mythos von Sisyphos – Ein Versuch über das Absurde (1942), Hamburg.
- *Chomsky, Noam* (2003a), Media Control – Wie die Medien uns manipulieren (1989), Hamburg.
- *Dewey, John* (1989), Die Erneuerung der Philosophie (1948, 1918f), Hamburg.
- *Dworkin, Ronald* (2012), Gerechtigkeit für Igel, Berlin.

- *Engels, Friedrich* (1972), Die Entwicklung des Sozialismus von der Utopie zur Wissenschaft, Marx, Engels Werke, (MEW) Bd. 19, Berlin.
- *Enzensberger, Hans Magnus* (1990), Gangarten; in: Kursbuch, Nr. 100, Juni.
- *Felber Christian* (2010), Die Gemeinwohl-Ökonomie – Das Wirtschaftsmodell der Zukunft, Wien.
- *Fest, Joachim* (1991), Der zerstörte Traum – Vom Ende des utopischen Zeitalters, Berlin.
- *Foucault, Michel* (1977), Überwachen und Strafen – Die Geburt des Gefängnisses (1975), Frankfurt/M.
- Ders. (2004), Geschichte der Gouvernementalität I – Sicherheit, Territorium, Bevölkerung, Vorlesung am Collège de France 1977-1978, Frankfurt/M.
- Ders. (2009), Die Regierung des Selbst und der anderen – Vorlesungen am Collège de France 1982/83, Frankfurt/M.
- *Gehlen, Arnold* (1978), Die Säkularisierung des Fortschritts (1967), in: ders., Einblicke, Werke Bd. 7, Frankfurt/M.
- Ders. (2004), Moral und Hypermoral – Eine pluralistische Ethik (1969), 6. Aufl. Frankfurt/M.
- *Graber, David* (2012a), »Denkbar ist: Das System bricht zusammen« – Interview, Süddeutsche Zeitung 21.5.
- Ders. (2012b), Inside Occupy, Frankfurt/M.
- Ders. (2012c), Schulden – die ersten 5000 Jahre, Stuttgart.
- *Habermas, Jürgen* (1976), Strukturwandel der Öffentlichkeit – Untersuchungen zu einer Kategorie der bürgerlichen Gesellschaft, 8. Aufl., Neuwied, Berlin.
- *Hegel, G.W.F.* (1970), Grundlinien der Philosophie des Rechts (1820), Theorie Werkausgabe Bd. 7, Frankfurt/M.
- *Heidegger, Martin* (1954), Was heißt Denken? in: ders., Vorträge und Aufsätze, Pfullingen.
- Ders. (1978), Die Technik und Die Kehre (1949), 4. Aufl. Pfullingen.
- *Heine, Heinrich* (1980), Die Harzreise (1824), Reisebilder Erster Teil, Werke und Briefe, 3. Aufl. Berlin, Weimar.
- *Hessel, Stéphane* (2011), Empört Euch! (2010), Berlin.
- *Hobbes, Thomas* (1984), Leviathan oder Stoff, Form und Gewalt eines kirchlichen und bürgerlichen Staates (1651), Frankfurt/M.
- *Horkheimer, Max/Adorno, Theodor W.*(1971), Dialektik der Aufklärung (1944), Frankfurt/M.
- *Hume, David* (1996), Eine Untersuchung über die Prinzipien der Moral (1751), 2. Aufl. Stuttgart.
- *James, William* (1994), Der Pragmatismus – Ein neuer Name für alte Denkmethoden (1907), 2. Aufl. Hamburg.
- *Jaspers, Karl* (1965), Wahrheit, Freiheit und Friede (1958); in: ders., Wahrheit und Leben – Ausgewählte Schriften, Zürich.
- *Jonas, Hans* (1984), Das Prinzip Verantwortung(1979), Frankfurt/M.

- Ders. (1993), Technik, Freiheit und Pflicht (1987); in: ders., Dem bösen Ende näher – Gespräche über das Verhältnis des Menschen zur Natur, Frankfurt/M.
- *Kant, Immanuel* (1968), Zum ewigen Frieden (1795), AA Bd. 8, Berlin
- *Kaufmann, Jean-Claude* (2011), Sex@mour – Wie das Internet unser Liebesleben verändert, Konstanz.
- *Koselleck, Reinhart* (1976), Kritik und Krise – Eine Studie zur Pathogenese der bürgerlichen Welt (1959), 2. Aufl. Frankfurt/M.
- *Küng, Hans* (2004), Projekt Weltethos (1990), 9. Aufl., München.
- Ders. (2010), Anständig wirtschaften – Warum Ökonomie Moral braucht, München.
- *Lévinas, Emmanuel* (1987), Totalität und Unendlichkeit – Versuch über die Exteriorität (1961), Freiburg, München.
- Ders. (1992), Jenseits des Seins oder anders als Sein geschieht (1978), Freiburg, München.
- *Locke, John* (1974), Über die Regierung (The Second Treatise of Government, 1690), Stuttgart.
- *Luhmann, Niklas* (1995), Die Realität der Massenmedien, Opladen.
- *Luxemburg, Rosa* (2005), Denken und Leben einer internationalen Revolutionärin (Ausgewählte Textstellen), hrsg. v. Fritz Keller, Stefan Kraft, Wien
- *Lyotard, Jean-Francois* (1994), Das postmoderne Wissen (1979), 3. Aufl. Wien.
- *Machiavelli, Niccolò* (1980), Der Fürst (1513/1532), Wiesbaden.
- *Marcuse, Herbert* (1969), Versuch über die Befreiung, Frankfurt/M.
- Ders. (1967), Triebstruktur und Gesellschaft (1955), Frankfurt/M.
- Ders. (1970), Der eindimensionale Mensch (1964), Neuwied, Berlin.
- *Marquard, Odo* (2003), Zukunft braucht Herkunft – Philosophische Essays, Stuttgart.
- Ders. (2004), Individuum und Gewaltenteilung – Philosophische Studien, Stuttgart.
- *Marx, Karl* (1969), Thesen über Feuerbach (1845), MEW Bd. 3, Berlin.
- Ders. (1972), Zur Kritik der Hegelschen Rechtsphilosophie – Einleitung (1844), MEW Bd. 1, Berlin.
- *Marx, Karl/Engels, Friedrich* (1972), Manifest der Kommunistischen Partei (1848), MEW Bd. 4, Berlin.
- *Mayer-Tasch, Peter Cornelius* (1965), Thomas Hobbes und das Widerstandsrecht, Tübingen.
- Ders. (1985), Die Bürgerinitiativbewegung – Der aktive Bürger als rechts- und politikwissenschaftliches Problem (1976), 5. Aufl. Reinbek.
- *Morus, Thomas* (1960), Utopia (1516); in: Der utopische Staat, hg. v. Klaus J. Heinisch, Hamburg.
- *Müller, Jan-Werner* (2013), Das demokratische Zeitalter – Eine politische Ideengeschichte Europas im 20. Jahrhundert, Berlin.
- *Nassehi, Armin/Felixberger, Peter* (2012), Ein Anfang – Editorial; in: Kursbuch 170.
- *Nietzsche, Friedrich* (1988), Zur Genealogie der Moral (1887), Kritische Studienausgabe Bd. 5, 2. Aufl. München, Berlin, New York.

- *Nussbaum, Martha* (2002), Die feministische Kritik des Liberalismus; in: dies., Konstruktion der Liebe, des Begehrens und der Fürsorge – Drei philosophische Aufsätze (1999), Stuttgart.
- *Platon* (1958), Politeia, Sämtliche Werke Bd. 3, übers. v. Friedrich Schleiermacher, Hamburg.
- *Proudhon, Joseph Pierre* (1973), Bekenntnisse eines Revolutionärs (1849), Ausgewählte Schriften Bd. 1, Aalen.
- *Radkau, Joachim* 2011, Antworten auf den Klimawandel, http://www.goethe.de/ges/-umw/prj/kuk/the/kul/de7079016.htm.
- *Rawls, John* (2008), Geschichte der politischen Philosophie (2007), Frankfurt/M.
- *Ricœur, Paul* (1974), Hermeneutik und Psychoanalyse – Der Konflikt der Interpretationen II (1969), München.
- *Rorty, Richard* (1988), Solidarität oder Objektivität? Drei philosophische Essays, Stuttgart.
- Ders. (1992), Kontingenz, Ironie und Solidarität (1989), Frankfurt/M.
- *Sartre, Jean-Paul* (1980), Die Republik des Schweigens; in: ders., Paris unter der Besatzung – Artikel und Reportagen 1944-1945, Reinbek.
- Ders. (1994), Das Sein und das Nichts (1943), Reinbek.
- *Sartre, Jean-Paul/Lévy, Benny* (1991), L'espoir maintenant (1980), Lagrasse.
- *Schelsky, Helmut* (1955), Soziologie der Sexualität – Über die Beziehungen zwischen Geschlecht, Moral und Gesellschaft, Hamburg.
- *Schmitt, Carl* (1979), Politische Theologie – Vier Kapitel zur Lehre von der Souveränität (1922), 3. Aufl., Berlin.
- *Schönherr-Mann, Hans-Martin* (2003), Sein und Fragen – ein Essay, Köln.
- Ders. (2004), Auf der Suche nach neuen Visionen – Utopisches Denken als Antwort auf Kapitalismus und Pragmatismus, Radioessay, 55 Min., *Hessischer Rundfunk* Feature 15.2.2004.
- Ders. (2006), Hannah Arendt – Wahrheit, Macht, Moral, München.
- Ders. (2007), Simone de Beauvoir und das andere Geschlecht, München.
- Ders. (2008), Utopia reloaded! Über Aufstieg, Fall und Wiedergeburt einer Idee, Radioessay 55 Min., *Bayerischer Rundfunk* Nachtstudio, 1.7.2008, 20.30h. (Bayern2 Hörerservice)
- Ders. (2009), Der Ubermensch als Lebenskünstlerin – Nietzsche, Foucault und die Ethik, Berlin.
- Ders. (2010a), Globale Normen und individuelles Handeln – Die Idee des Weltethos aus emanzipatorischer Perspektive, Würzburg.
- Der., (2010b), Die Macht der Verantwortung, Freiburg i.Br.
- Ders. (2010c), Der Untergang des Pseudosstaates – Die Geburt des Über(gangs)staates aus dem Geist der ewigen Wiederkunft; in: ders. (Hrsg.), Der Wille zur Macht und die ›große Politik‹ – Friedrich Nietzsches Staatsverständnis, Baden-Baden.
- Ders. (2010d), Das utopische Denken als Begründung einer globalen Ethik: eine philosophische Perspektive im Anschluss an Hans Küngs *Projekt Weltethos*; in: *FTHICA – Wissenschaft und Verantwortung* H. 1 2010.

- Ders. (2012a), Philosophie der Liebe – Ein Essay wider den Gemeinspruch ›Die Lust ist kurz, die Reu' ist lang‹, Berlin.
- Ders. (2012b), Was ist politische Philosophie, Frankfurt/M., New York.
- Ders. (2012c), Vom Nutzen der Philosophie – Pragmatismus als Lebenskunst, Stuttgart.
- *Stirner, Max* (2009), Der Einzige und sein Eigentum (1844), Freiburg, München.
- *Strauss, Leo* (1963), Über Tyrannis – Eine Interpretation von Xenophons ›Hieron‹ (1948), Neuwied, Berlin.
- Der. (1977), Naturrecht und Geschichte (1953), Frankfurt/M.
- *Taylor, Charles* (2009), Ein säkulares Zeitalter (2007), Frankfurt/M.
- *Türcke, Christoph* (2002), Erregte Gesellschaft – Philosophie der Sensation, München.
- *Vattimo, Gianni* (1992), Die transparente Gesellschaft (1989), Wien.
- Ders. (1997), Glauben – Philosophieren, Stuttgart.
- *Voegelin, Eric* (1991), Die Neue Wissenschaft der Politik – Eine Einführung, (1951), 4. Aufl., Freiburg, München.
- Ders. (1994), Das Volk Gottes – Sektenbewegungen und der Geist der Moderne (ca. 1949), München.
- Wagenknecht, Sahra (2012), Freiheit statt Kapitalismus, Frankfurt/M.
- Walzer, Michael (1992), Sphären der Gerechtigkeit (1983), Frankfurt/M., New York.
- Ders. (1996), Lokale Kritik – globale Standards. Zwei Formen moralischer Auseinandersetzung (1994), Hamburg.
- *Weber, Max* (1971), Politik als Beruf (1918/19), Gesammelte politische Schriften, 3. Aufl., Tübingen.
- *Zizek, Slavoj* (2008), Das wahre Erbe des Jahres 1968; in: Süddeutsche Zeitung, 3.,4. Mai, 17

Personenregister

Bestellung

An:
»edition fatal« Verlagsgesellschaft
Edelweiss-Str. 9
81541 München

Name: . . . .

Vorname: . . . .

Strasse: . . . .

. . . .

PLZ und Ort: . . . .

Hiermit bestelle ich folgenden Titel als Buch-CD im PDF-Format (erfordert Adobe Acrobat-Reader sowie HTML-Browser) zum Vorzugspreis für Buchbesitzer:

Hans-Martin Schönherr-Mann: *Protest, Solidarität und Utopie*

Preis: 50% des empfohlenen Ladenpreises (derzeit also 50% von 15 Euro), zuzüglich Versandkosten.

Datum:

Unterschrift: . . . .